Hütten und Almen mit dem Mountainbike
Bayerische Hausberge

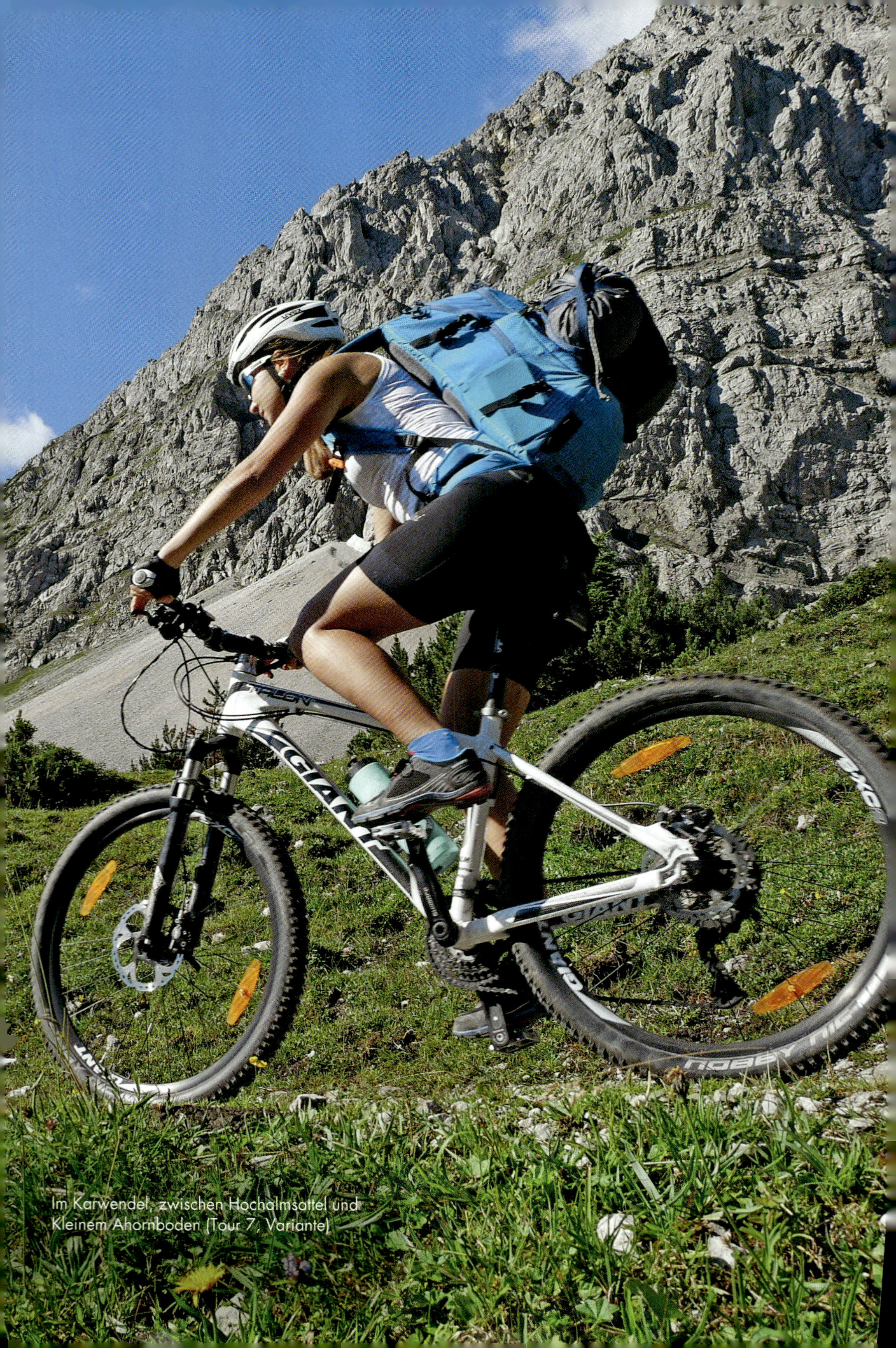

Im Karwendel, zwischen Hochalmsattel und Kleinem Ahornboden (Tour 7, Variante)

Die schönsten MTB-Touren

Hütten und Almen mit dem Mountainbike
Bayerische Hausberge

40 leichte Touren zwischen Garmisch und Salzburg

J. BERG

Inhalt

Im Wettersteingebirge, Blick zum Schachentorkopf (Tour 4)

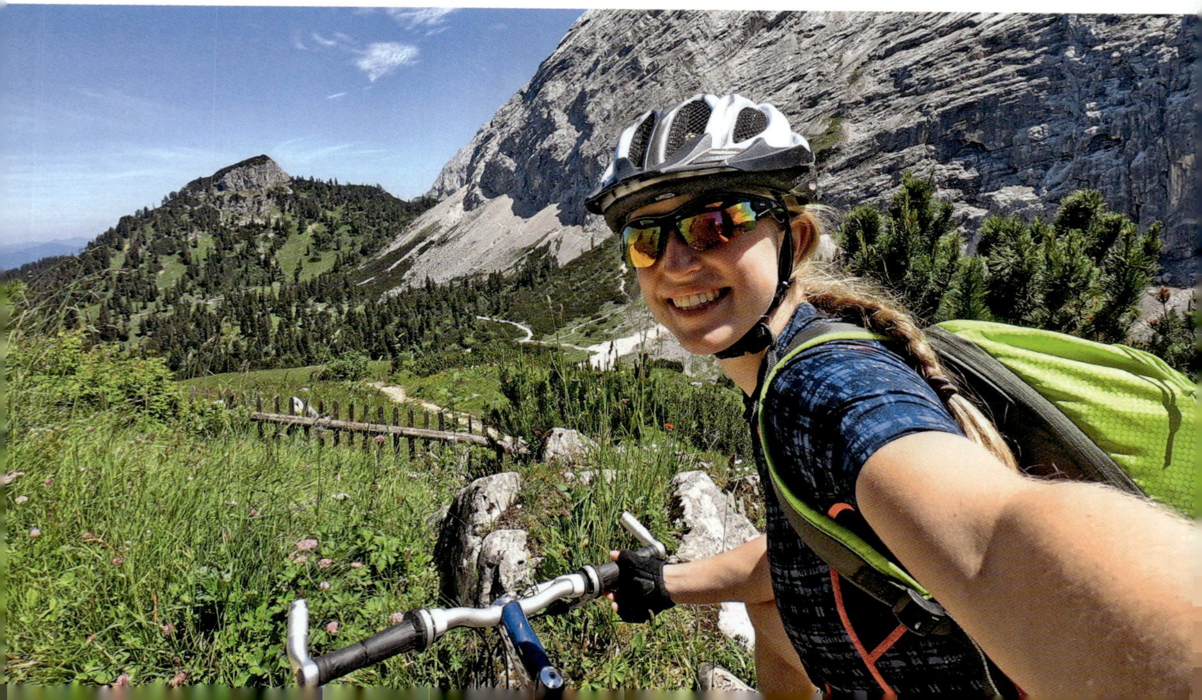

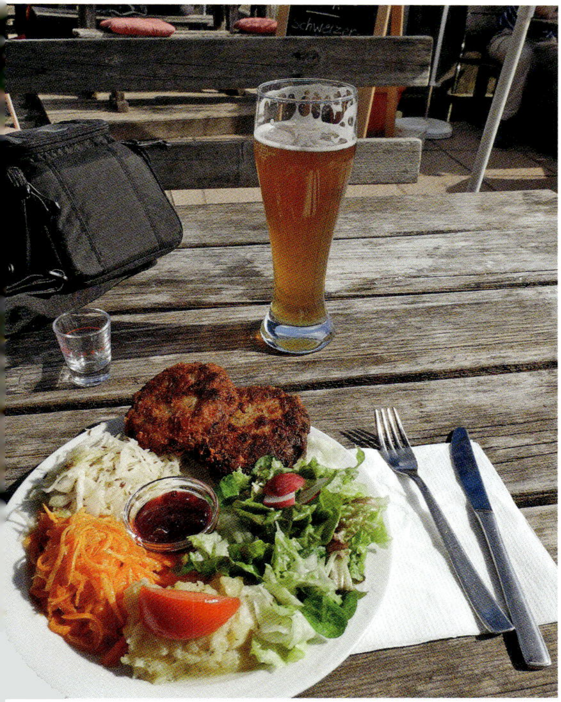

Kaspressknödel auf der Terrasse der Mariandlalm (Tour 22)

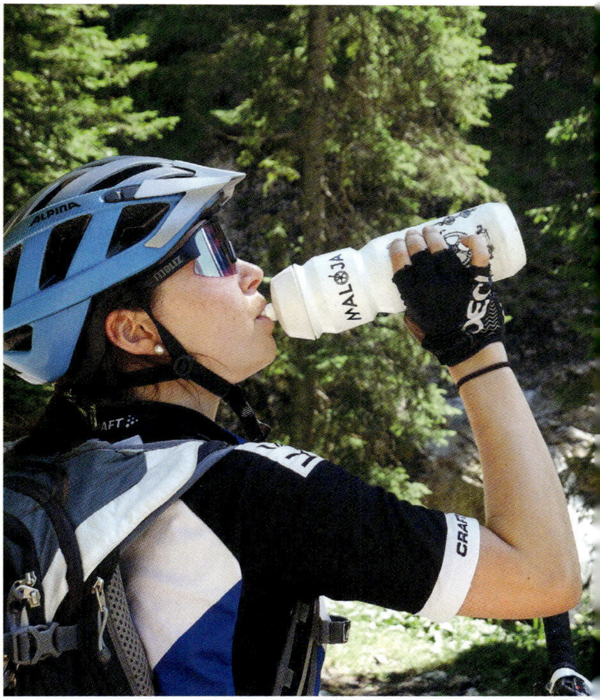

Trinken ist am Berg besonders wichtig.

Um Isar, Mangfall und Inn

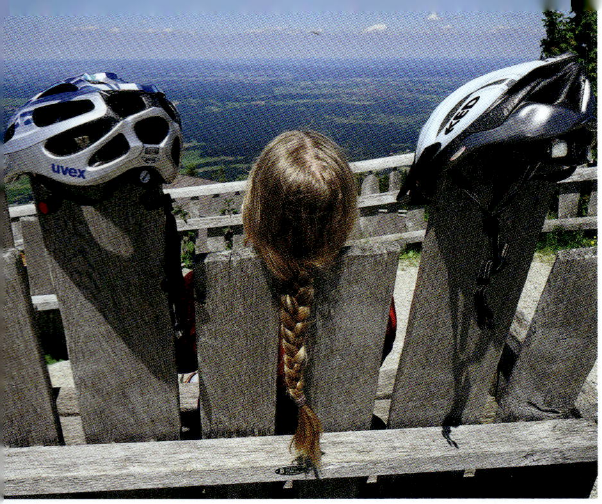

Bei der Hörnlehütte (Tour 1) – Blick aufs weite Alpenvorland

Chiemgau

Tourenüberblick

Tour											
1	●	Hörnlehütte	9,5 km	530 Hm	1:45 Std.	●		●		●	●
2	●	Pürschlinghaus	10,0 km	660 Hm	2:45 Std.	●				●	●
3	●	Esterbergalm	32,0 km	800 Hm	4:00 Std.	●			●	●	
4	●	Schachenhaus	21,0 km	880 Hm	2:30 Std.	●					●
5	●	Wettersteinalm	16,0 km	550 Hm	2:30 Std.	●		●			
6	●	Gasthaus Ferchensee	22,0 km	320 Hm	2:15 Std.	●	●		●	●	
7	●	Karwendelhaus	37,0 km	870 Hm	4:00 Std.	●	●			●	●
8	●	Falkenhütte	36,0 km	1100 Hm	4:30 Std.	●					●
9	●	Vereiner Alm	52,0 km	910 Hm	5:30 Std.	●				●	
10	●	Jocheralm	27,0 km	750 Hm	3:15 Std.	●			●		●
11	●	Blomberghaus	20,0 km	620 Hm	2:45 Std.	●		●			●
12	●	Lenggrieser Hütte	20,0 km	670 Hm	2:45 Std.	●		●		●	●
13	●	Rotwandalm	38,0 km	1000 Hm	4:30 Std.	●					●
14	●	Erzherzog-Johann-Klause	48,0 km	900 Hm	5:15 Std.	●				●	
15	●	Buchsteinhütte	33,0 km	600 Hm	3:30 Std.	●		●	●	●	●
16	●	Aueralm	17,0 km	550 Hm	2:15 Std.	●		●	●		●
17	●	Taubenberghaus	22,0 km	380 Hm	2:30 Std.	●			●	●	
18	●	Stadlbergalm	32,0 km	570 Hm	3:00 Std.	●				●	●
19	●	Tregler Alm	27,0 km	800 Hm	3:15 Std.	●		●			●
20	●	Obere Firstalm	21,0 km	630 Hm	2:45 Std.	●			●	●	●
21	●	Ackernalm	33,0 km	900 Hm	4:00 Std.	●		●			●
22	●	Mariandlalm	24,5 km	500 Hm	2:30 Std.	●	●			●	●
23	●	Brünnsteinhaus	21,0 km	920 Hm	3:30 Std.	●			●	●	●
24	●	Gasthof Bichlersee	19,5 km	730 Hm	2:45 Std.	●			●	●	
25	●	Schuhbräualm	20,5 km	720 Hm	2:45 Std.	●		●	●	●	●
26	●	Dandlbergalm	18,0 km	400 Hm	2:15 Std.	●		●	●	●	
27	●	Daffnerwaldalmen	14,0 km	630 Hm	2:00 Std.	●			●	●	●
28	●	Wagneralm	33,0 km	1050 Hm	4:00 Std.	●				●	●
29	●	Schwarzrieshütte	27,0 km	940 Hm	3:45 Std.	●					●
30	●	Frasdorfer Hütte	17,0 km	780 Hm	2:45 Std.	●		●			●
31	●	Steinlingalm	14,0 km	820 Hm	2:45 Std.	●		●		●	●
32	●	Priener Hütte	16,0 km	680 Hm	2:45 Std.	●					●
33	●	Burger Alm	18,0 km	700 Hm	3:00 Std.	●					
34	●	Chiemhauser Alm	15,0 km	680 Hm	2:15 Std.	●		●			●
35	●	Hochgernhaus	15,0 km	850 Hm	2:45 Std.	●	●				●
36	●	Staudacher Alm	12,5 km	650 Hm	2:15 Std.	●		●			●
37	●	Bischofsfellnalm	24,0 km	820 Hm	3:00 Std.	●				●	●
38	●	Langerbauer Alm	30,0 km	300 Hm	2:45 Std.	●			●	●	
39	●	Reiteralm	22,0 km	550 Hm	2:30 Std.	●		●		●	
40	●	Stoißer Alm	33,0 Km	1150 Hm	3:45 Std.	●				●	●

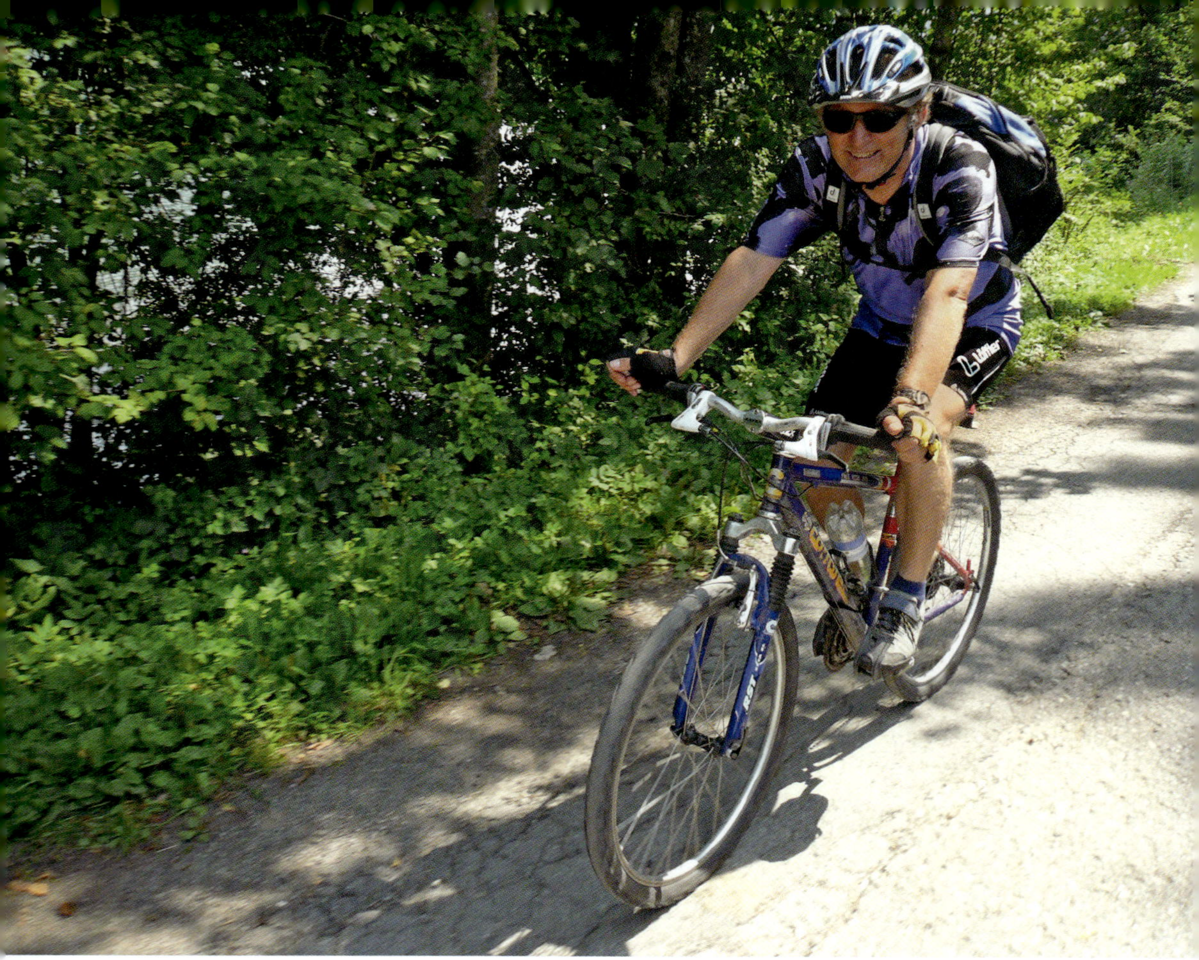

Der Autor in den Schlierseer Bergen (Tour 29)

Vorwort

Wer auf dem Mountainbike mit offenen Augen in den Bayerischen Alpen unterwegs ist, wird begeistert sein von der vielfältigen Natur und der weiten Sicht übers Land. Vielerorts fühlt man sich hier wie auf einem großen Aussichtsbalkon. Der Blick von dort oben reicht weit übers Alpenvorland – bei guter Sicht bis zum Böhmerwald. Und im Süden zieht der Alpenhauptkamm mit seinen noch vergletscherten Dreitausendern die Blicke auf sich.

Zum Gesamterlebnis gehört aber ganz wesentlich auch das Einkehren in den Almen, Hütten und Berggasthäusern, die diese Region so sehr bereichern. Schon beim Bergaufradeln kann die Vorfreude auf eine Stärkung und einen Durstlöscher ein Erlebnis für sich sein. Lange Speisekarten darf man zwar nicht erwarten, was unter den oft schwierigen Bedingungen angeboten wird, ist aber meist mit Liebe zubereitet. Und schnörkellose, authentische, oft aus regionalen Produkten zubereitete Almkost kann einem aufmerksamen Gaumen durchaus mehr Genuss bereiten als so manches aus der Standard-Restaurantkost. Wobei auf einigen Almen und Hütten durchaus auch kulinarisch herausragendes Engagement anzutreffen ist. Dank der meist ungezwungenen, lockeren Atmosphäre in und vor den Hütten kommt man zudem mit anderen Bergfreunden leicht ins Gespräch.

Die Mehrzahl der vorgestellten Touren sind eher kürzere »Idealtouren«. Darüber hinaus sind aber auch einige Touren beschrieben, die vielleicht nicht jedermanns Geschmack sind, weil man zum Beispiel ein Stück schieben muss – doch so ein vermeintliches Manko bedeutet meist geringeren Andrang, was Freunde einsamer Touren wiederum erfreuen wird.

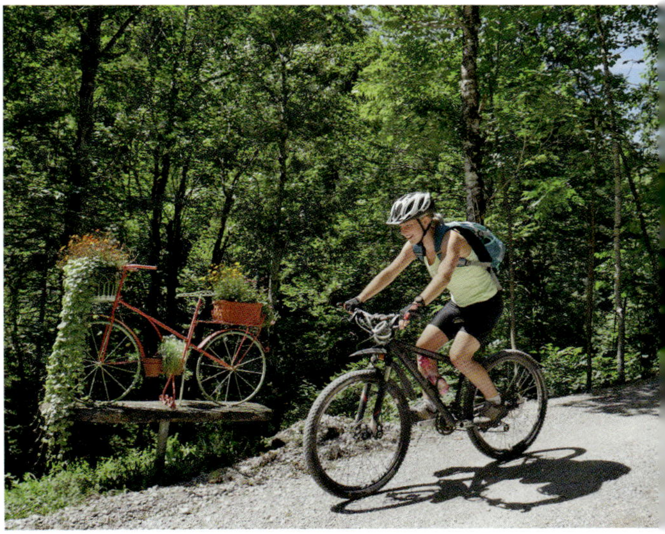

Die Autorin neben einem grazilen Nostalgie-Drahtesel beim Forsthaus Aquila (Tour 13)

Die Wegbeschreibungen sind so ausführlich wie nötig und so knapp wie möglich. Komplizierte, schlecht markierte Streckenverläufe werden also detaillierter beschrieben, während bei verlässlich beschilderten, einfachen und logischen Wegführungen auch für längere Strecken auf entbehrliche Textbegleitung verzichtet wird. Auf eine detaillierte Kilometrierung von Teiletappen wird bewusst verzichtet – eine übertriebene Fixierung auf Zahlen würde nur ablenken von Wichtigerem: sich zu spüren, die Landschaft zu genießen und das Gefühl zu entwickeln, mit der Natur eins zu sein. Solches Empfinden stärkt wohl bei den meisten Menschen den Respekt vor der Großartigkeit der Natur – und damit auch das Bewusstsein für die Bedeutung umweltschonenden Verhaltens.

Viel Freude mit diesem Buch, sowohl bei der Auswahl und Planung der Touren als auch unterwegs in den herrlichen Bayerischen Alpen.

»Das Beste steht nicht immer in den Büchern, sondern in der Natur.«

Adalbert Stifter

Rosenheim, im Frühjahr 2021
Eva-Maria und Gerhard Hirtlreiter

Einleitung

Tourenauswahl und -planung

Alle in diesem Buch vorgestellten Touren sind auf ihre jeweils eigene Art attraktiv – allerdings nicht für jeden und nicht unter allen Umständen. Um eine Tour als angenehm und reizvoll erleben zu können, ist es wichtig, die gerade »richtige« Tour auszuwählen: eine Tour, die passt – zu einem selbst und den Tourenpartnern (Erfahrung, Kondition, Können?), zur Jahres- und Tageszeit (Exposition zur Sonne?), zum Wetter (Gewittergefahr am Nachmittag?) und zu den aktuellen Wegverhältnissen (Nässe, Altschnee?). Wichtig ist dazu das Anspruchsniveau der Tour.

Die in diesem Buch vorgestellten Touren im insgesamt leichteren Spektrum sind naturgemäß nicht alle gleichermaßen leicht. Die Summe der Anforderungen, die eine Tour unter normalen Bedingungen stellt, drückt sich in den drei folgenden Stufen aus, die wir unterscheiden:

»Leichte Touren« – was heißt das konkret?

»Leichte Touren« im Buchtitel bedeutet, dass es hier um die leichtere Hälfte des Spektrums an Möglichkeiten geht, die Berge mit einem Mountainbike zu erleben. Es werden daher *nicht* vorgestellt:

- lange Touren,
- Touren in weglosem Gelände,
- Touren, die überwiegend auf Wanderwegen und -pfaden verlaufen,
- Touren mit längeren Singletrails in steinigem bzw. verblocktem Gelände,
- Touren durch hochalpines Steilgelände,
- Touren, bei denen für Biker eine ernste Absturzgefahr besteht.

Brotzeit

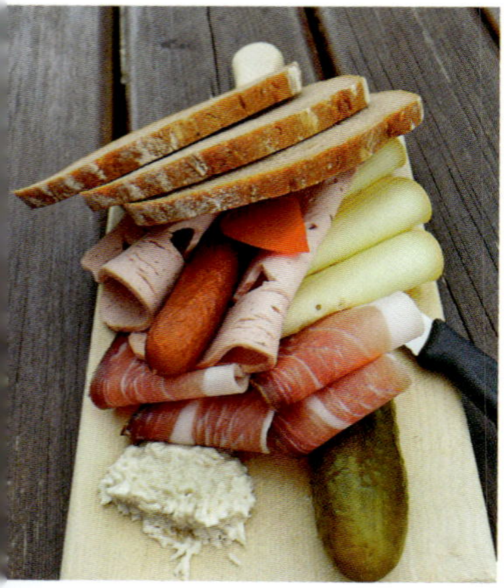

Anfängertouren (Leicht) erfordern nur eine solide Alltags-Fahrradkompetenz. Sie verlaufen überwiegend auf geschotterten Alm- und Forststraßen, streckenweise auch auf Asphalt; Steigungsstrecken verlangen etwas Ausdauer, halten sich aber in Grenzen. Kurze Abschnitte auf leichten Wanderwegen können vorkommen.

Mittlere Touren (Mittel) erfordern eine einigermaßen gute Ausdauer für längere Anstiege sowie die Fähigkeit, auf abschüssigen Schotterstraßen mit beherrschtem Bremsen die Geschwindigkeit zu kontrollieren. Kurze Abschnitte auf Wanderwegen können vorkommen.

Anspruchsvollere Touren (Schwer) erfordern Kondition und Kraft für steilere, auch längere Anstiege sowie eine solide Bike-

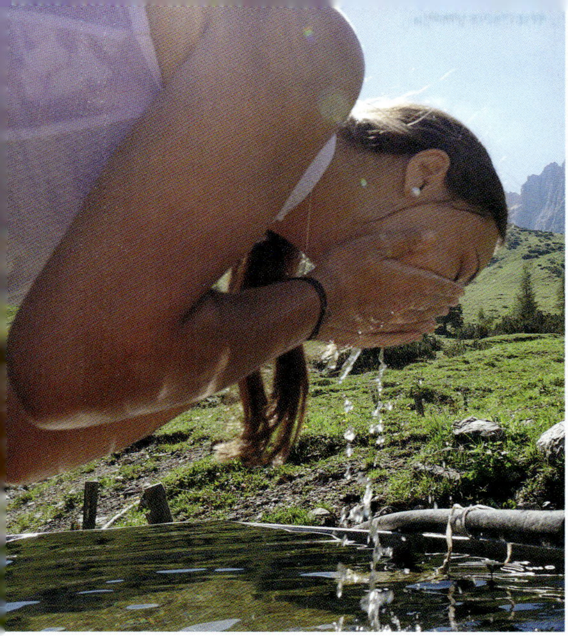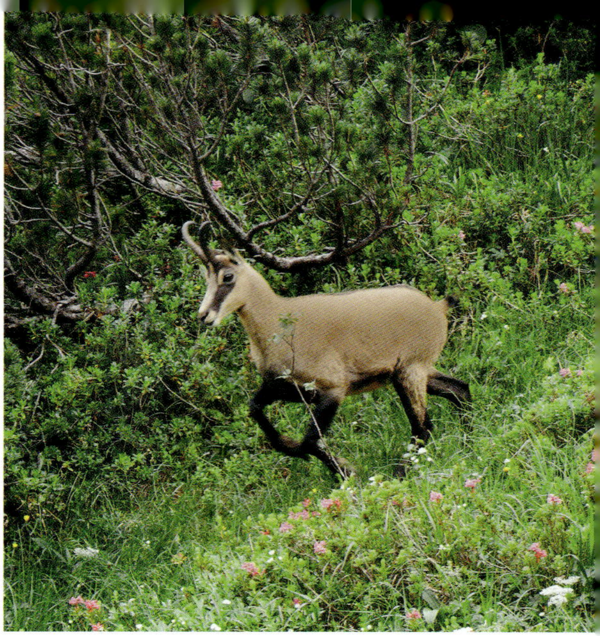

Eine Gams beim Karwendelhaus

Links: Erfrischung vom Feinsten

Beherrschung (aufwärts wie abwärts) für Streckenabschnitte auf rauem Untergrund. Kürzere Abschnitte können auch auf Singletrails verlaufen.

Wichtig: Wie anspruchsvoll eine Tour wahrgenommen wird, hängt naturgemäß stark von den konditionellen und fahrtechnischen Voraussetzungen ab, die ein Biker mitbringt. Bei der Schwierigkeitsbewertung gehen wir von Mountainbikern aus, die ihr Fahrrad in alltäglichen Situationen routiniert beherrschen – samt Schalten und Bremsen auf losem Untergrund. An den spezifischen Herausforderungen im Gebirge kann man dann mit zunehmender Schwierigkeit kontinuierlich wachsen. Wer jedoch im Alltag jeden Meter mit der Benzinkutsche zurücklegt und hofft, dank E-Motor gleich die Berge auf einem Zweirad erobern zu können, könnte schon bei den Anfängertouren an seine Grenzen stoßen. Also besser zuerst viel im Alltag radeln, sich dann an die MTB-Technik gewöhnen und schließlich mit den Herausforderungen des Gebirges vertraut werden!

»Man lerne von der Natur, wie langsam vieles sich entfalte, und wie spät das Edelste reife.«

August Hermann Niemeyer

Weitere Infos zur Tourenauswahl und -planung

Zu jeder Tour sind in der linken Randspalte nützliche Anhaltspunkte zur Tourenvorbereitung zusammengefasst, unter anderem:

Fahrzeit Hier ist die reine Fahrzeit ohne Pausen, einschließlich der Zeiten für die Abfahrten, angegeben. Die Angaben gelten für unmotorisierte Bergradler mit gesunder Ausdauer. Gut trainierte Sportler werden schneller sein, E-Biker sowieso (zumindest bergauf).

Streckenlänge Bei Stichtouren ist die Summe aus Hin- und Rückweg angegeben.

Höhenmeter Hier ist die Summe der aufwärts zurückgelegten Höhemeter angegeben. Bei Touren ohne jegliche Zwischenab-/auffahrten ist der Wert identisch mit der Höhendifferenz zwischen Ausgangspunkt und höchstem Punkt. Meist sind aber Aufstiege durch Zwischenabstiege »garniert« – dann übersteigt der angegebene akkumulierte Höhenunterschied die reine Höhendifferenz.

Wohin des Weges … ?

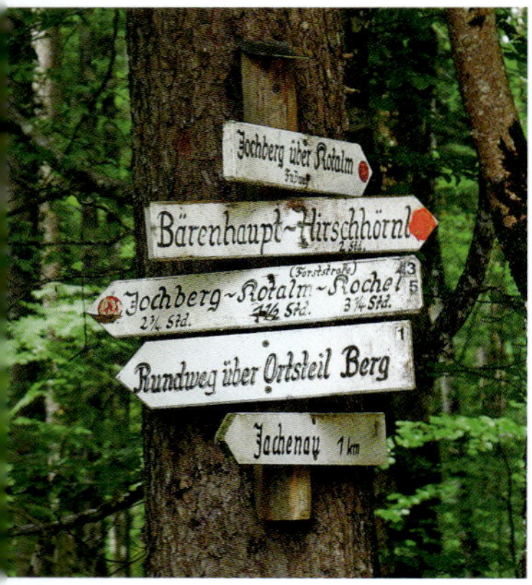

Tourencharakter Der Wegcharakter, die Anforderungen bzw. die Voraussetzungen, die man mitbringen sollte, werden hier beschrieben. Für die Bewertung können naturgemäß nur weitgehend unveränderliche Größen berücksichtigt werden: die Art, Untergrund, Steilheit und Breite des Weges. Zu den Anforderungen, denen man unterwegs dann tatsächlich gewachsen sein sollte, können aber zusätzlich auch variable Größen beitragen:

Ausrüstungs-Checkliste

- Technisch fittes Mountainbike (Kauf nur mit eingehender Fachberatung!)
- Rahmengröße und -geometrie müssen zur Statur passen
- Lenker, Bremshebel und Sattel müssen optimal eingestellt sein
- Für Anfänger statt Click-Pedalen solche mit seitlich offenen Pedalhaken
- Gefüllte Trinkflasche in passender Halterung am Fahrradrahmen
- Leichter Fahrradhelm, mit Schild (Blendschutz)
- Sonnenbrille/Fahrradbrille
- Fahrradhandschuhe mit Polsterung
- MTB-Schuhe oder leichte Trekkingschuhe mit berggerechter Profilsohle
- Sportsocken
- MTB-Funktionsshirt mit langem, hochschließendem Reißverschluss
- MTB-Hose mit Polsterung (im Sommer kurz)
- MTB-Rucksack mit Regenhülle

Rucksackinhalt:

- Kleines Erste-Hilfe-Set mit Alu-Rettungsdecke
- Sonnencreme & Lippenschutz
- Wechselgarnitur, Buff/Halstuch
- Wind- bzw. Regenjacke
- Leichte, lange Überziehhose für kühle Abfahrten (bei angezogener kurzer Hose)
- Leichte Steckbeleuchtung, Reflektorbänder
- Reparaturset (Werkzeug, Flickset, Schlauch), kleine Pumpe (passend zum Ventil!)
- Leichtes Fahrradschloss
- Energiereiche Snacks für zwischendurch (Powerriegel, Nüsse, Schokolade, Obst)
- Karte, aufgeladenes Smartphone (ggf. GPS-Gerät, ggf. Fotoausrüstung)
- Geld, Schlüssel, Ausweise (ggf. DAV, Bergungskosten-/Krankenversicherung)
- Benachrichtigungsnummer für Notfälle

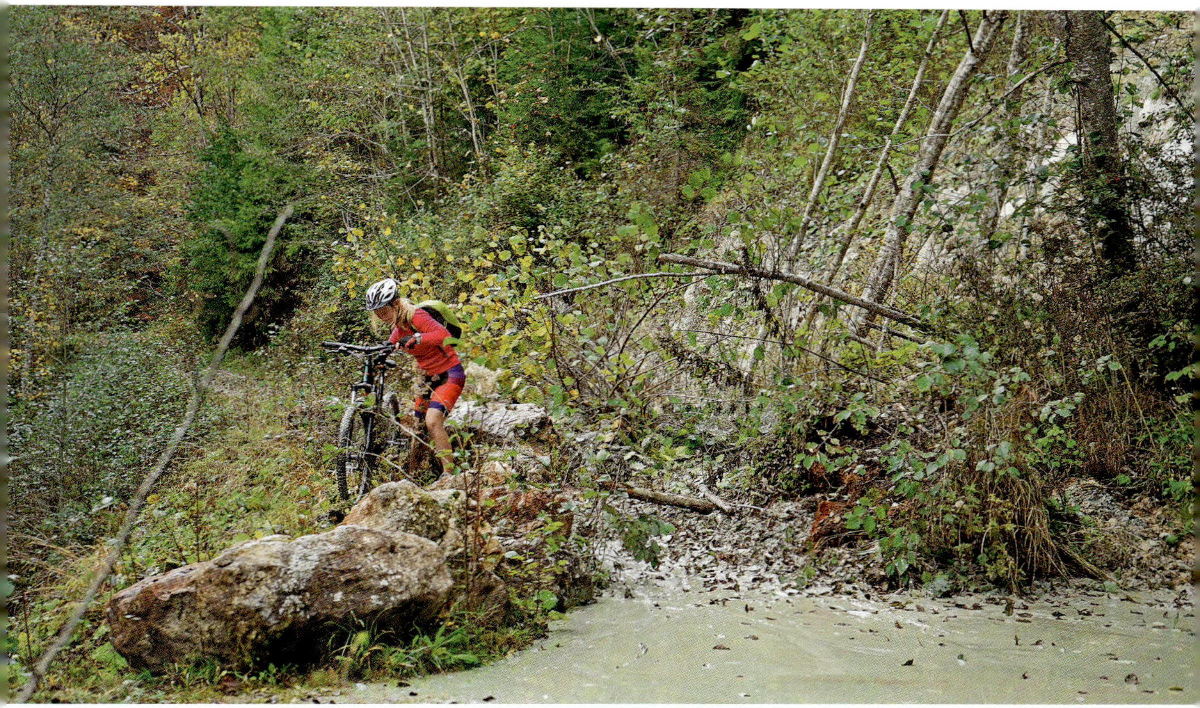

Nach dem Abgang einer Mure kann auch eine leichte Forststraße eine alpine Herausforderung bereithalten. Umkehren kann in so einem Fall eine nötige Option sein.

Hitze, Nässe, Altschneereste im Frühjahr, Vereisung im Herbst, Zustand des Weges (nach Gewittern mit Starkregen kann ein Weg durch Erosion bzw. Vermurung auch ganz unterbrochen sein). So können die technischen Schwierigkeiten und konditionellen Anforderungen auf einer Tour ggf. höher sein als angegeben.

Ausgangs-/Endpunkt Zum sicheren Auffinden des richtigen Ausgangspunkts sind hier die Adressdaten zur Eingabe in das Navi oder die Smartphone-App angegeben. Wo sich der Ausgangspunkt an einer Stelle befindet, die nicht über eine Adresse zu erreichen ist, sind alternativ die GPS-Koordinaten angegeben.

Anfahrt Neben der Anfahrt mit dem Auto wird dort, wo eine Anreise mit der Bahn sinnvoll ist, die Entfernung des Startpunkts zum nächsten Bahnhof angegeben.

Bike & Hike Wo es attraktive Möglichkeiten gibt, die Radtour mit einer Wanderung – meist einer Gipfelbesteigung – zu Fuß zu krönen, weisen wir mit einigen kompakten Informationen darauf hin. Es sind überschaubare Wanderungen und Bergtouren auf Wegen, Steigen und Pfaden, die streckenweise steil, schmal und rau sein können. Stellenweise ist Trittsicherheit erforderlich. Der Gebrauch der Hände kann an einzelnen Passagen zur

Unterstützung des Gleichgewichts nötig sein (auch an kurzen gesicherten Stellen). Etwas Orientierungssinn kann auf einigen undeutlichen Pfaden hilfreich sein. Für diese Fußabstecher sollte man Schuhe mit profilierter Bergsohle tragen (also keinesfalls Rennradschuhe).

Gefahren

»Alles ist gut, wie es aus den Händen der Natur kommt!«

Johann Wolfgang von Goethe

Die offensichtlichste Gefahr ist die **Sturzgefahr**. Wer noch nie auf Schotter bergab gefahren ist, sollte sich intensiv mit der zu Untergrund, Steilheit und Fahrsituation passenden Verteilung der Bremskraft auf Vorder- und Hinterrad beschäftigen (blockierendes Vorderrad führt zum Sturz, blockierendes Hinterrad reißt den Untergrund auf). **Gewitter** sind nicht nur wegen möglicher Blitzschläge gefährlich, sondern auch wegen Steinschlag und Murabgängen infolge von Starkregen. Durch gute Zeitplanung und Wetterbeobachtung sollte man versuchen, vor einem Gewitter im Tal oder in einer Hütte zu sein. **Erschöpfungszustände** vermeiden! Sich und andere nicht überfordern und viel trinken – am besten Wasser, bei kühler Witterung warmen Tee.

Notfall/Bergrettung

Wenn etwas passiert ist: ruhig und überlegt handeln! Wer allein ist, versucht besser, Hilfe herbeizurufen, statt sich verletzt weiterzubewegen. Leisten Sie Erste Hilfe nach Ihren Möglichkeiten! Sorgen Sie vor allem für Kälteschutz (Alu-Rettungsdecke)!
Alarmieren Sie den Rettungsdienst **(112)** und melden Sie den Vorfall mit präziser Ortsangabe. Besteht keine Möglichkeit für eine Funk-/Telefonverbindung, verwenden Sie das alpine Notsignal, um auf sich aufmerksam zu machen. Es besteht aus einem hör- oder sichtbaren Zeichen – z. B. Rufen, Pfeifen, Blinken –, das innerhalb einer Minute sechsmal abgegeben wird. Wiederholen Sie das Signal jeweils nach ca. einer Minute Pause. Erhalten Sie darauf ein dreimaliges Zeichen innerhalb einer Minute, ist Ihr Notruf angekommen und die Bergrettung wurde/wird verständigt.

GPS-Tracks

Zu diesem Bike-Führer stehen auf der Internetseite des Verlags GPS-Daten zum kostenlosen Download bereit.

Die Almen – Kleinode naturangepasster Landwirtschaft

Zur Anziehungskraft und zum Reiz der Bayerischen Alpen trägt wesentlich die naturangepasste, relativ kleinräumig gegliederte Landwirtschaft bei, ganz besonders auch in Form der Almwirtschaft. Sie wird betrieben, um im Sommer die Hochlagen viehwirtschaftlich nutzen zu können. Viele der gemütlichen Hütten, auf denen wir heutzutage gerne einkehren, wurden eigentlich für das Personal zur Viehbetreuung (Sennerinnen und Senner) gebaut. Bei so manchen Almen trägt heute das »Zubrot« aus der Bewirtung dazu bei, dass sich der aufwendige Erhalt der abgelegenen Almweiden und -hütten noch einigermaßen rechnet.

Wetter und Klima

Die Bayerischen Alpen sind aufgrund ergiebiger Niederschläge bei Nordstaulagen, teils auch wegen starker Gewitterregen, ziemlich niederschlagsreich – wenn man die Menge des Jahresniederschlags betrachtet (1000 mm in Bad Tölz, über 2000 mm in den Hochlagen). Da die einzelnen Niederschlagsereignisse aber oft intensiv sind (»Wenn's schüttet, dann g'scheit«), bleibt dazwischen viel Zeit für lange Phasen mit traumhaftem Wetter zum Biken.

Liebe zum Detail: Einfaches kann so kunstvoll sein.

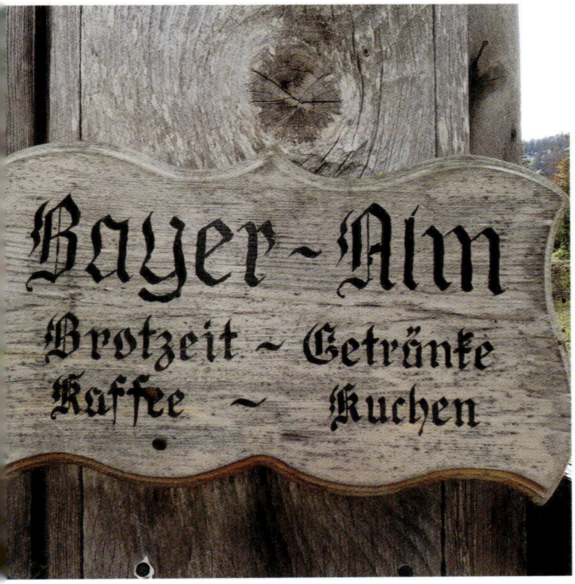

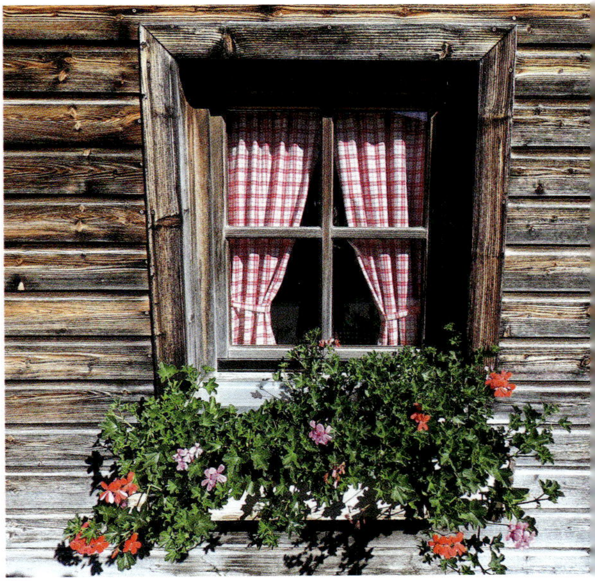

Die Hütten-Kategorien

Die Charakterisierung einer Hütte auf ein Symbol zu reduzieren, geht zwangsläufig mit Unschärfen einher. Oftmals könnten nämlich auch alle drei Symbole vergeben werden. Trotzdem versuchen wir eine Festlegung auf Schwerpunkte:

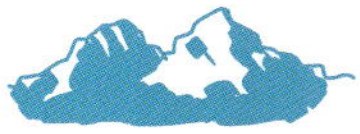

Hütten und Almen in besonders aussichtsreicher Panoramalage

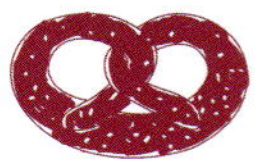

Hütten und Almen, die »gschmackiges« und liebevoll zubereitetes Essen anbieten, oft unter Verwendung hauseigener und regionaler Produkte

Hütten und Almen, die »griabig« sind, wo also Gebäude wie Menschen authentisch, sympathisch und gemütlich sind

Mountainbiking – mit Vorsicht und Rücksicht

Sicheres, umwelt- und sozialverträgliches Mountainbiking sollte ohnehin jedem von uns ein Anliegen sein. Es hilft auch, weitere pauschale Einschränkungen unserer Sportart zu vermeiden. Dazu hat der Deutschen Alpenverein (DAV) eine Liste von Regeln und Empfehlungen aufgestellt:

Die 10 Empfehlungen des DAV

1. Gesund aufs Rad Mountainbiken ist Ausdauersport. Die positiven Belastungsreize für Herz, Kreislauf und Muskulatur setzen Gesundheit und eine realistische Selbsteinschätzung voraus. Vermeide Zeitdruck und steigere Intensität und Länge deiner Touren langsam.
2. Sorgfältig planen Fachliteratur, Karten, Internet und Experten sind wertvolle Hilfsmittel bei der Wahl einer Biketour, die deiner Fitness und deinem Können entspricht. Touren immer auf die Gruppe, den Wetterbericht und die aktuellen Verhältnisse abstimmen. Achtung Alleinfahrer: Bereits kleine Zwischenfälle können zu ernsten Notlagen führen.

3. Nur geeignete Wege befahren Fahre nicht querfeldein, um Erosionsschäden zu vermeiden. Benütze nur geeignete Straßen und Wege und respektiere lokale Sperrungen und Regelungen, um Konflikten mit Grundeigentümern, Wegehaltern und anderen Naturnutzern vorzubeugen.
4. Check dein Bike Kontrolliere vor jeder Fahrt Bremsen, Luftdruck, den festen Sitz der Räder, Federung und Schaltung deines Bikes. Den technisch einwandfreien Zustand sichert die jährliche Wartung durch den Fachbetrieb. Achte auf eine gesundheitsschonende Sitzposition.
5. Vollständige Ausrüstung Wärmende Kleidung, Regen- und Windschutz, Reparaturset und Erste-Hilfe-Paket gehören in den Rucksack, ebenso Mobiltelefon (Euro-Notruf 112), Licht und ausreichend Essen und Trinken. Handschuhe und Brille schützen deine Hände und Augen. Karte oder GPS sind wertvolle Orientierungshilfen.
6. Immer mit Helm Bergauf und bergab, immer mit Helm! Im Falle eines Sturzes oder einer Kollision kann ein Helm Kopfverletzungen verhindern oder sogar dein Leben retten. Protektoren können vor Verletzungen schützen.
7. Fußgänger haben Vorrang Nimm Rücksicht auf Fußgängerinnen und Fußgänger, indem du dein Kommen frühzeitig ankündigst und das Tempo reduzierst. Halte nötigenfalls an. Ein freundlicher Gruß fördert die Akzeptanz. Fahre in kleinen Bike-Gruppen und meide von Wanderern stark frequentierte Wege.
8. Tempo kontrollieren Passe deine Geschwindigkeit der jeweiligen Situation an. Fahre aufmerksam und bremsbereit, da jederzeit mit unerwarteten Hindernissen zu rechnen ist. Fahr- und Bremstechnik lernst du in Mountainbike-Kursen.
9. Hinterlasse keine Spuren Durch kontrolliertes Bremsen ohne blockierende Räder verhinderst du Bodenerosion und Wegeschäden. Nimm deinen Abfall mit und vermeide Lärm.
10. Rücksicht auf Tiere Die Dämmerungsphase ist für Wildtiere die Zeit der Nahrungsaufnahme. Fahre daher bei Tageslicht, um Störungen zu vermeiden. Nähere dich Tieren im Schritttempo und schließe Weidezäune nach der Durchfahrt.

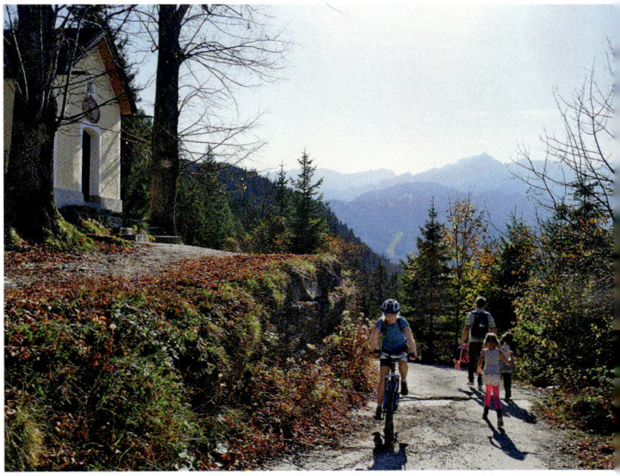

Wanderer und Biker – ein gutes Miteinander freut alle, hier bei der Daxkapelle nahe Garmisch-Partenkirchen (Tour 3).

Werdenfelser Land und Karwendel

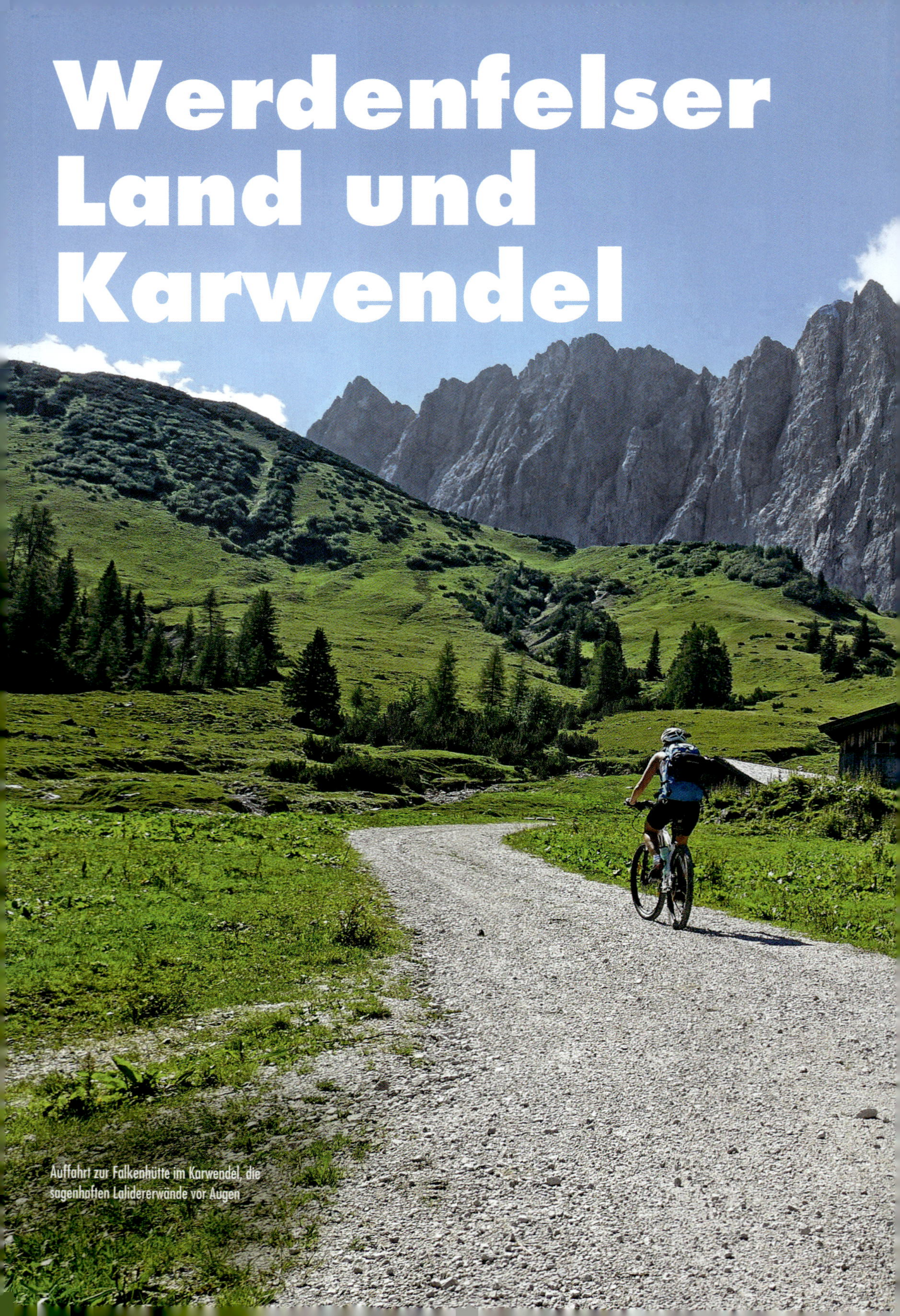

Auffahrt zur Falkenhütte im Karwendel, die sagenhaften Lalidererwände vor Augen

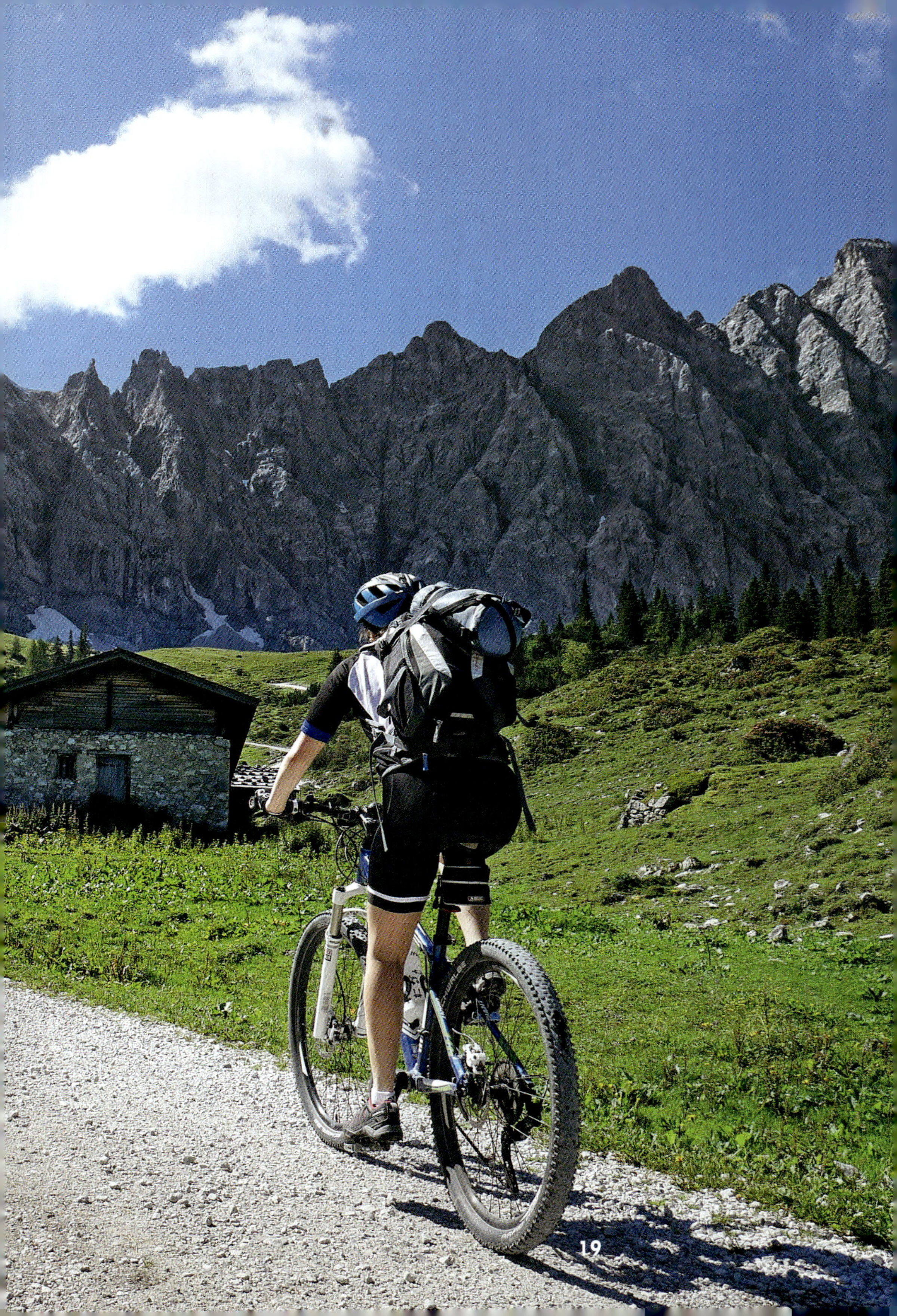

1 Hörnlehütte

KURZE GENUSSTOUR AM ALPENRAND

Schwierigkeit Mittel

Fahrzeit 1:45 Std.

Streckenlänge 9,5 km

Höhenmeter 530 m

Tourencharakter Konditionell einfache Rundtour über Schotterstraßen; die Abfahrt über den etwas groben und steilen Wanderweg erfordert Erfahrung und Konzentration.

E-Bike Geeignet; auf dem Wanderweg-Abschnitt der Abfahrt ist die Beherrschung eines schweren Bikes etwas herausfordernder.

Ausgangs-/Endpunkt Oberer Parkplatz unter der Hörnlebahn (930 m, Navi: Tourenparkplatz, Stickelsgrabenstraße 2, 82433 Bad Kohlgrub)

Anfahrt Von der A95 über Murnau nach Bad Kohlgrub, nach Ortskern links in die Badstraße; 1,5 km vom Bahnhof Bad Kohlgrub

Bike & Hike Abstecher aufs Hintere Hörnle (40 Min. Auf- und Abstieg)

Tourist-Info Bad Kohlgrub, Tel. 08845/742 20, ammergauer-alpen.de

Dank der überschaubaren Dauer der Tour bleibt viel Zeit für einen Wanderabstecher auf das aussichtsreiche Hintere Hörnle und für eine Einkehr in der gemütlichen Hörnlehütte. Kurze Trail-Abschnitte bei der Abfahrt runden das Erlebnis ab.

Vom oberen Ende des **Hörnlebahn-Parkplatzes** fahren wir auf das nach rechts, also gen Westen führende Sträßchen. Bei der kommenden T-Kreuzung biegen wir links ab und befinden uns damit auf der überwiegend schattigen Forststraße Richtung Hörnle. Bei der ersten Rechtskehre und der bald folgenden Linkskehre ignorieren wir abzweigende Wege. Auf dem breiten Hauptweg bleibend gewinnen wir eine lichte **Anhöhe** (1440 m), auf der sich der tolle Blick zum Wettersteingebirge auftut.

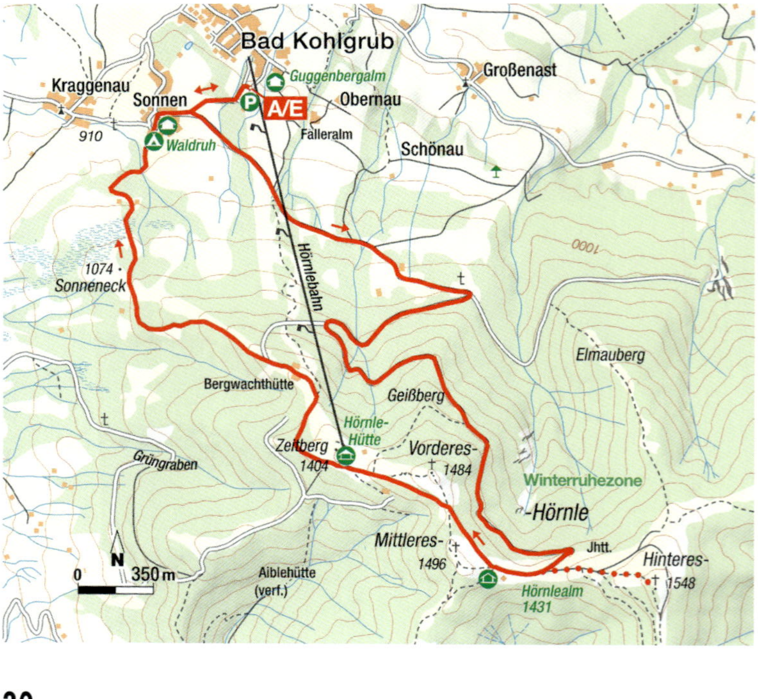

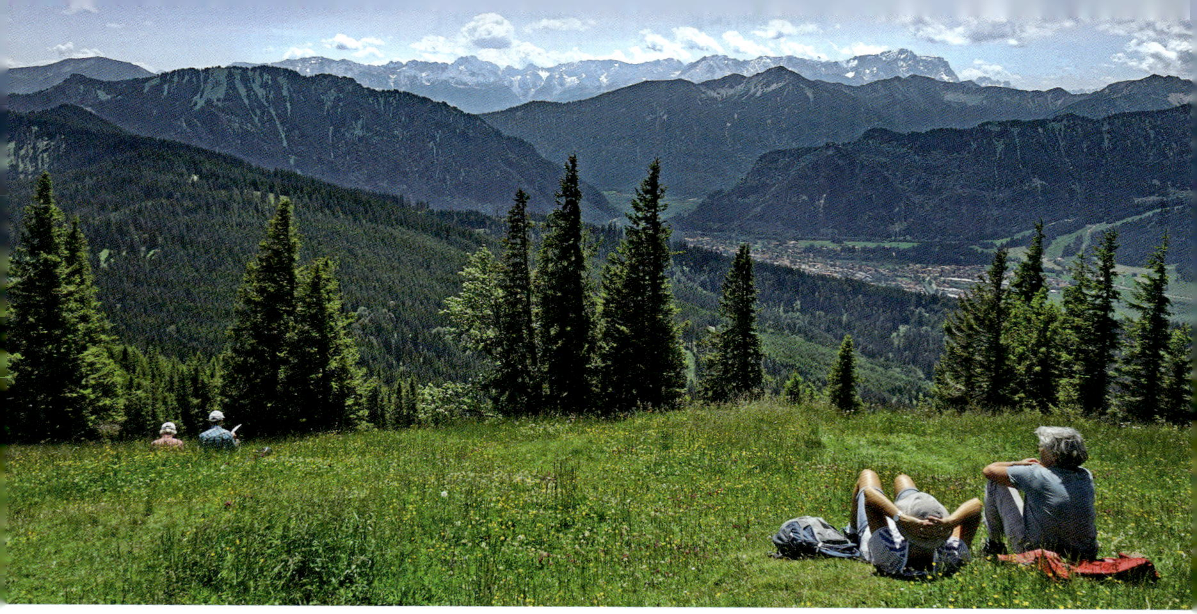

Am Südhang des Hinteren Hörnles: Blick über Oberammergau zur Zugspitze (rechts im Hintergrund)

Von dort lohnt sich ein Wanderabstecher auf das besonders aussichtsreiche **Hintere Hörnle** (1548 m) links über uns.

Mit dem Bike geht es in die entgegengesetzte Richtung zur kleinen bewirtschafteten **Hörnlealm** (1431 m). Wir rollen weiter über einen kleinen **Sattel** (1435 m) zwischen Mittlerem und Vorderem Hörnle, bis wir schließlich zur **Hörnlehütte** am 1404 Meter hohen Zeitberg gelangen.

Nach der Einkehr und dem schönen 360-Grad-Blick von der **Gipfelkuppe** neben der Hütte beginnen wir die Abfahrt auf dem Fahrweg, der südlich unterhalb der Hütte gen Westen führt. Diesem folgen wir, mehrmals die Wiesen der Skipiste querend, talabwärts. Auf Höhe einer Lift-Talstation halten wir uns links. Bei der Weggabelung unterhalb der **Bergwachthütte** rollen wir geradeaus in den Wald hinein und ignorieren den links abgehenden Weg. Kurz danach gelangen wir auf freier Wiese zur nächsten Verzweigung, an der wir nach links fahren. Dieser Wanderweg verläuft knapp 500 Meter steil und steinig durch den Wald (vorsichtig und rücksichtsvoll fahren!). Nach dem rauen Abschnitt halten wir uns rechts und rollen den zur Schotterstraße mutierenden Weg bis zum Ortsteil Sonnen hinab. Dort biegen wir nach rechts in die Sonnenstraße ab, die wir kurz darauf nach links zum **Parkplatz** hin verlassen.

HÜTTENSTECKBRIEF

Höhe 1390 m

Hüttenwirte Familie Schwinghammer

Kontakt Tel. 08845/229, hoernle-huette.de

Bewirtschaftet Täglich 8–22 Uhr (März und November geschlossen), Auszeichnung »So schmecken die Berge« für regionale und ökologische Speisen und Getränke, Übernachtung möglich

Gut geschmeckt hat … der Leberkäs mit Spiegelei und Bratkartoffeln

Weitere Einkehrmöglichkeit Hörnlealm (1431 m)

2 Pürschlinghaus

STEILE BIKE-RAMPE MIT GIPFELZIEL FÜR KRAXLER

Schwierigkeit Schwer

Fahrzeit 2:45 Std.

Streckenlänge 10 km

Höhenmeter 660 m

Tourencharakter Kurze, anspruchsvolle Stichtour über steiles Versorgungssträßchen; überwiegend Schotter, abschnittsweise befestigt

E-Bike Geeignet; Motorunterstützung bei der Auffahrt besonders vorteilhaft; trotzdem stellt die Steilheit hohe Anforderungen an die Fahrtechnik – vor allem bei der Abfahrt.

Ausgangs-/Endpunkt Parkplatz beim Gasthof Schleifmühle (880 m; Navi: Liftweg 2, 82497 Unterammergau)

Anfahrt Von der B 23 (Saulgrub–Oberammergau) südlich der Unterammergauer Ortsumgehung in die Dorfstraße und gleich danach links in den Liftweg abbiegen; 1,5 km vom Bahnhof Unterammergau (830 m)

Bike & Hike Von der Hütte auf Wanderweg ansteigen (im Wald abschüssig!), bei Verzweigung rechts, an Sicherungen über steilen Fels auf den Teufelstättkopf (1758 m, insgesamt 1 Std. Auf- und Abstieg, nur für Geübte)

Tourist-Info Unterammergau, Tel. 08822/6400, ammergauer-alpen.de

Das Pürschlinghaus lockt mit toller Lage, großartiger Aussicht und dem Teufelstättkopf als spektakulärem Hike-Ziel. Trotzdem wird die Hütte nicht für jeden Radler zum Lieblingsziel werden. Der Weg ist nämlich steil und durchaus fordernd – aufwärts wie abwärts.

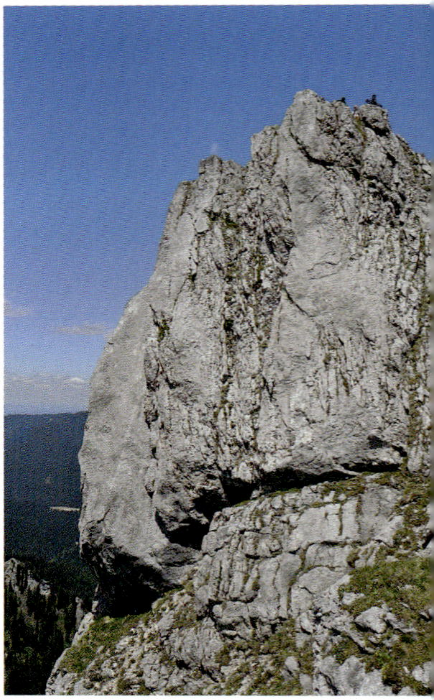

Vom **Parkplatz** folgen wir der ansteigenden Pürschlingstraße taleinwärts. Die Rechtsabzweigung zum unteren Eingang der Schleifmühlklamm ignorieren wir; die Infotafel zur Entstehung, zum Abbau und zur Nutzung der dort gewonnenen Wetzsteine lohnt aber einen kurzen Halt. Nach 700 Meter Strecke, bei einer Linkskurve (990 m), lohnt es sich erneut, das Radl kurz abzustellen: Dort zweigt nämlich der obere Eingang des spektakulären Weges durch die **Schleifmühlklamm** ab. Schon nach wenigen Metern zu Fuß stehen wir auf einer Brücke über dem eindrucksvollen Wasserfall, mit dem die Schleifmühlenlaine in die Tiefe rauscht. Wer will, kann auf einem gesicherten Steig auch noch ein Stück weiter absteigen.

Zurück beim Radl, fahren wir erst mal geradeaus. Wo ein rauer Weg (Fußweg zum Pürschling) weiter geradeausführt, folgen wir unserem Kiessträßchen nach rechts und anschließend in kurvigem Verlauf über eine Geländestufe. Auf dem folgenden Flachstück ignorieren wir zwei Rechtsabzweigungen. Auf ei-

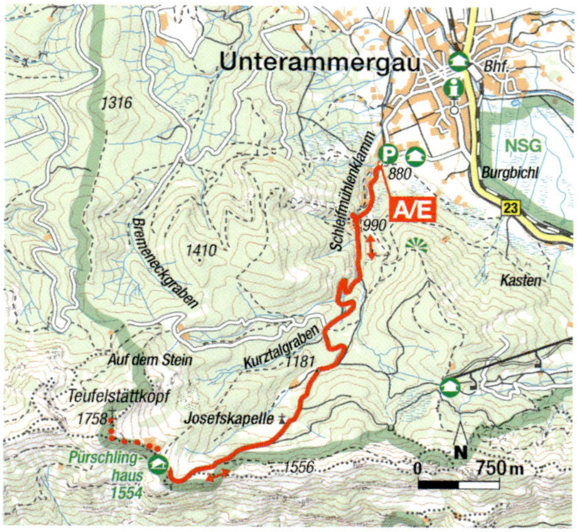

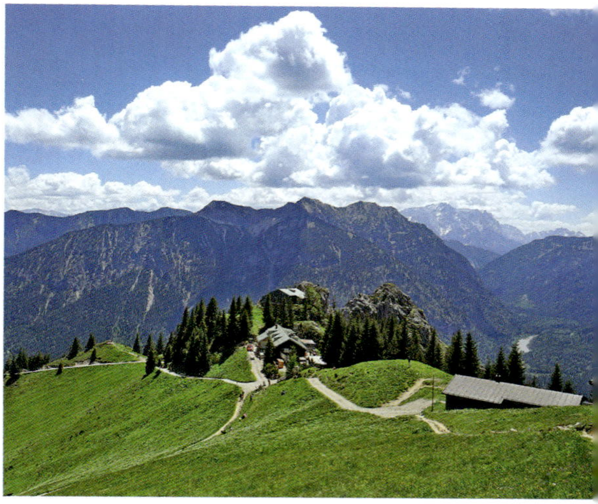

Das Pürschlinghaus mit der Zugspitze rechts im Hintergrund

Linke Seite: der Teufelstättkopf, das Gipfelziel für Radl- und Kraxelfreunde

nem weiteren Flachstück im **Langenthalgraben** lassen wir den Weg zum Kolbensattel links zurück. Bei der gleich folgenden **Verzweigung** (1181 m) halten wir uns links und kurbeln nun kraftvoll bergauf. Für eine kurze Pause bieten sich die **Josefskapelle** und die dortigen Rastbänke an. Das finale, teils befestigte Wegstück ist dann so knackig steil, dass sich kein Biker schämen muss, wenn er hier auch mal schiebt.

Das Hüttenziel (1554 m), das mit vollem Namen **August-Schuster-Haus** heißt, bietet eine Terrasse mit Blick nach Westen – an Nachmittagen ein warmes Platzl zum Genießen. Wer Schuhwerk mit reibungsstarker Bergsohle anhat sowie bergerfahren, trittsicher und schwindelfrei ist, sollte noch den Fußabstecher auf den **Teufelstättkopf** (1758 m) dranhängen. Der steile Kalkklotz bietet einen rassigen Anstieg und eine grandiose Aussicht ins Alpenvorland.

HÜTTENSTECKBRIEF

Höhe 1554 m

Hüttenwirt Hubert Spindler

Kontakt Tel. 08822/3567, august-schuster-haus.de

Bewirtschaftet Hüttentypische Kost, bei Wasserknappheit im Sommer/Herbst evtl. eingeschränkte Bewirtschaftung, Übernachtung möglich

Gut geschmeckt hat … das feine Hefeweißbier von Hacker-Pschorr

Die Radlabfahrt sollte man schon nach wenigen Metern, in der ersten Linkskurve, unterbrechen: Nahe einem Kreuz und einer Rastbank öffnet sich an der Hangkante (Vorsicht!) ein herrlicher **Blick ins Graswangtal** hinab. Im Bereich der steilen Abschnitte der weiteren Abfahrt ist eine besonders beherrschte – hier auch langsame – Fahrweise angesagt.

3

Esterbergalm

RUND UM DEN WANK MIT BADEN IM BARMSEE

Schwierigkeit Schwer

Fahrzeit 4:00 Std.

Streckenlänge 32 km

Höhenmeter 800 m

Tourencharakter Längere Rundtour über Asphalt-, Schotter- und Karrenwege; kurze Abschnitte auf Wanderwegen, teils sehr steile Auffahrt, evtl. kurzes Schieben notwendig

E-Bike Geeignet; Motorunterstützung bei der steilen Auffahrt besonders hilfreich

Ausgangs-/Endpunkt Parkplatz Wankbahn (730 m, Navi: Wankbahnstraße 2, 82467 Garmisch-Partenkirchen)

Anfahrt Auf B 2 nach Partenkirchen, bald nach dem Ortseingang links in die Münchner Straße und gleich wieder links in die Wankbahnstraße; Bahnhof Garmisch-Partenkirchen 2,6 km entfernt

Tourist-Info Garmisch-Partenkirchen, Tel. 08821/180700, gapa.de

Ungewöhnlich steile Abschnitte bei der Auffahrt von Partenkirchen werden durch Schmankerl auf der Alm belohnt, schön gelegene Karrenwege führen uns zur Abkühlung am Barmsee und beim Zurückrollen dürfen wir den Blick aufs Zugspitzmassiv genießen.

Vom Parkplatz der **Wankbahn** starten wir auf die bergan führende Teerstraße. Nachdem wir unter der Seilbahn durchgefahren sind, halten wir uns bei der folgenden Verzweigung links. Vorbei an einem Kletterwald, folgt nun eine längere, ansteigende Querung. Steil hinaufschwitzend können wir schon erste Blicke über die Ammergauer Alpen jenseits des Loisachtals erhaschen. Nach 230 anstrengenden Höhenmetern erreichen wir die **Daxkapelle** (964 m), einen schönen Ort für eine kurze Trink- und Ver-

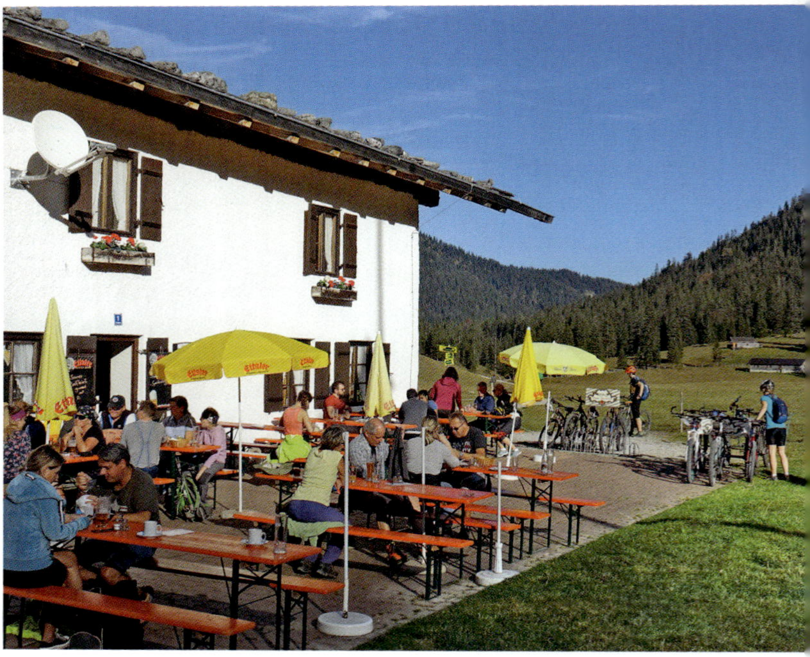

Die Esterbergalm

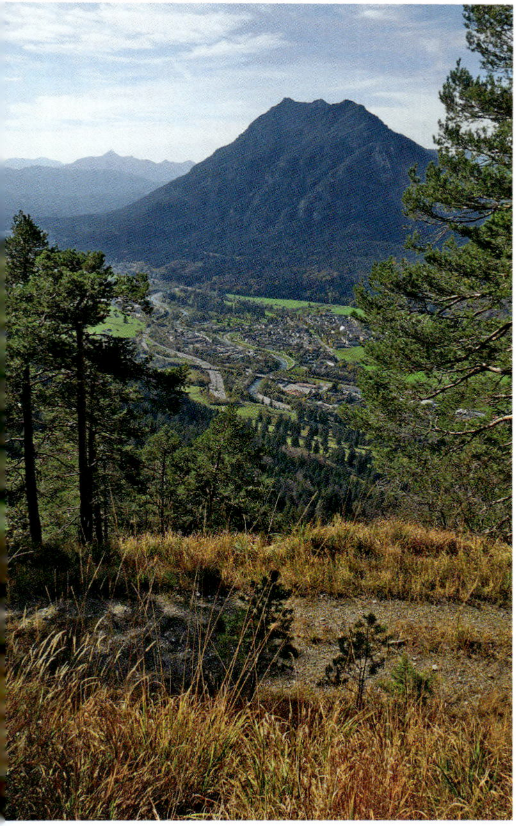

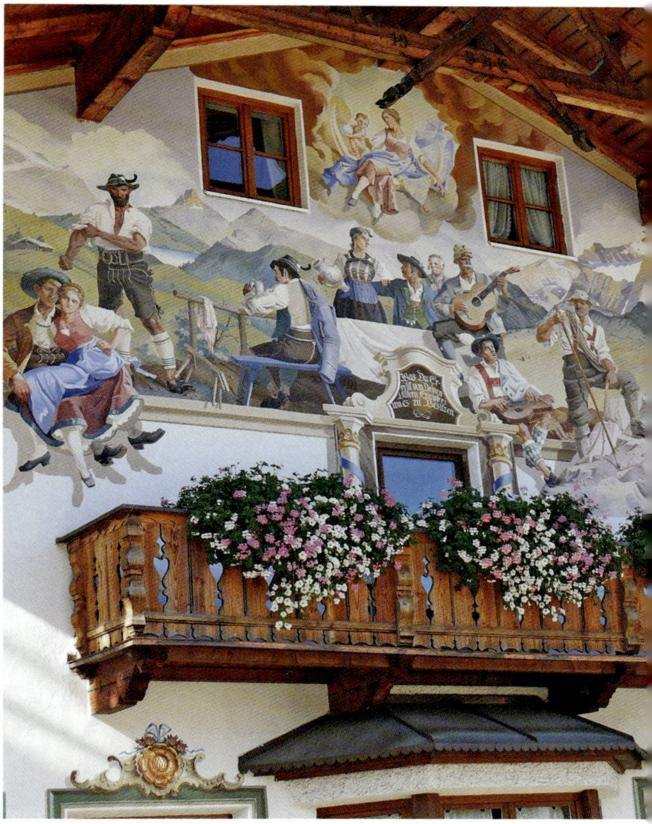

Lüftlmalerei am Schweizer Bartl

Links: Blick übers Loisachtal auf den Kramer

schnaufpause. Auf teils asphaltiertem, teils geschottertem Weg fahren wir weiter bergauf, immer am Hauptweg bleibend. Wer die ein oder anderen sehr steilen Stücke schiebt, ist hier sicherlich nicht der einzige – außer man ist mit dem E-Mountainbike unterwegs, dann kann man die Vorzüge der Motorunterstützung so richtig auskosten! Nach dem Sattel zwischen Wank (rechts) und Fricken (links) folgt eine kurze, sanfte Abfahrt. Wir passieren eine Senke, in der sporadisch der Esterbergsee entsteht – bis sein Wasser durch das Höhlensystem des verkarsteten Estergebirges wieder abfließt. Über eine ebene Weide kommen wir schließlich an unser Einkehrziel, die **Esterbergalm** (1262 m).

HÜTTENSTECKBRIEF

Höhe 1262 m

Hüttenwirte Anton und Heidi Simon

Kontakt Tel. 08821/3277, almgasthof-esterberg.de

Bewirtschaftet Bis auf November ganzjährig 10–17 Uhr, Di und Mi Ruhetag, Almspeisen überwiegend aus regionalen Quellen

Gut geschmeckt hat … das Hirschgulasch mit Spätzle und Salat – und das Ettaler Helle

Weitere Einkehrmöglichkeiten Zum Schweizer Bartl in Kaltenbrunn, zahlreiche Gasthäuser in Partenkirchen

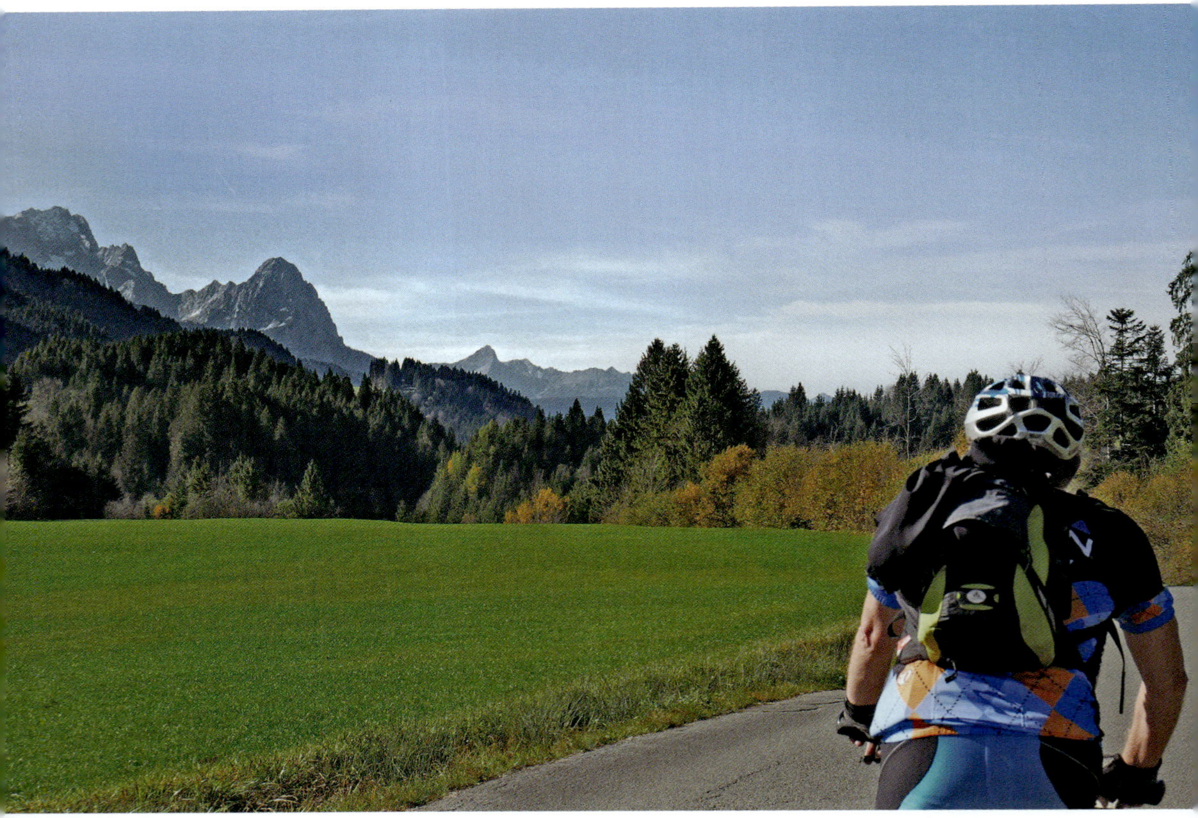

Bei Gerold, links die Zugspitze

Weiter geht es Richtung Nordosten. Wir kommen an der **Farchanter Alm** (Hintere Esterbergalm) vorbei. Eine Abzweigung nach links hinauf ignorieren wir. Bald nach dem höchstgelegenen Abschnitt der Tour (1300 m) überqueren wir auf rauem Weg den Höllenbach, welcher weiter unten in den Finzbach mündet. Dessen Verlauf folgen wir talauswärts zu einer Brücke. Diese nutzen wir jedoch nicht, sondern folgen dem kleinen Karrenweg auf der linken Uferseite zur neu errichteten **Finzalm**. Im weiteren Verlauf ergeben sich eindrucksvolle Blicke ins tief eingeschnittene Bachbett, bevor wir ins Wallgauer Becken hinabrollen. Nach Querung des meist trockenen Flussbetts kommen wir auf einer Wiese zu einer Kreuzung. Dort biegen wir rechts ab und strampeln zum **Barmsee** (885 m). Dessen mooriges Wasser kommt gerade recht für einen genussvollen Badestopp. Danach halten wir uns rechts und entfernen uns so vom Seeufer. Auf einem teils matschigen Pfad (bitte besondere Rücksicht auf Wanderer nehmen) gelangen wir am Wagenbrüchsee (auch Geroldsee genannt) vorbei nach Gerold. Dort biegen wir an einer T-Kreuzung links ab. Bei der nächsten Abzweigung fahren wir nach rechts. Bei Annäherung an die B 2 nehmen wir die zweite Abzweigung nach links, die uns durch eine Unterführung auf die andere Seite der Bundesstraße führt. Vor einem Bahnübergang folgen wir dem parallel zur B 2 führenden Radweg gen Westen, bis wir in **Kaltenbrunn** wieder die Straßenseite wechseln. 300 Meter nach dem schmucken Gasthaus zum Schweizer Bartl führt der Radweg mit einer Rechts-links-Kombination in den Wald. Bei einer Weggabelung wenige Meter später halten wir uns links. Parallel zur Bundesstraße gelangen wir einen knappen Kilometer weiter zu einem abzweigenden Sträßchen, auf welchem wir leicht bergauf nach rechts fahren. Nach an ein paar Häusern zweigen wir links ab und dürfen nun die Gsteigstraße bis ins Zentrum von **Partenkirchen** (710 m) hinunterrollen. In der historischen Ludwigstraße angekommen, staunen wir über die mit Lüftlmalereien verzierten Fassaden der Altstadt. Am Sebastianskircherl rechts vorbei folgen wir der Münchner Straße. Nach einer Rechts-links-Kombination verlassen wir sie schließlich rechts in die Wankbahnstraße, welche uns zurück zum **Parkplatz** bringt.

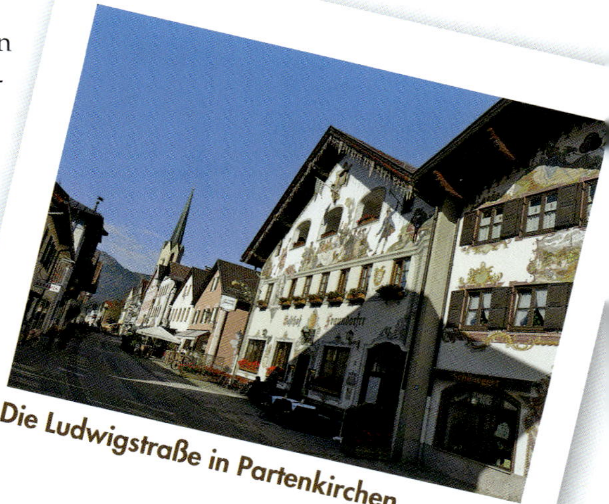

Die Ludwigstraße in Partenkirchen

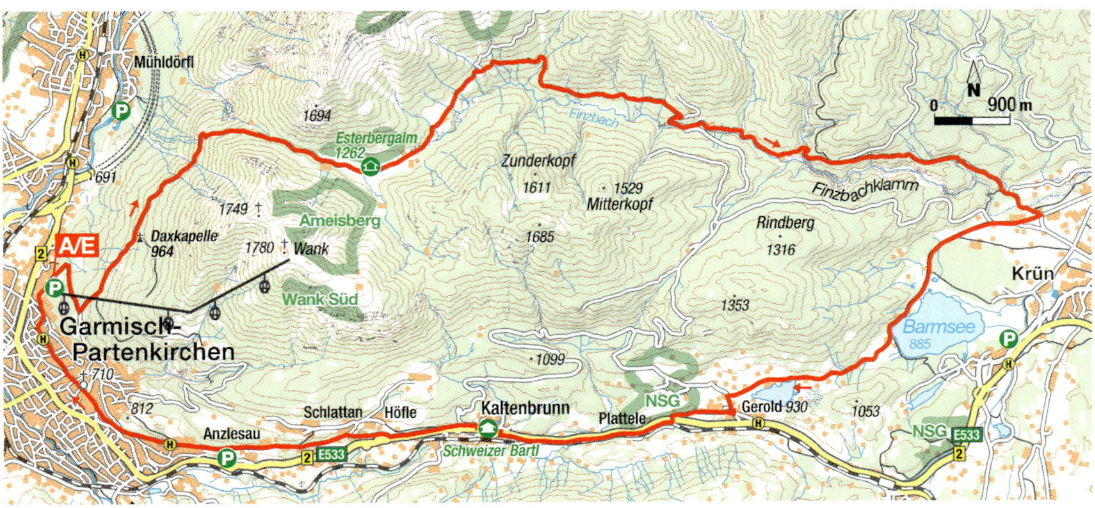

4

Schachenhaus

AUF DEN SPUREN KÖNIG LUDWIGS II. IN DEN BERGEN

Schwierigkeit Schwer

Fahrzeit 2:30 Std.

Streckenlänge 21 km

Höhenmeter 880 m

Tourencharakter Anspruchsvolle, konditionell herausfordernde Stichtour über steile, teils grobe, stellenweise felsdurchsetzte Schotterstraßen; beherrscht abfahren!

E-Bike Geeignet; Motorunterstützung bei der Auffahrt aufgrund der Steilheit besonders vorteilhaft

Ausgangs-/Endpunkt Wanderparkplatz Elmau (1010 m; Navi: In Elmau 2, 82493 Krün)

Anfahrt Von der B2 nach Klais, Elmauer Weg, am Schloss vorbei in den Wald; Bahnhof Klais 6 km und 120 Hm entfernt

Bike & Hike Zum Aussichtspavillon über dem Reintal, insgesamt 30 Min. hin und zurück

Tourist-Info Mittenwald, Tel. 08823/33981, alpenwelt-karwendel.de

»Da Kini hat scho gwusst, wo's schee is«, hört man oft in Oberbayern. Am Jagdschloss Schachen, das sich der legendäre König Ludwig II. im Wettersteingebirge bauen ließ, spürt man, dass da etwas dran ist. Kunst und Natur waren halt seine Welt.

Wir verlassen den **Wanderparkplatz Elmau** nach rechts gen Süden und folgen der Forststraße Richtung Schachen. Ab hier treten wir bergauf und lassen kleinere Abzweigungen unberücksichtigt. Nach gut 2,5 Kilometern biegen wir erst links, gleich darauf rechts ab, immer auf dem **Schachenweg** bleibend. Eine links bergan führende Straße ignorieren wir. Die Wegbeschaffenheit verschlechtert sich ab hier etwas, auf teils grobem Schotter erreichen wir die Abzweigung zur **Wettersteinalm** (1464 m).

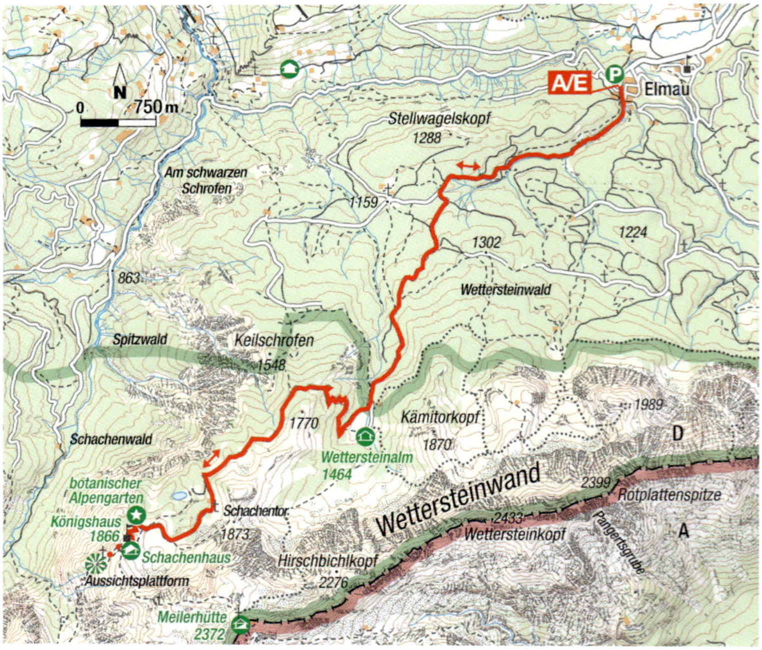

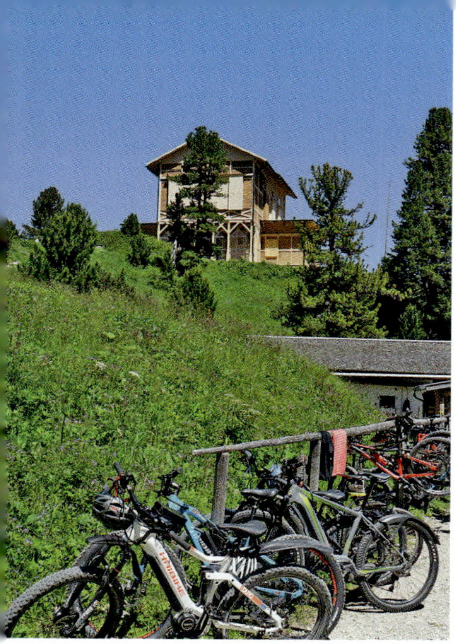

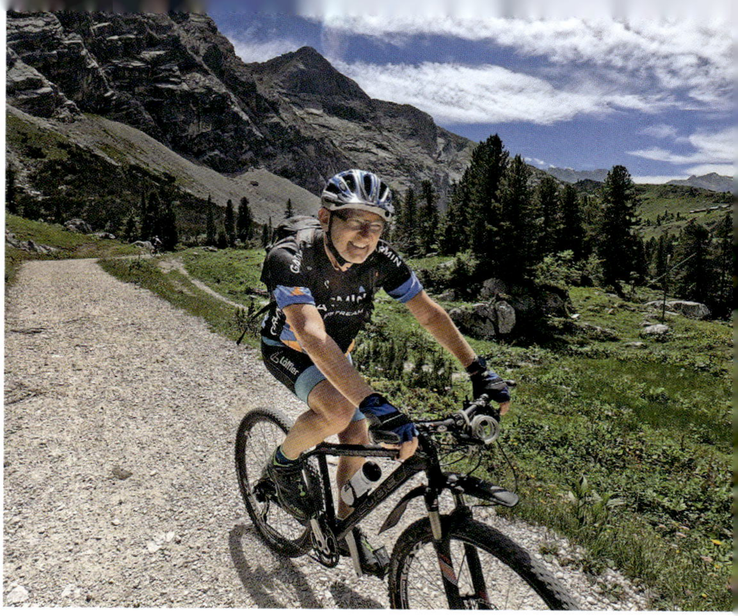

Abfahrt vom Schachenhaus

Links: Radlparkplatz unterm Schachenschloss

Unser Weg führt uns aber rechts weiter durch lichten Wald hinauf, es folgen steile und technisch herausfordernde Kehren. Das Schwitzen lohnt sich, denn schon bald öffnet sich der Blick auf die Alpspitze. Wir rollen bei grandioser Aussicht weiter unterhalb der hochragenden Wände des Wettersteinkamms entlang, bis wir nach einem kurzen Schlussanstieg das Königshaus am **Schachen** erreichen. Wo einst König Ludwig II. seine Bediensteten unterbrachte, dürfen wir heute köstlich speisen: im **Schachenhaus**. Keinesfalls auslassen sollte man den Spaziergang zur **Aussichtsplattform**, die mit Panoramasicht übers Reintal hinweg auf die Zugspitze und ihre Trabanten lockt. Der Wanderpfad dorthin führt oberhalb der Wirtshausterrasse nach Westen bergan, kurz Richtung Oberreintalhütte, nach 300 Metern dann rechts ab. Einige Meter weiter baut sich der höchste und spektakulärste Teil des Wettersteingebirges vor uns auf. Auch König Ludwigs Jagdschloss mit dem grandiosen »Türkischen Saal« oder die Pflanzenwelt im botanischen Alpengarten gleich unterhalb des Schachens zu besichtigen, ist fast ein Muss. Auf dem Auffahrtsweg kurven wir wieder hinunter zum Parkplatz. Dabei sind die steilen und groben Abschnitte mit besonderer Vorsicht zu fahren – gleich nach dem Botanischen Garten wartet schon eine knifflige Linkskurve.

HÜTTENSTECKBRIEF

Höhe 1867 m

Hüttenwirte Familie Leitenbauer

Kontakt Tel. 0172/8768868, schachenhaus.de

Bewirtschaftet Ende Mai bis Anfang Oktober geöffnet, gute, traditionelle Küche, Übernachtung möglich

Gut geschmeckt hat … die deftige Gulaschsuppe

Weitere Einkehrmöglichkeit Wettersteinalm (1464 m)

5 Wettersteinalm

PARADIESISCHE ALMWIESE UNTER HOHEN FELSWÄNDEN

Schwierigkeit Mittel

Fahrzeit 2:30 Std.

Streckenlänge 16 km

Höhenmeter 550 m

Tourencharakter Mäßig anspruchsvolle Forststraßen

E-Bike Geeignet; Motor erleichtert teils steilen Aufstieg.

Ausgangs-/Endpunkt Wanderparkplatz Elmau (1010 m; Navi: In Elmau 2, 82493 Krün)

Anfahrt Von der B2 nach Klais, Elmauer Weg, am Schloss vorbei in den Wald; Bahnhof Klais 6 km und 120 Hm entfernt

Tourist-Info Garmisch-Partenkirchen, Tel. 08822/6400, ammergauer-alpen.de

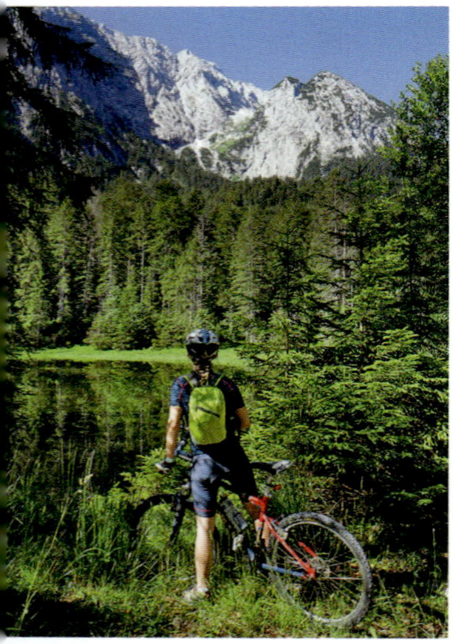

Wem die steile und recht raue Zufahrt zum Schachenhaus zu anspruchsvoll ist, der kann die reizvolle Gegend unter dem Wettersteinkamm auch mit einer Tour zur Wettersteinalm erleben – und mit einer Runde über den Bannholzweg den stillen Wettersteinwald erkunden.

Vom großen **Wanderparkplatz** fahren wir zunächst auf der Straße am Schloss vorbei zurück bis zur bekannten Obama-Bank, auf der der Präsident beim G7-Gipfel saß. Hier biegen wir rechts ab, radeln auf dem Hauptweg, welcher bald neben dem Ferchenbach verläuft. Auf 1055 Meter Höhe folgen wir dem **Wegweiser zur Wettersteinalm** nach rechts (es bietet sich vorher auch ein kurzer 900-Meter-Abstecher zum malerischen Ferchensee an). Auf der Forststraße »Bannholzweg« passieren wir einen kleinen

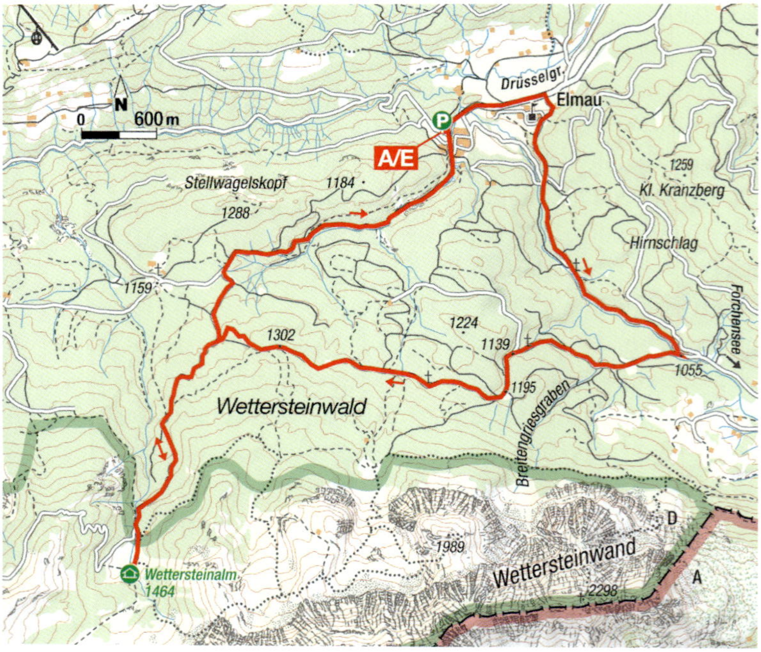

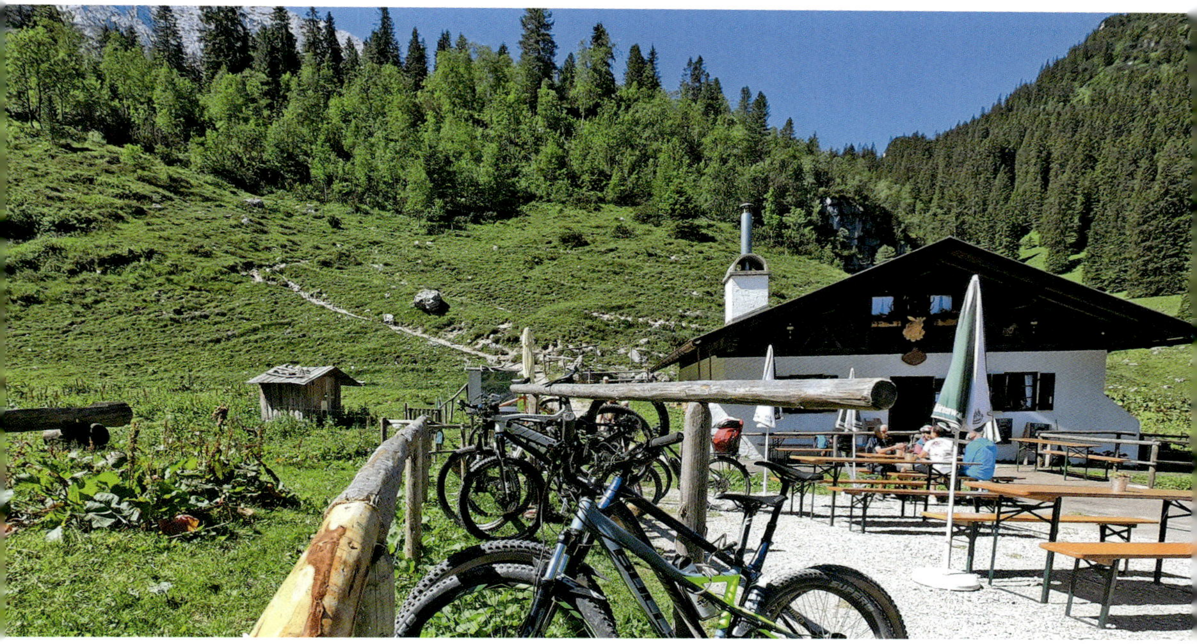

Die Wettersteinalm mit Bike Parkplatz

Linke Seite: Im Wettersteinwald

See, über den sich ein schöner Blick auf die Wettersteinwand ergibt. Im Folgenden ignorieren wir kleinere Linksabzweigungen. Bei einer **großen Verzweigung** (1139 m) folgen wir der nach links steil hinaufführenden Forststraße. Nach einer kleinen Lichtung ignorieren wir einen Wanderweg zu unserem Ziel. Wo links ein weiterer Wanderweg zur Wettersteinalm abbiegt, folgen wir der nun steil bergab führenden Forststraße. Sie trifft auf den Kiesweg Richtung Schachen, dem wir nach links hinauffolgen. Am Ende der Steigungsstrecke lassen wir die Abzweigung zum Schachen rechts zurück und rollen über eine flache Weide zur **Wettersteinalm** (1464 m). Dort genießen wir bei gschmackiger Hüttenkost die magische Lage unterhalb der Wettersteinwand.

Für den Rückweg rollen wir geradewegs den Schachenweg hinunter, ignorieren also den bergauf führenden Weg zum Ferchensee, auf welchem wir zuvor herabgekommen sind. Bald haben wir den Elmauer Bach erreicht, der uns schließlich auf dem Rückweg zum **Wanderparkplatz** begleitet.

HÜTTENSTECKBRIEF

Höhe 1464 m

Hüttenwirte Hannes und Annemarie Grasegger

Kontakt Tel. 0170/6762204, wettersteinalm.de

Bewirtschaftet Ende Juni bis Anfang September, Mo und Di 9–17 Uhr, Mi bis So 8–20 Uhr, einfache, gute Almkost

Gut geschmeckt haben … die gschmackige Almbrotzeit und der Kaiserschmarrn

6 Gasthaus Ferchensee

GEMÜTLICHE RUNDE ÜBER LAUTER- UND FERCHENSEE

Schwierigkeit Leicht

Fahrzeit 2:15 Std.

Streckenlänge 22 km

Höhenmeter 320 m

Tourencharakter Mittelgebirgsartige Runde, die man auch mit einem berggängigen Tourenrad befahren kann – ideal, wenn man zum Reinschnuppern mal im Gebirge radeln will, ohne gleich hoch hinaufschnaufen zu wollen; teils Schotter, teils Asphalt

E-Bike Geeignet; wegen überschaubarer Höhenunterschiede auch ohne Motorunterstützung gut schaffbar

Ausgangs-/Endpunkt Parkplatz nahe Mittenwalder Ortskern (910 m, Navi: Dekan-Karl-Platz, 82481 Mittenwald)

Anfahrt Auf B 2 nach Mittenwald; Bahnhof Mittenwald 800 m entfernt

Tourist-Info Mittenwald, Tel. 08823/33981, alpenwelt-karwendel.de

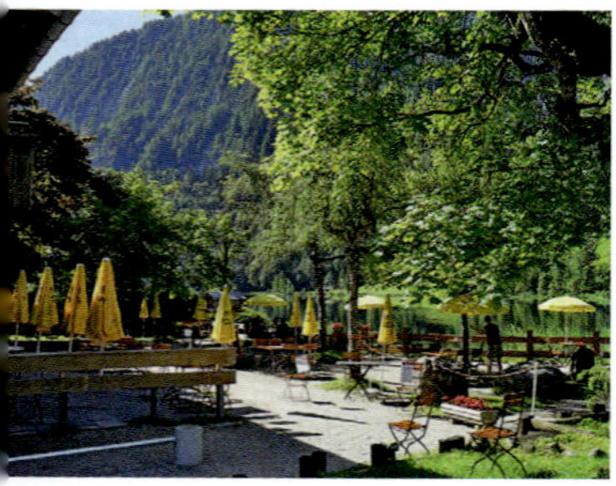

Paradiesisch gelegene Bergseen am Fuß des Wettersteingebirges und die geomorphologische Besonderheit der Buckelwiesen nahe dem Schmalensee – das erleben wir auf dieser besonders leichten Radlrunde.

Vom **Dekan-Karl-Platz** folgen wir der Innsbrucker Straße gen Süden, bis wir rechts in die Leutascher Straße abbiegen. Kurz darauf fahren wir in einer scharfen Linkskurve nach rechts. Diese anfangs noch geteerte Forststraße bringt uns nun vorbei am Lautersee bis zum traumhaft gelegenen Ferchensee, in dessen klarem Wasser sich manchmal die hoch aufragenden Ferchenseewände spiegeln. Wir folgen der am rechten Seeufer entlangführenden Schotterpiste bis zum **Gasthaus Ferchensee** (1062 m), das uns direkt am Seeufer zu einer Mahlzeit einlädt.

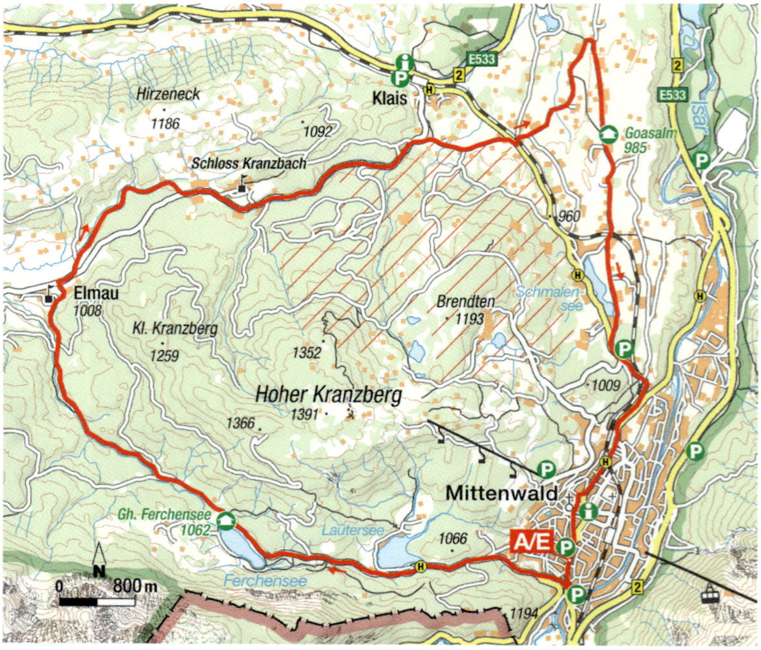

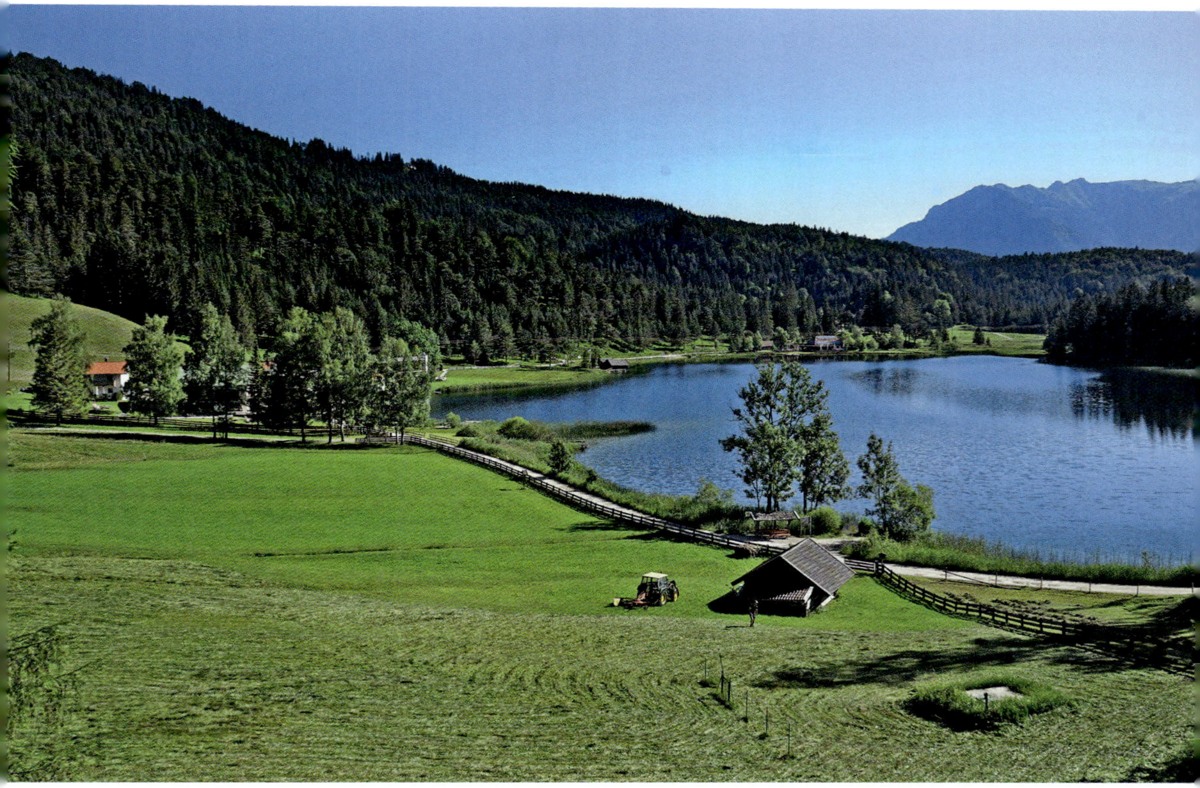

Der einladend blaue Lautersee

Linke Seite: Der Biergarten am Ferchensee

Gestärkt fahren wir auf dem Schotterweg weiter und halten uns bei der ersten Weggabelung nach 850 Metern links. Keine 150 Meter später erreichen wir wieder eine Weggabelung, bei welcher wir nach rechts fahren. Bei einer weiteren Verzweigung nehmen wir den rechten von drei Wegen und gelangen zum **Schloss Elmau** (1008 m), in welchem 2015 der 41. G7-Gipfel stattfand. Wir radeln weiter zur Hauptstraße, wo uns das berühmte Bankerl, auf dem Obama und Merkel damals saßen, zu einer Rast einlädt. Unsere Route führt uns rechts auf die Hauptstraße, welche wir nach 160 Metern nach links auf einen Radweg verlassen. Auf diesem halten wir uns rechts und treten bergauf. Bald bringt er uns wieder auf die Hauptstraße, auf welcher wir unter dem **Schloss Kranzbach** vorbei bergab rollen.

HÜTTENSTECKBRIEF

Höhe 1062 m

Hüttenwirte Alois Zunterer und Martina Knilling-Zunterer

Kontakt Tel. 08823/1409, ferchensee.eu

Bewirtschaftet 9–17 Uhr geöffnet, Fr Ruhetag, Übernachtung möglich

Gut geschmeckt hat … die fangfrische Forelle aus dem Ferchensee

Weitere Einkehrmöglichkeiten Goasalm (1000 m), Gaststätten in Mittenwald

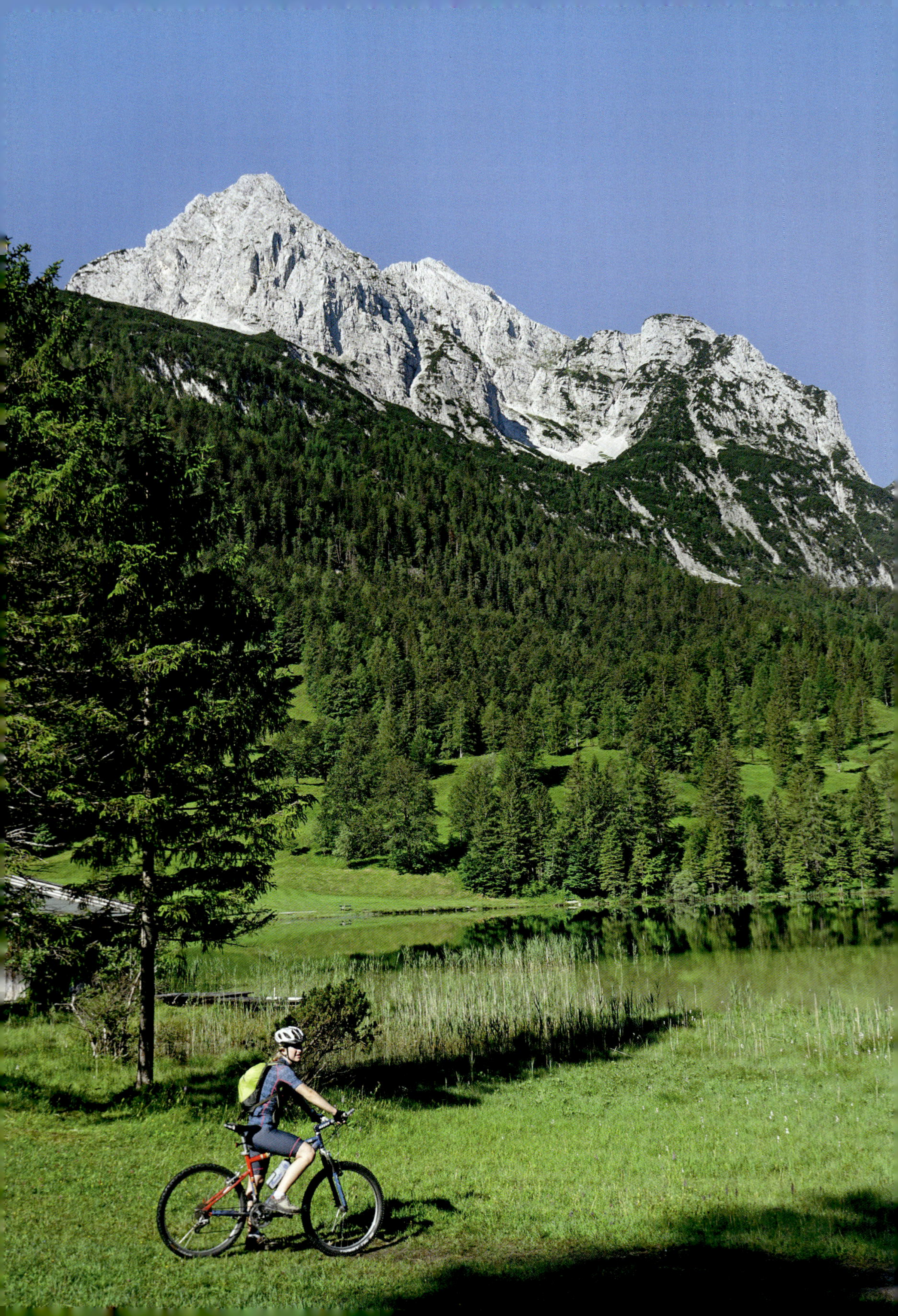

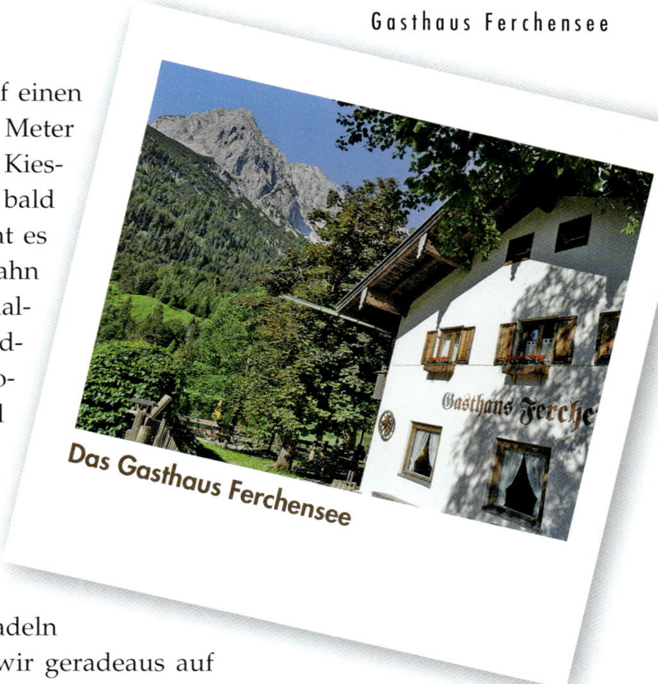

Das Gasthaus Ferchensee

Nach gut 2,5 Kilometern achten wir auf einen Parkplatz auf der rechten Seite, denn 200 Meter nach diesem biegen wir rechts ab. Ein Kiesweg führt durch schöne Wiesen. Schon bald mündet er in eine Landstraße; dort geht es kurz nach rechts, dann links unter der Bahn durch. Bei der folgenden Verzweigung halten wir uns rechts. Wir folgen dem Radweg Richtung Buckelwiesen. Einen Kilometer weiter zweigen wir rechts ab und gelangen zur **Goasalm** (985 m). Weiter gen Süden, fahren wir nach einer Eisenbahnunterführung links am Schmalensee entlang bis zur Landstraße. Diese führt uns leicht bergab zur Geigenbauerstadt **Mittenwald.** Am Ortseingang radeln wir kurz auf die Hauptstraße, welche wir geradeaus auf die Partenkirchener Straße verlassen. Dieser folgen wir, bis sie rechts in die Hochstraße übergeht. Und schon befinden wir uns in der historischen **Altstadt**, in welche die venezianischen Kaufleute 1487 den Bozner Markt verlegten, den Hauptumschlagplatz für Güter aus Italien und dem Orient. Fast 200 Jahre lang profitierte das Werdenfelser Land von diesem wirtschaftlichen Privileg. Für uns ein Platz, an dem wir uns gern Zeit nehmen, die reizvolle Architektur und die kunstvollen Lüftlmalereien zu bestaunen. Gleich südlich der Altstadt liegt der Parkplatz.

Linke Seite: Der glasklare Ferchensee mit der Wettersteinspitze im Hintergrund

Die historische Altstadt von Mittenwald

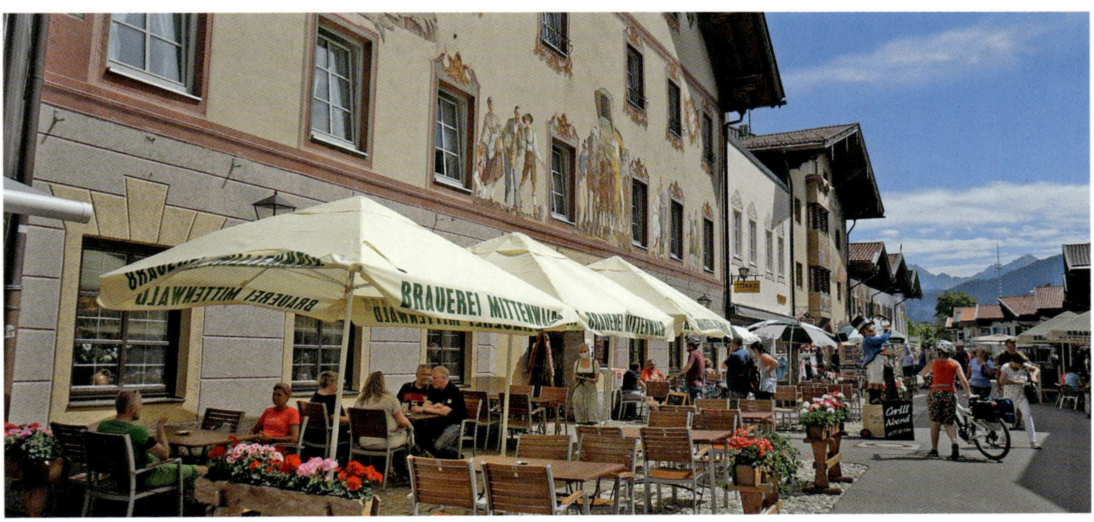

7 Karwendelhaus

EIN KLASSIKER MIT ATEMBERAUBENDEM PANORAMA

Schwierigkeit Mittel

Fahrzeit 4:00 Std.

Streckenlänge 37 km

Höhenmeter 870 m

Tourencharakter Technisch leichte, aber Ausdauer erfordernde Stichtour auf gekiester Almstraße

E-Bike Geeignet; Motorunterstützung erleichtert die teils anstrengende Auffahrt.

Ausgangs-/Endpunkt Parkplatz Länd in Scharnitz (960 m, Navi: Hinterautalstraße 106, 6108 Scharnitz, Österreich)

Anfahrt Von der B 2 (Mittenwald–Scharnitz) kurz nach Landesgrenze links nach Scharnitz Zentrum, der Innsbrucker Straße folgen, nach der Brücke links in die Hinterautalstraße, die bis zum Parkplatz führt; 850 m vom Bahnhof Scharnitz entfernt

Bike & Hike Wanderweg auf das Hochalmkreuz (2198 m), Anfangsstück mit Rebschnur, danach leichter Steig, Trittsicherheit erforderlich (Auf- und Abstieg insgesamt 2 Std.)

Tourist-Info Scharnitz, Tel. +43/508/805 40, scharnitz.tirol.gv.at

Nicht umsonst ist diese Strecke Teil der beliebten Karwendelrunde: Schon während der Auffahrt haben wir stets die imposanten Bergketten im Blick, getoppt nur noch durch die gewaltige Weitsicht zurück in das Karwendeltal, mit der uns die Hütte belohnt.

Vom Parkplatz Länd in **Scharnitz** rollen wir auf der Hinterautalstraße Richtung Südosten. Nach der Isarbrücke biegen wir links ab und fahren gleich darauf rechts auf den Karwendeltalweg. Die Strecke führt im Wald oberhalb der Karwendelschlucht entlang. Als Route 595 führt unsere Schotterstraße immer weiter ins Karwendelgebirge hinein. Links über uns ragen die Karwendelspitzen und der Wörner in den Himmel, rechts der Gebirgskamm, der im höchsten Karwendelgipfel, der Birkkarspitze (2749 m),

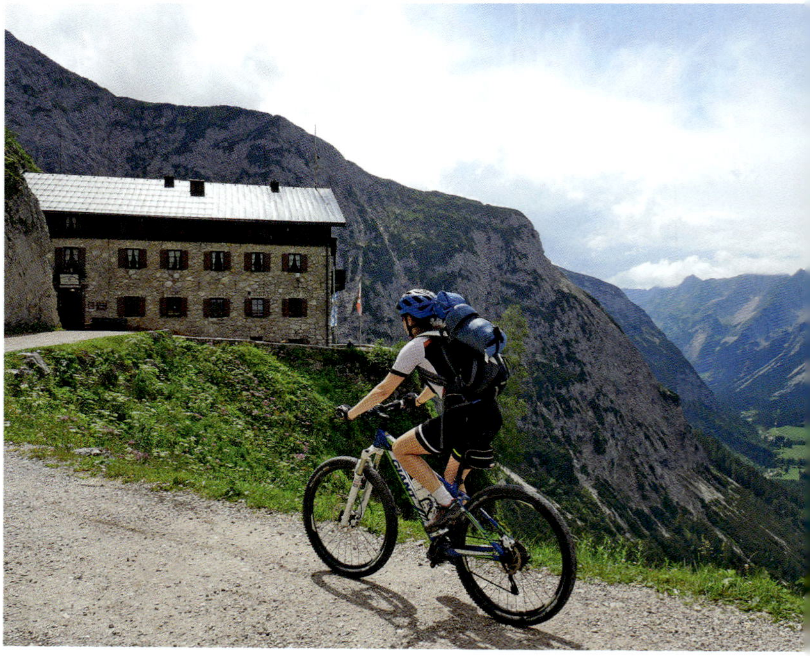

Die letzten Meter zum traumhaft gelegenen Karwendelhaus – rechts das Karwendeltal

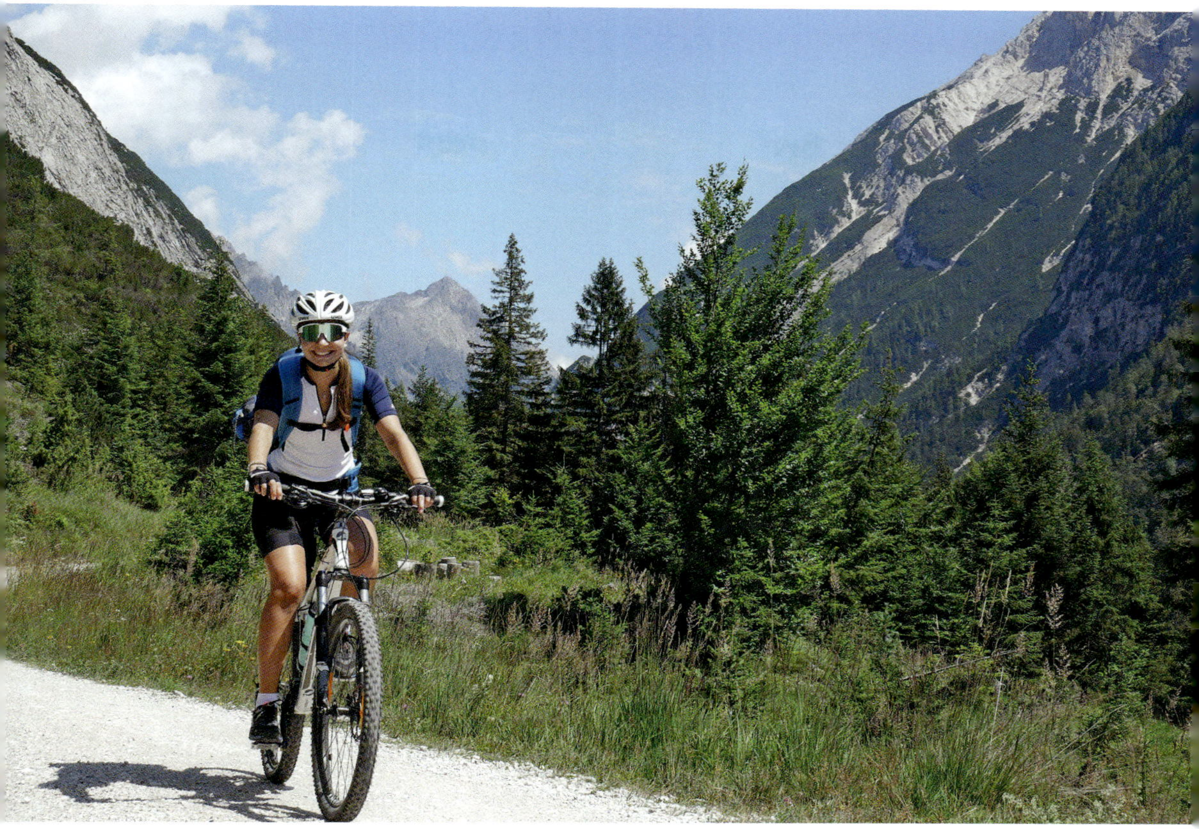

Abfahrt durchs Karwendeltal

kulminiert. Wir fahren am Karwendelbach stromaufwärts und passieren die unbewirtschaftete **Larchetalm,** kurz darauf die Angeralm (1310 m). Das Radeln durch die Bachbettebene mit Blick auf das beeindruckend in den Fels gebaute Karwendelhaus genießen wir, bevor wir den letzten Anstieg anpacken. Nach mehreren steilen, schattigen Kehren erreichen wir die Wiese der **Hochalm** (1700 m). Kurz vor dem Hochalmsattel zweigen wir rechts ab und erreichen das **Karwendelhaus** (1765 m). Der Blick zurück ins Karwendeltal samt umgebender Berge ist sagenhaft! Am besten lässt sich das Panorama bei einer gemütlichen Einkehr auf der aussichtsreichen Terrasse genießen.
Die Abfahrt erfolgt auf dem gleichen Weg wie die Auffahrt.

HÜTTENSTECKBRIEF

Höhe 1765 m

Hüttenwirte Familie Ruech

Kontakt Tel. +43/720/98 35 54, karwendelhaus.com

Bewirtschaftet Alpenvereinshütte, je nach Wetterlage Juni bis Mitte Oktober geöffnet, Übernachtung möglich, nach Saisonende Winterraum zugänglich

Gut geschmeckt haben ... die heiße Schokolade mit Rum und der Germknödel mit Vanillesoße

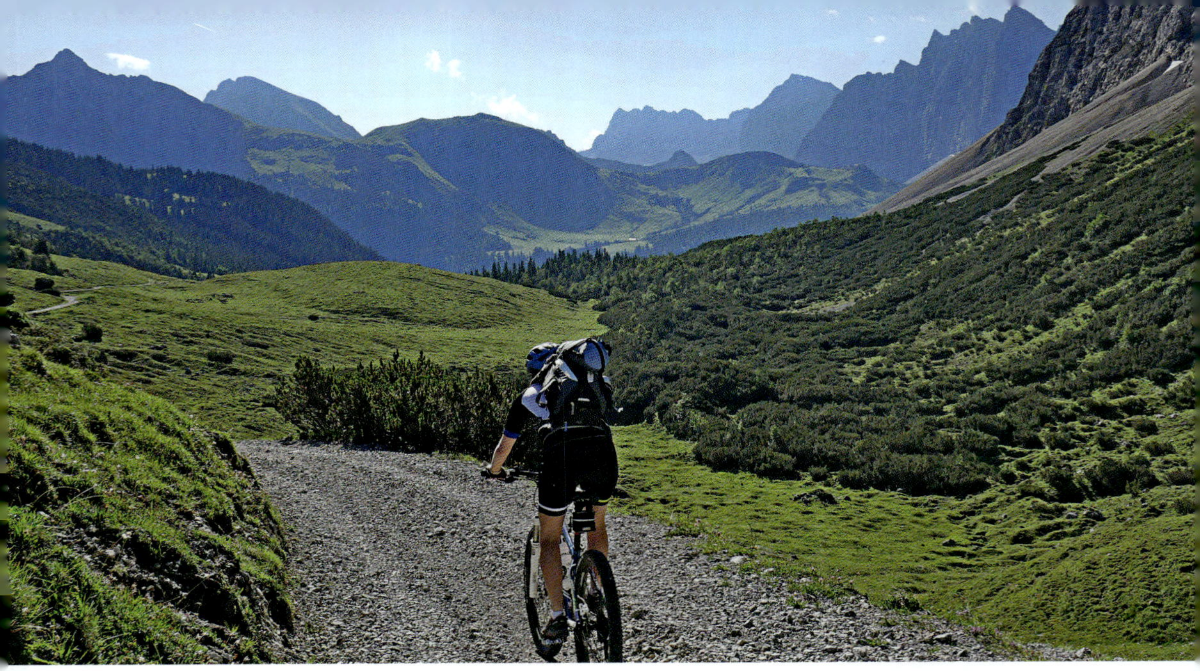

Am Hochalmsattel – rechts im Hintergrund die Karwendelhauptkette

Variante Die **große Karwendelrunde** über kleinen Ahornboden, Rißbachtal und Vereiner Alm passt zu den eher kürzeren Touren in diesem Buch nicht so recht. Als Tagestour mit dem Bio-Bike ist sie schon sehr sportlich. Da sie aber zu den eindrucksvollsten Bike-Touren weit und breit zählt, sei sie hier trotzdem empfohlen. Und mit einer Übernachtung auf dem Karwendelhaus wird die Unternehmung schon etwas entspannter, noch mehr mit Motorunterstützung.

Auf dem zuvor beschriebenen Weg gelangen wir zum **Karwendelhaus.** Nach einer Einkehr radeln wir Höhe haltend ein

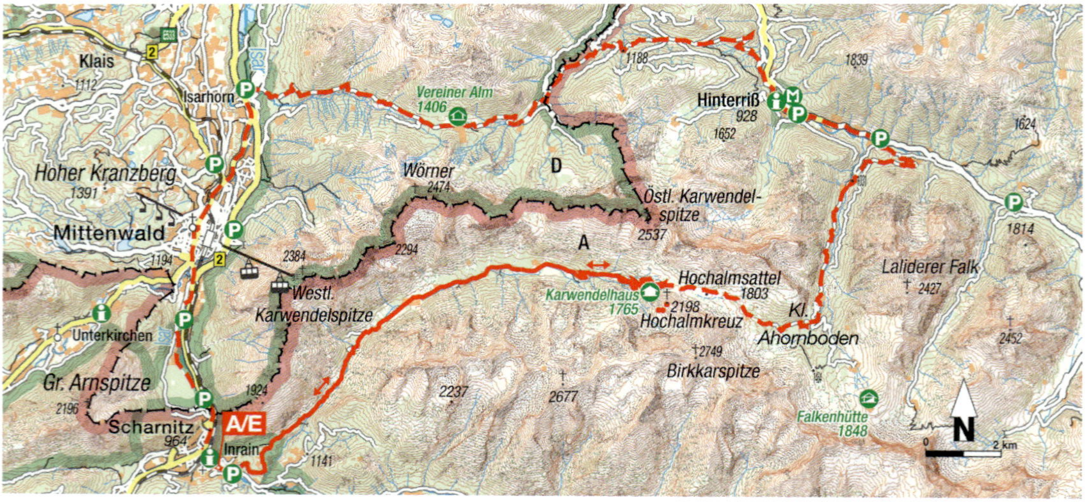

kurzes Stück zurück, fahren aber nicht wieder bergab, sondern geradeaus zum **Hochalmsattel** (1803 m). Von dort können wir unsere Bikes laufen lassen: Es geht auf teils grobem Schotter bei gigantischem Panoramablick bergab zum **Kleinen Ahornboden**. Hier fahren wir an der Wegkreuzung geradeaus und folgen der Schotterstraße nach links abwärts durchs Johannestal ins Rißbachtal. Dort folgen wir der Hauptstraße bis nach **Hinterriß** (928 m). Nach dem Ortsende biegen wir noch vor einer Brücke links ab in den für Mountainbiker ausgeschilderten Weg auf die **Vereiner Alm** (1406 m, siehe Tour 9), wo wir bei guter Verköstigung das Bergerlebnis Revue passieren lassen. Von hier aus geht es die letzten 30 Höhenmeter in westliche Richtung bergauf. Dann beginnt die Schotterstraße bergab zu führen. Abzweigungen lassen wir unberücksichtigt und folgen stets der **Beschilderung zum Isarhorn**. Im Tal angekommen, fahren wir am Parkplatz Seinsalm vorbei bis zur Schnellstraße, vor welcher wir scharf links auf den Isarradweg abbiegen. Dieser bringt uns parallel zur B2 erst Richtung Mittenwald, dann Richtung **Scharnitz** zurück. Vor dem Scharnitzer Tunnel fahren wir nach links in die Innsbrucker Straße und gelangen wie unter Anfahrt beschrieben zurück zum **Parkplatz.**

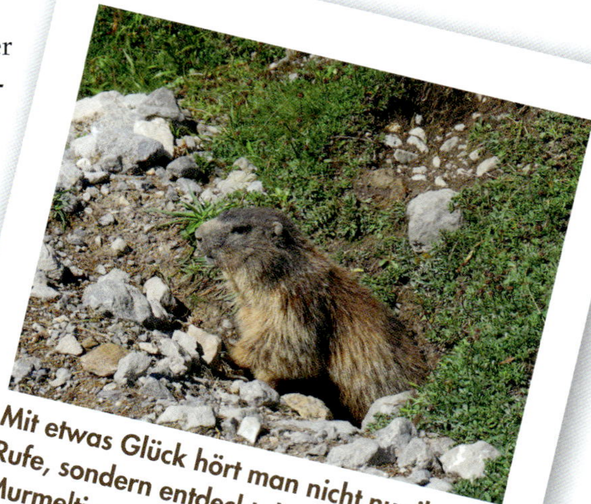

Mit etwas Glück hört man nicht nur ihre Rufe, sondern entdeckt die neugierigen Murmeltiere auch am Wegesrand!

Abfahrt Richtung Kleiner Ahornboden

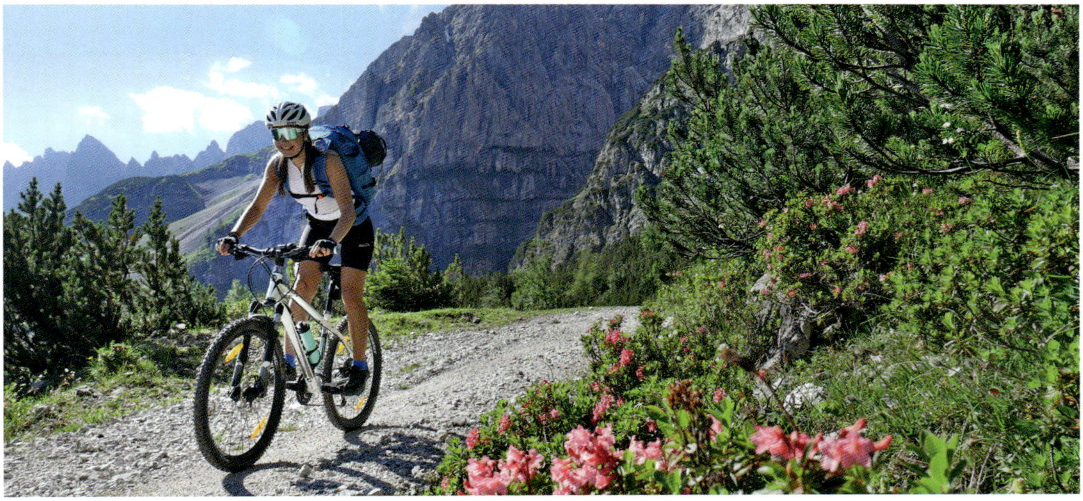

8 Falkenhütte

SAGENHAFTE AUFFAHRT MIT BLICK AUF DIE LALIDERER WÄNDE

Schwierigkeit Mittel

Fahrzeit 4:30 Std.

Streckenlänge 36 km

Höhenmeter 1100 m

Tourencharakter Stichtour über Forst- und Almstraßen, gute Kondition erforderlich

E-Bike Geeignet; Motorunterstützung bei der Auffahrt angenehm

Ausgangs-/Endpunkt Wanderparkplatz Hinterriß (940 m, Navi: Wanderparkplatz Hinterriß, 6215 Vomp, Österreich)

Anfahrt Auf der B 13 zum Sylvensteinspeicher, über die B 307 nach Vorderriß und auf der Rißtal-Landesstraße über die Grenze nach Hinterriß

Bike & Hike Einfache Wanderung auf den Mahnkopf (2094 m, Auf- und Abstieg 1,5 Std.) nördlich der Hütte

Tourist-Info Hinterriß, Tel. +43/512/72720, tirol.at

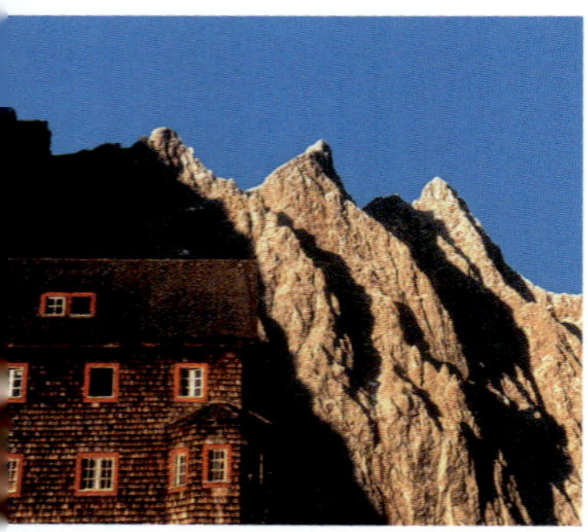

Die landschaftlich spektakuläre Tour schlängelt sich aus dem Rißbachtal durchs Johannestal zur denkmalgeschützten Falkenhütte. Von der Alpenvereinshütte hat man einen tollen Blick auf die gigantische Felsmauer der Laliderer Wände – ein legendäres Kletterrevier.

Vom **Parkplatz Hinterriß** bringt uns die Rißtal-Landesstraße weiter taleinwärts, und schon bald passieren wir die für uns Radler kostenlose Mautstation. Bei **Parkplatz P4** biegen wir rechts ab und fahren sogleich auf einer Brücke über den Rißbach. An der folgenden Verzweigung fahren wir nach links, bei der nächsten Weggabelung halten wir uns rechts. In der kommenden starken Rechtskurve bleiben wir auf dem sich schlängelnden Hauptweg. Nach einem kurzen Stück bergab zweigt rechts ein kleinerer Weg zu einer Schlucht ab, diesen ignorieren wir und treten links auf großer Forststraße weiter das **Johannestal** hinauf. Bei spektakulärer Sicht auf den Johannesbach mit der Karwendelhauptkette im Hintergrund fallen uns die Höhenmeter um einiges leichter. Wir folgen stets der Beschilderung zur Falkenhütte über die Mountainbikestrecke. Bei einer T-Kreuzung halten wir uns links. Diese Straße führt uns kurz darauf links durch ein Flussbett, und nach einem kurzen Waldstück dürfen wir uns über die grandiose Sicht auf die Laliderer Wände freuen. Bei der **Ladizalm** (1573 m) lohnt sich eine kurze Trinkpause mit frischem Quellwasser, bevor es die letzten knapp 300 Höhenmeter bergauf geht. Nass geschwitzt erreichen wir die **Falkenhütte** (1848 m) mit ihrer einmaligen Lage unterhalb der Laliderer Spitze.

Für wanderlustige Gipfelstürmer bietet sich das nur 70 Höhenmeter entfernte Ladizköpfl oder sogar der Mahnkopf auf 2094 Metern an. Hierfür folgen wir dem Wanderweg nördlich der Hütte, über das Ladizköpfl – oder links unterhalb an diesem vorbei – zum Ladizjöchl, wo der teils steile Gipfelanstieg zum **Mahnkopf** (2094 m) beginnt.

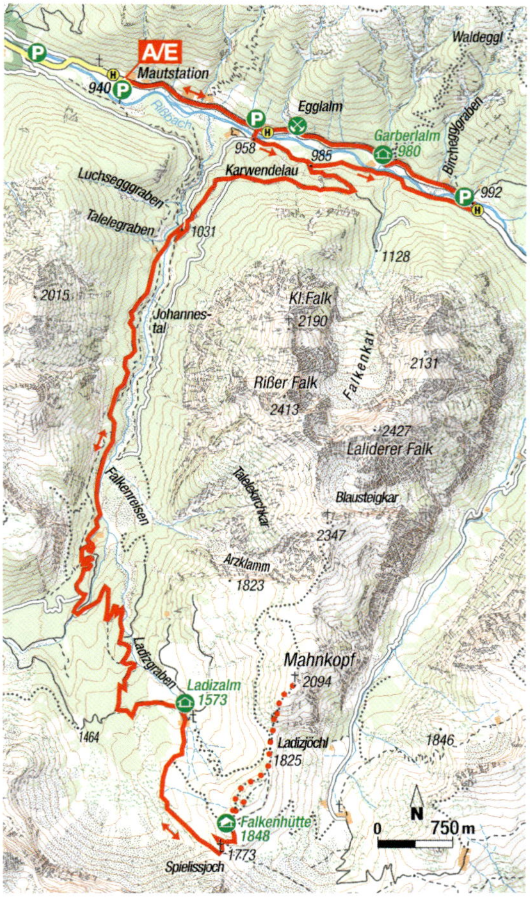

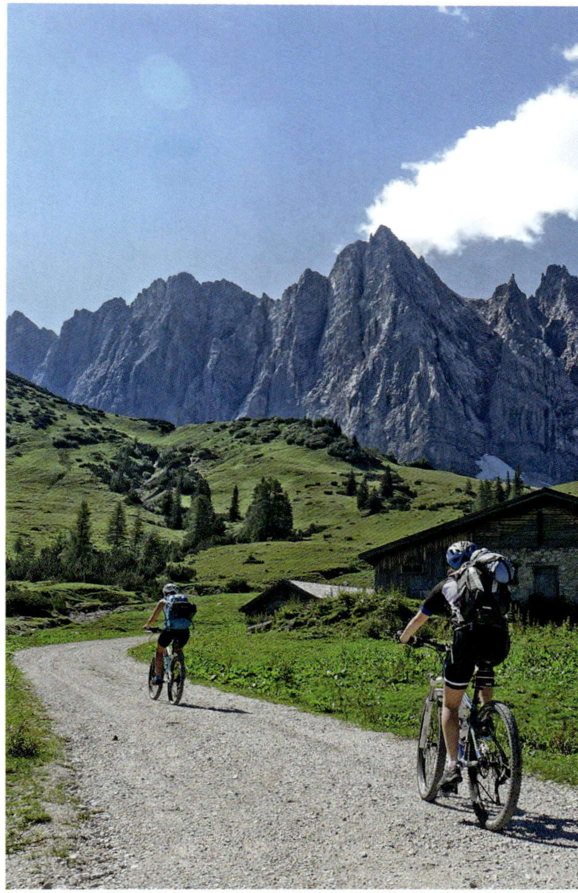

Blick über die Ladizalm zur Lalidererspitze
Linke Seite: Die Falkenhütte unter der Karwendelhauptkette

Die Abfahrt erfolgt bis kurz vor dem Tal auf demselben Weg. Bei der letzten Weggabelung (985 m) fahren wir nicht zur zuvor überquerten Brücke (wie bei der Auffahrt), sondern scharf rechts auf die Forststraße in die entgegengesetzte Richtung. Sobald wir die Landesstraße erreicht haben, rollen wir darauf talauswärts und sollten dabei auf keinen Fall die auf der rechten Straßenseite liegende urige **Gaberl-Alm** übersehen, welche uns zu den besten Kuchen weit und breit einlädt. Nach diesem wohlverdienten Päuschen in der kleinen, aber feinen Alm folgen wir nur noch der Landesstraße talauswärts zum **Parkplatz in Hinterriß**.

HÜTTENSTECKBRIEF

Höhe 1848 m

Hüttenwirte Familie Rackwitz-Hartmann

Kontakt Tel. +43/5245/245, falkenhuette.at

Bewirtschaftet Alpenvereinshütte, je nach Wetterlage Juni bis Mitte Oktober geöffnet, Gastronomie à la carte, Übernachtung möglich

Gut geschmeckt hat … der gemischte Salat mit zwei Kaspressknödeln

Weitere Einkehrmöglichkeit Gaberl-Alm (980 m)

9 Vereiner Alm

ABWECHSLUNGSREICHE TOUR RUND UM DIE SOIERNGRUPPE

Schwierigkeit Mittel

Fahrzeit 5:30 Std.

Streckenlänge 52 km

Höhenmeter 910 m

Tourencharakter Abwechslungsreiche Tour, meist auf Forststraßen, teils Teer; Kondition erforderlich aufgrund von Länge und Steigung; wegen Flussdurchquerung bei oder nach Starkregen evtl. nicht befahrbar!

E-Bike Geeignet; Motorunterstützung hilfreich wegen Tourlänge und Steilheit, Achtung: Das Rad muss durch ein Bachbett mit niedrigem Wasserstand geschoben, ggf. kurz getragen werden!

Ausgangs-/Endpunkt Wanderparkplatz Seinsalm (891 m, Navi: Wanderparkplatz Seinsalm, 82481 Mittenwald, 47.474957, 11.280229)

Anfahrt Auf der B 2 Richtung Mittenwald, gegenüber dem Campingplatz Am Horn links abbiegen zur Seinsalm; Bahnhof Mittenwald 4,5 km entfernt; die Tour kann auch von anderen Parkplätzen am Isarradweg zwischen Krün und Vorderriß gestartet werden.

Tourist-Info Mittenwald, Tel. 08823/33981, alpenwelt-karwendel.de

Eine Rundtour vom Feinsten: Lüftlmalereien in Wallgau, naturbelassene Wildnis in den Isarauen, sportlicher Anstieg, Bachbettüberquerung und entspannte Abfahrt mit einmaliger Sicht. Fehlt nur noch die zünftige Almjause auf der urigen Vereiner Alm.

Vom **Parkplatz** rollen wir zurück zur B2 und folgen dem gut beschilderten Isarradweg Richtung Norden. Wir passieren **Krün** und **Wallgau**. Wer sich für Lüftlmalereien interessiert, der sollte sich einen kurzen Abstecher in den Ortskern von Wallgau nicht entgehen lassen. Weiter bringt uns der Isarradweg an Wallgau vorbei in das breite Isartal hinein. Auf der wenig befahrenen **Mautstraße** radeln wir neben den weiten, naturbelassenen Isarauen bis nach **Vorderriß** (783 m). Dort fahren wir über die

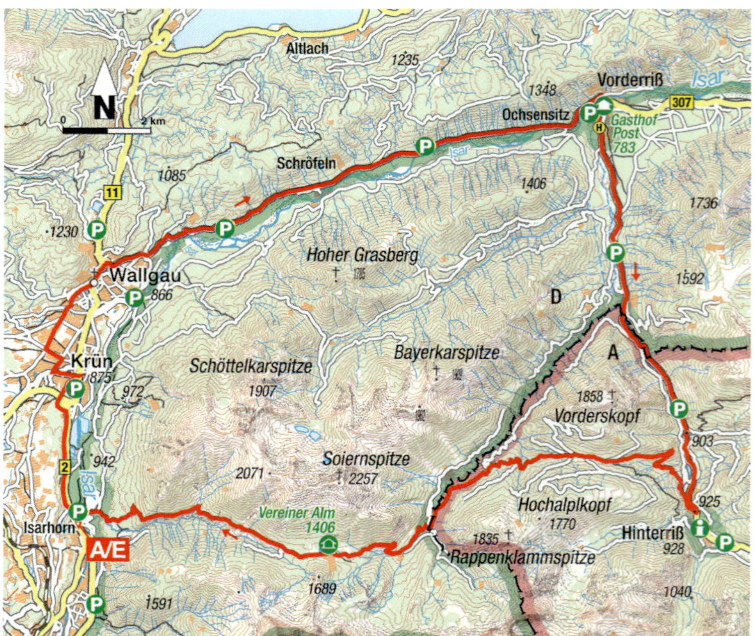

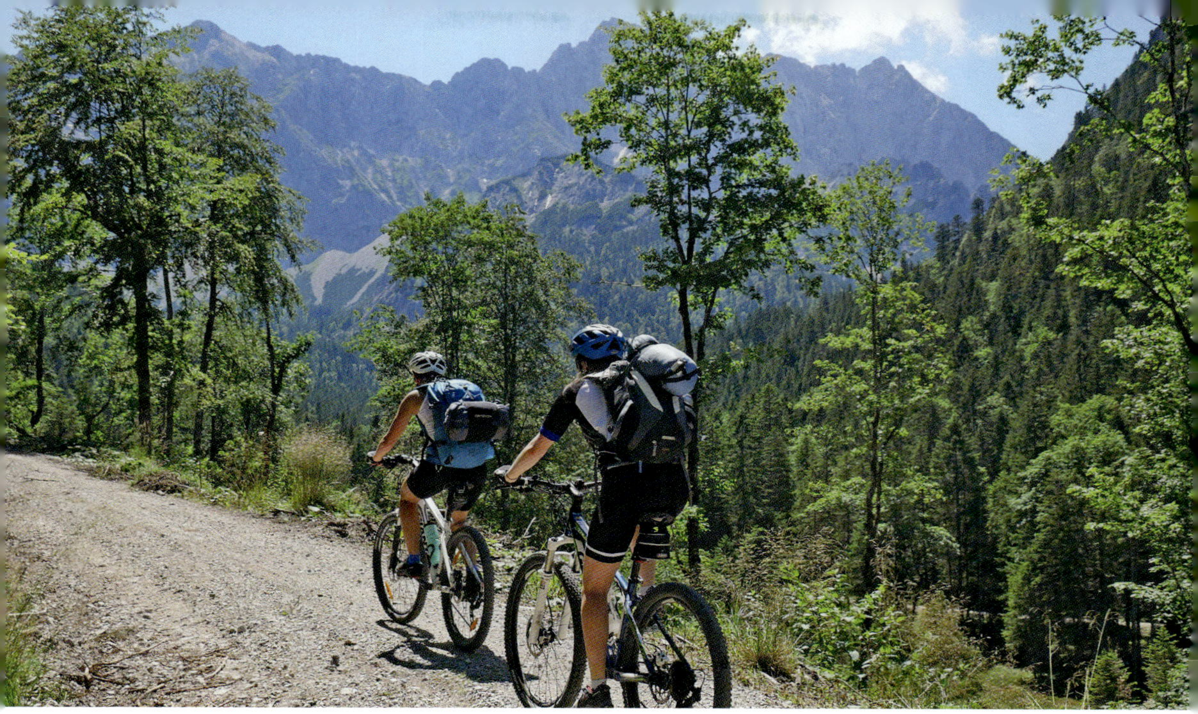

Anstieg zwischen Hinterriß und Vereiner Alm

Brücke und weiter auf der Rißtal-Landesstraße gen Süden. Bei der Grenzbrücke am Rißbachfall erreichen wir Österreich. Wir bleiben ein kurzes Stück auf der linken Uferseite, ehe wir wieder am rechten Ufer weiter Richtung Hinterriß rollen. Die nächste Brücke (925 m) ist entscheidend, direkt nach dieser beginnt rechts der ausgeschilderte **MTB-Radweg 453** zur Vereiner Alm. Auf Forststraßen geht es bergauf, erst im Schatten, später lichtet sich der Wald immer mehr und gibt Blicke auf das Rißtal und die Karwendelgipfel frei. Wir überqueren das **Bachbett des Sandbachs** (nur bei niedrigem Wasserstand!) und somit auch wieder die Grenze zu Deutschland. Unser Weg bringt uns links den Weg hinauf, immer auf der rechten Seite des herabfließenden Fermersbachs. Die letzten Meter hinaufschwitzend erreichen wir auf über 1400 Metern die kleine, urige **Vereiner Alm** (1406 m), welche uns zu einer verdienten Rast einlädt. Dahinter liegt die Krinner-Kofler-Hütte für Selbstversorger. Gestärkt freuen wir uns über die letzten Höhenmeter gen Westen, ehe wir den höchsten Punkt erreichen und der Forststraße erst Richtung Krün, dann zum Isarhorn hinab folgen. Auf dem Radweg gelangen wir zum Parkplatz an der **Seinsalm.**

HÜTTENSTECKBRIEF

Höhe 1406 m

Hüttenwirte Familie Klotz

Kontakt Tel. 0170/3173674

Bewirtschaftet Anfang Juni bis Mitte September durchgehend geöffnet, gute Almkost

Gut geschmeckt hat … das Käsebrot mit Salat

Weitere Einkehrmöglichkeit Gasthof Post in Vorderriß

10 Jocheralm

EINZIGARTIGE TOUR ÜBER DEM TÜRKISBLAUEN WALCHENSEE

Schwierigkeit Mittel

Fahrzeit 3:15 Std.

Streckenlänge 27 km

Höhenmeter 750 m

Tourencharakter Entspannte Tour, erst auf geteertem Radweg am See entlang, dann auf Forststraße bis zur Alm; bei der steilen Abfahrtsvariante erfordern grobe Steine perfekte Bike-Beherrschung, ggf. abschnittsweise schieben.

E-Bike Geeignet; Variante nur für trailsichere E-Biker, Rad muss ggf. geschoben werden.

Ausgangs-/Endpunkt Parkplätze an der Passhöhe der Kesselbergstraße und an den Kehren an der Südseite (859 m; Navi: Urfeld 1, 82432 Kochel am See)

Anfahrt Über A95 nach Kochel und weiter auf der B11; Bahnhof Kochel am See 9 km und 260 Hm entfernt

Bike & Hike Beschilderte Wanderung auf den Jochberg (1565 m, knapp 1 Std. Auf- und Abstieg)

Tourist-Info Walchensee, Tel. 08858/411, zwei-seen-land.de

Nicht nur wegen des guten Essens, sondern auch wegen der urigen Atmosphäre ist die Jocheralm so beliebt. Ein Gipfelabstecher auf den 1565 Meter hohen Jochberg belohnt mit einem 360-Grad-Panorama über den Walchensee und die Isarberge, oft sogar bis nach München.

Vom **Kesselberg** (859 m) rollen wir hinab zum **Walchensee** (802 m). Sobald das Wasser in Sicht kommt, biegen wir links ab und folgen dem wunderschön gelegenen Radweg direkt am See entlang. Vorbei an Badewiesen und alten Bootshäusern gelangen wir zu einer Abzweigung bei einem kleinen **Café** in Sachenbach, wo wir den Radweg am See verlassen und links in Richtung Jachenau abbiegen.

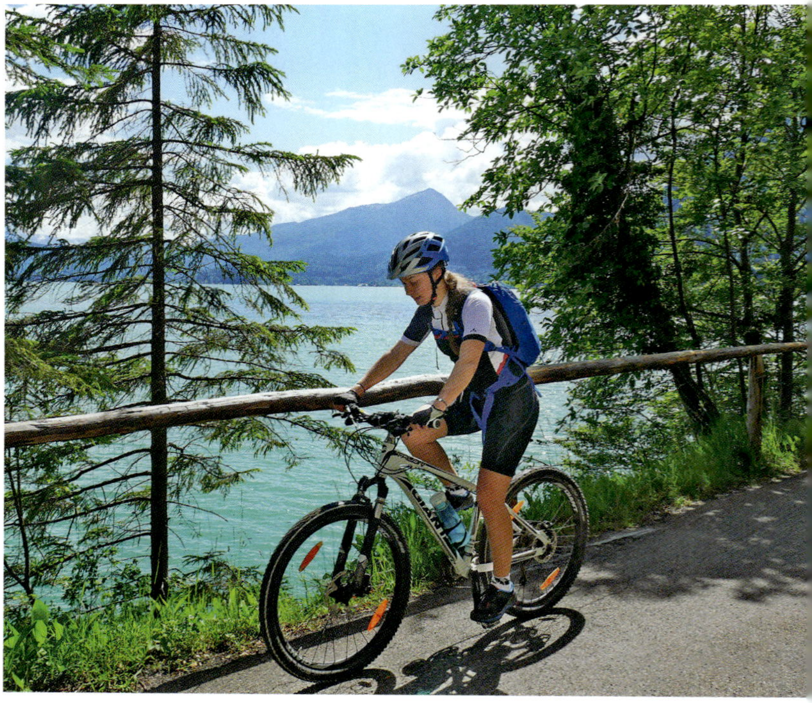

Die wunderschöne Radstrecke am Ufer des Walchensees

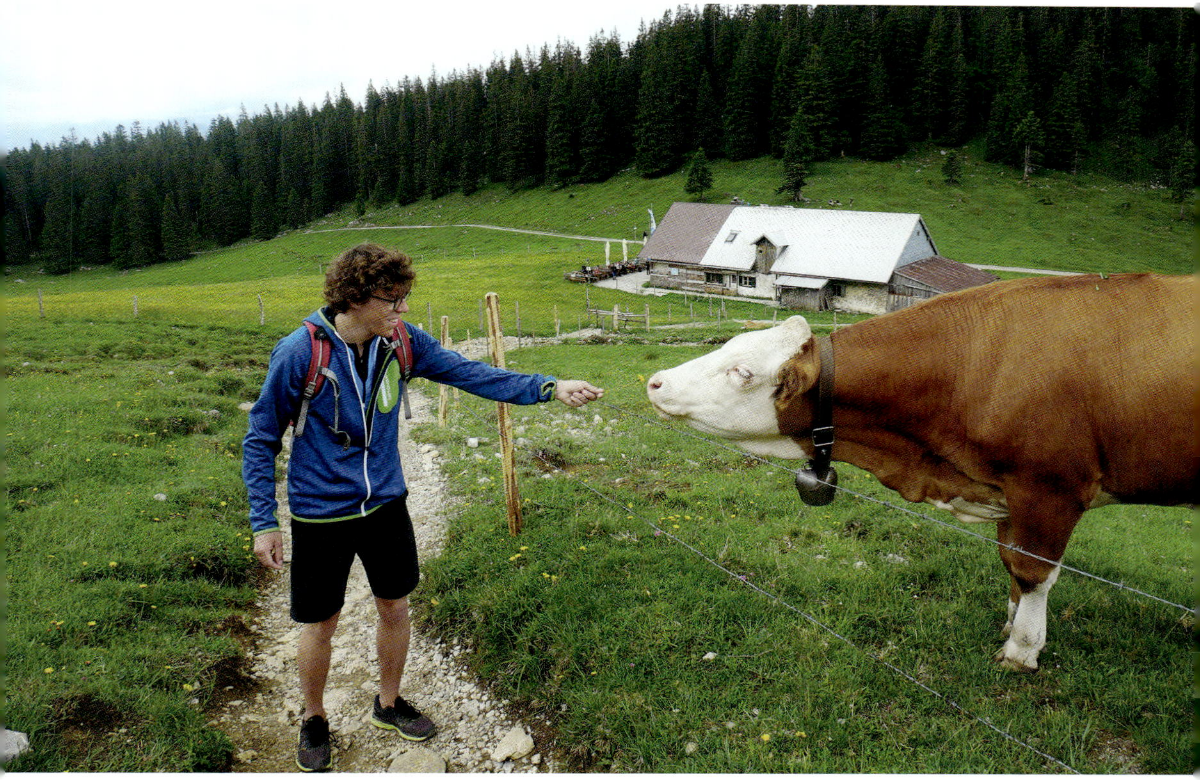

Tierische Begegnungen beim Wanderabstecher auf den Jochberg

Es folgt die erste, geringe Steigung auf dem nun meist durch den Wald verlaufenden Weg. Zwei Kilometer nach Sachenbach dürfen wir die Linksabzweigung (872 m) Richtung Berg und Jachenau nicht verpassen. Leicht bergab rollen wir an der Fieberkapelle vorbei, bis wir den Wald wieder verlassen und den **Weiler Berg** erreichen. Hier biegen wir nach links ab und fahren über Wiesen zu einer Holzhütte (820 m) am Waldrand; den von rechts unten heraufkommenden Weg ignorieren wir. Wir bleiben geradeaus auf dem Hauptweg und lassen unbeschilderte Abzweigungen unberücksichtigt. Im Filzgraben lösen wir uns vom Weg zur Kotalm und folgen der Beschilderung zur Jocheralm nach links. Kurz vor unserem Ziel zweigt links eine Forststraße ab (1300 m), welche wir uns

HÜTTENSTECKBRIEF

Höhe 1381 m

Hüttenwirte Familie Hans Oswald

Kontakt Tel. 08851/254, seppenbauernhof.de/jocheralm.html

Bewirtschaftet Mitte Mai bis Mitte Oktober, Mo Ruhetag

Gut geschmeckt haben … die Erbsensuppe und die feine Buttermilch

Weitere Einkehrmöglichkeiten Kiosk/Café Sachenbach (822 m), Jachenauer Schützenhaus (822 m)

für die Abfahrtsvariante merken können. Nach einem Kuhgatter erreichen wir die an blühenden Almwiesen gelegene **Jocheralm** (1381 m).

Wer noch etwas Energie übrig hat, sollte sich die 25-minütige Wanderung auf den **Gipfel des Jochberg**s keinesfalls entge-

Die Jocheralm am Fuße des Jochbergs

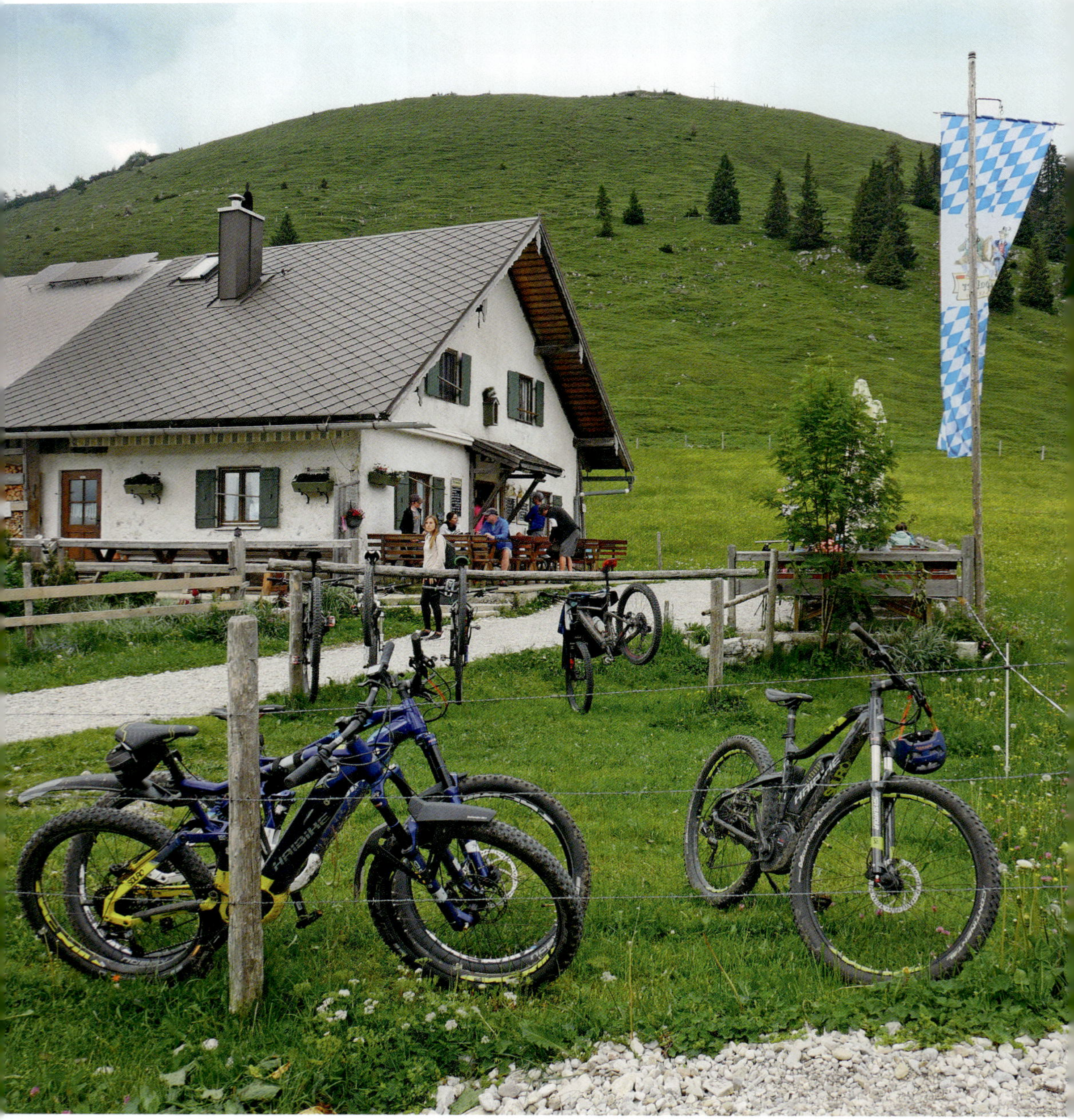

hen lassen – es lockt eine magische Aussicht auf Walchensee, Wetterstein und Karwendel sowie über den Kochelsee auf das Alpenvorlanand. Bei klarer Luft kann man sogar einzelne Hochhäuser und Türme in München identifizieren. Selbst bei Nebel kann sich der Aufstieg lohnen, da sich auf der felsigeren Nordwestseite des Jochbergs gerne einmal Steinböcke blicken lassen.
Wieder unten angekommen, lassen wir es uns bei der Jocheralm gut gehen. Gestärkt rollen wir auf demselben Weg wie bei der Auffahrt zurück.

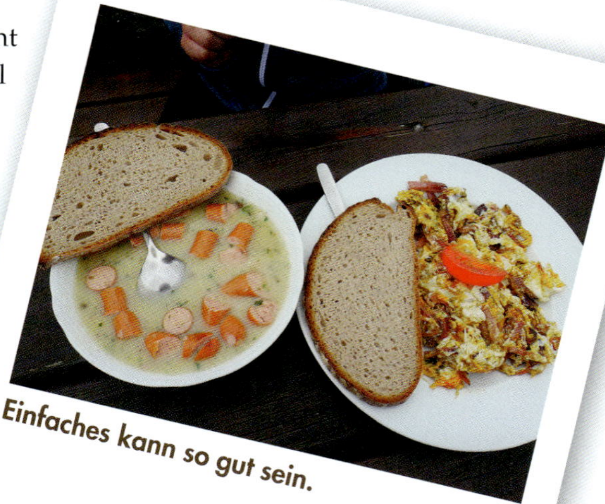

Einfaches kann so gut sein.

Variante **1.** Kürzere Abfahrtsroute für geübte Biker mit Trail-Erfahrung (grober Schotter, Schiebeabschnitte): Bei vorher erwähnter Abzweigung (1300 m) biegen wir rechts auf die Schotterstraße ab. Diese verläuft sich bald in einen schwer befahrbaren Trail, welchem wir bis zum Walchensee hinunter folgen. Schließlich rollen wir rechts auf die Hauptroute nach Urfeld zurück.
2. Rückfahrt über Jachenau: Nach der Waldabfahrt fahren wir bei der Holzhütte nicht rechts nach Berg, sondern links bergab über eine Brücke. Dem Bach Kleine Laine folgen wir ins Örtchen Jachenau. Nach dem Jachenauer Schützenhaus bringt uns rechts das Sträßchen nach Berg zurück auf die Hauptroute.

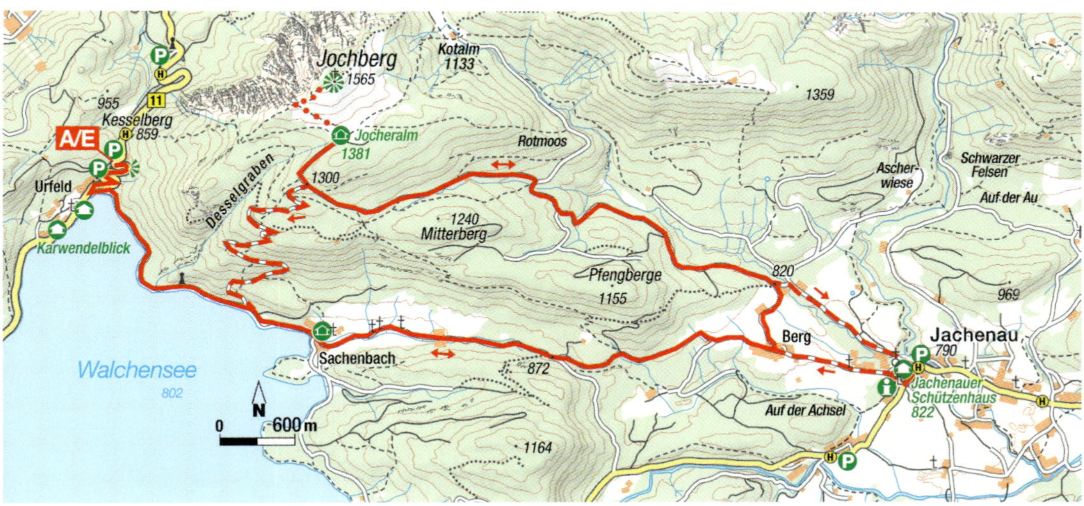

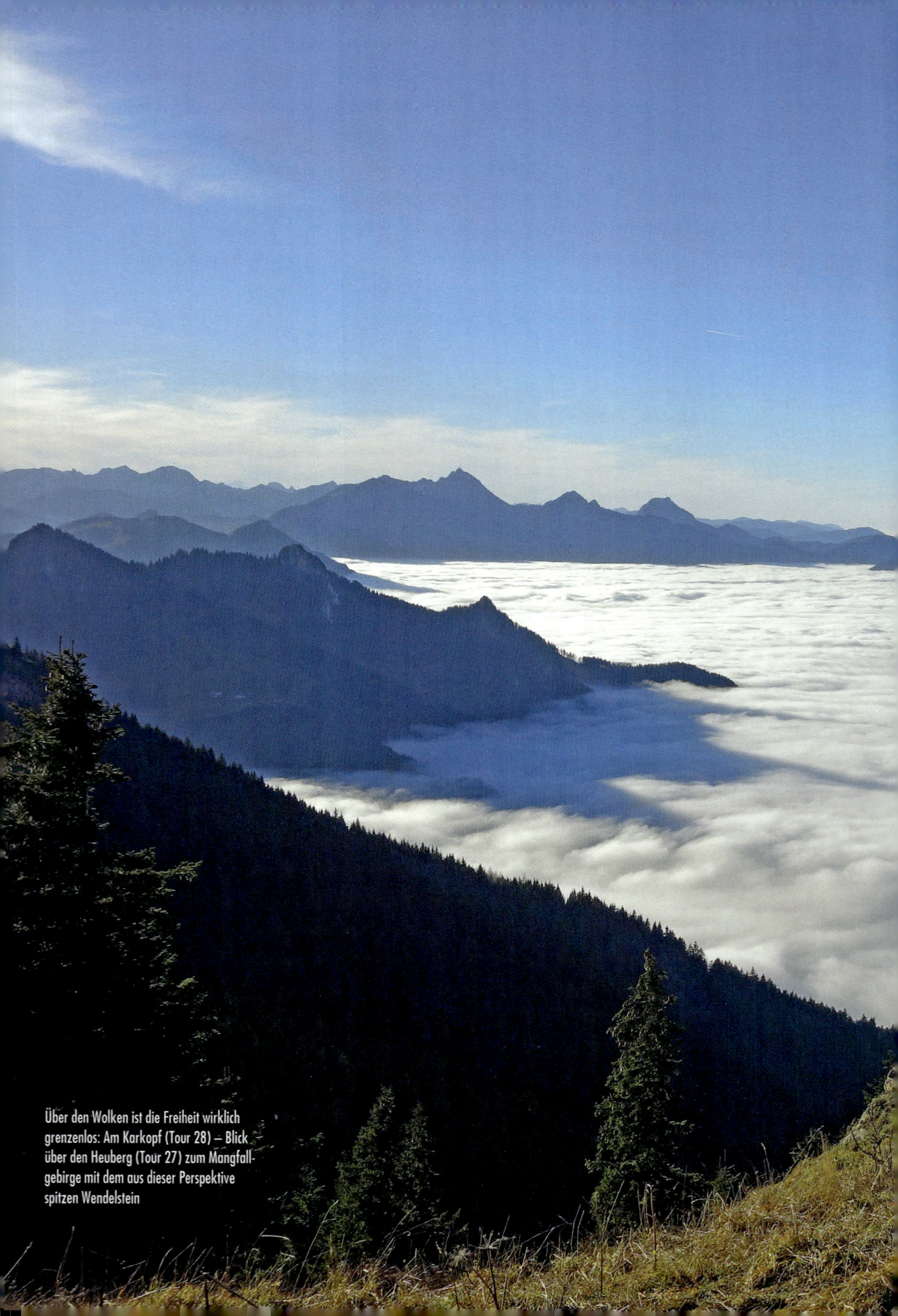

Über den Wolken ist die Freiheit wirklich grenzenlos: Am Karkopf (Tour 28) – Blick über den Heuberg (Tour 27) zum Mangfallgebirge mit dem aus dieser Perspektive spitzen Wendelstein

Um Isar, Mangfall und Inn

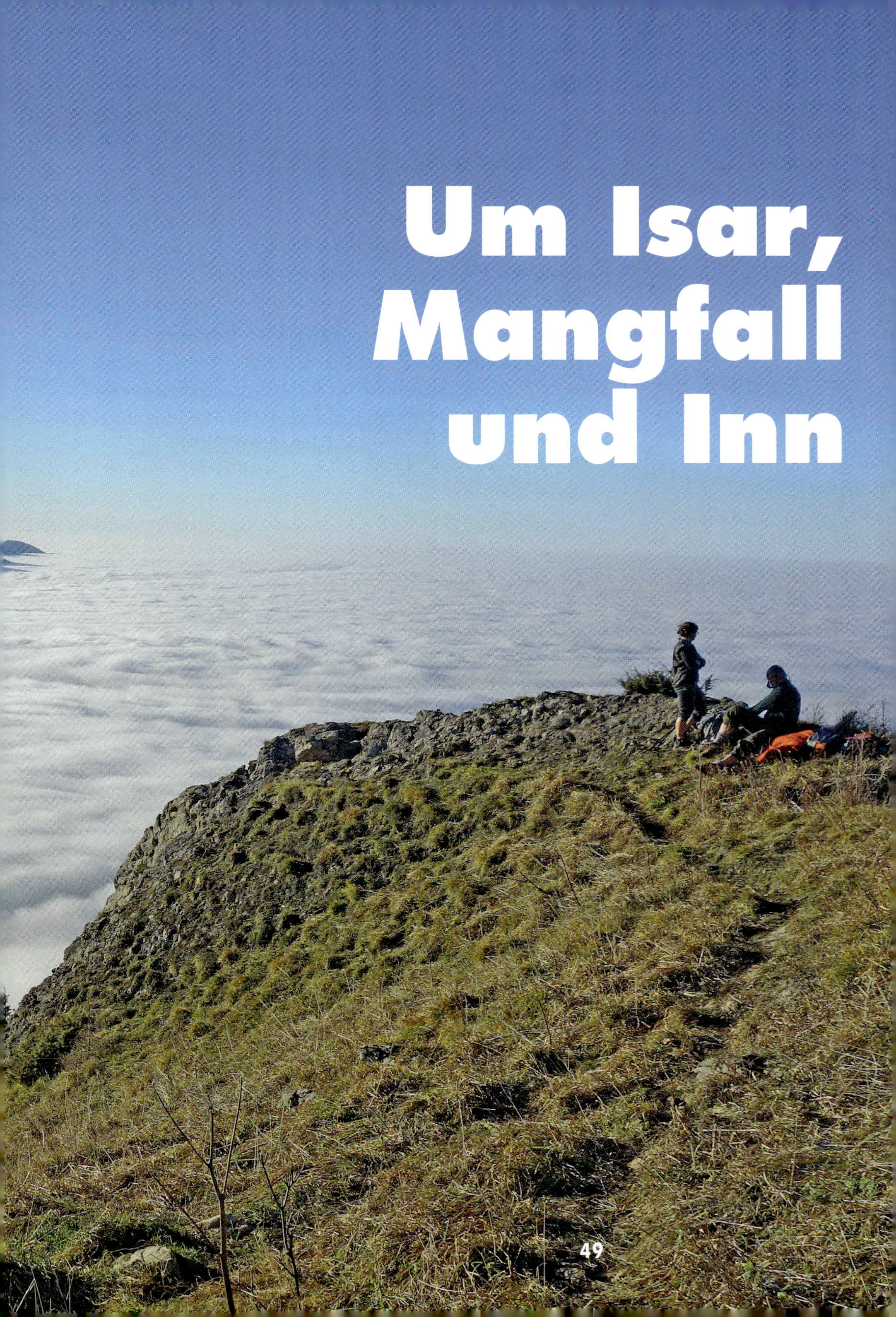

11 Blomberghaus

AUSSICHTSREICHE VORALPENRUNDE MIT SCHATTIGER AUFFAHRT

Schwierigkeit Mittel

Fahrzeit 2:45 Std.

Streckenlänge 20 km

Höhenmeter 620 m

Tourencharakter Abwechslungsreiche Rundtour überwiegend auf Schotterstraßen mit kurzem, leichtem Trail, abschnittsweise steile Auffahrt

E-Bike Geeignet; für steilere Abschnitte der Auffahrt angenehm

Ausgangs-/Endpunkt Parkplatz Blombergbahn (710 m, Navi: Am Blomberg 2, 83646 Wackersberg)

Anfahrt Von Bad Tölz auf B 472 gen Westen; Bahnhof Bad Tölz 5,5 km entfernt

Bike & Hike Von der Specker Alm (1245 m) über Wiesenpfad zum Zwieselberg (1348 m), 25 Min. Auf- und Abstieg

Tourist-Info Bad Tölz, Tel. 08041/505206, toelzer-land.de

Hoch über Bad Tölz hat der Blomberg so einiges zu bieten: leckere Schmankerl sowie malerische Bergkulissen mit Benediktenwand und Karwendelgebirge. Bei einem kurzen Wanderabstecher auf den Zwieselberg tut sich sogar der Blick zur majestätischen Zugspitze auf.

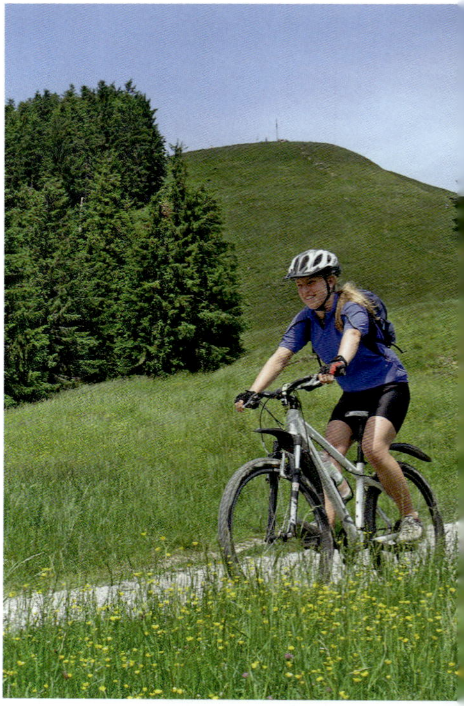

Abfahrtsgenuss unter dem Zwieselberg

Bei der **Blombergbahn** beginnt am westlichen Parkplatzrand eine Schotterstraße. Die erste Abzweigung nach rechts sowie den gleich anschließend links abgehenden Rodelweg ignorieren wir und bleiben auf dem breiten Hauptweg geradeaus. Dieser schlängelt sich durch den Wald, erst angenehm steigend, schließlich sehr steil bergan. Nach fünfeinhalb Kilometern erreichen wir einen flachen **Sattel** (1195 m), bei dem wir mit einem Linksbogen auf der breiten Schotterstraße bleiben. Nun sind es nur noch wenige Meter, bis wir auf eine Lichtung kommen, an der uns das **Blomberghaus** (1203 m) erwartet. Nach einer Stärkung rollen wir wieder zurück zum **Sattel** (1195 m), wo wir nun nach links auf einem rauen Weg zur **Specker Alm** fahren (der rechts abgehende Wanderweg zum Zwieselberg ist was für Trial-Profis). Von der urigen Alm aus lohnt sich der Fußabstecher 100 Hö-

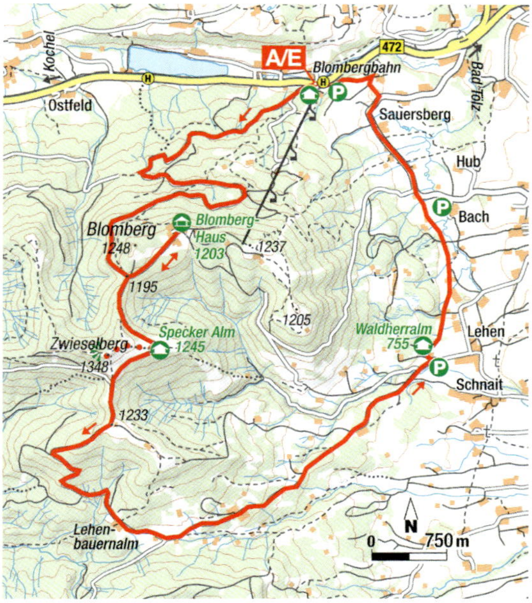

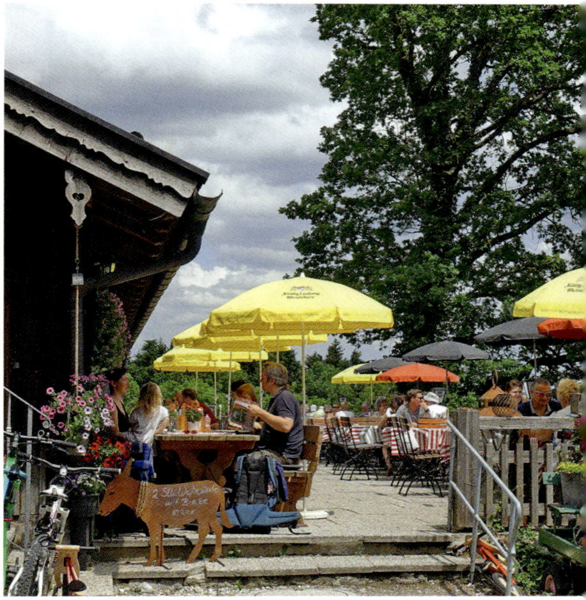

Die Waldherralm lädt zu Kaffee & Kuchen ein.

henmeter über den freien Geländerücken auf den aussichtsreichen **Zwieselberg** (1348 m).

Wir genießen eine gemütliche Alm-Brotzeit mit Blick auf die Benediktenwand, folgen dann der Forststraße bergab und lassen nach einem Kilometer die erste Abzweigung nach links unberücksichtigt. Nach einem Waldstück kommen wir an der Lehenbauernalm vorbei. Im Flacheren radeln wir stets geradeaus gen Nordosten, bis der Schotter schließlich in Teer übergeht und wir gegenüber einem Parkplatz hinauf zur **Waldherralm** (755 m) fahren. Hier gönnen wir uns eine Kaffee-Kuchen-Pause und folgen dem unterhalb der Terrasse beginnenden Wiesentrail. Nach einer Baumgruppe führt der Weg schnurstracks über eine Wiese, ehe er in ein Teersträßchen mündet. Dieses geht bald in die **Quellenstraße** über, die wir gen Norden bis kurz vor Sauersberg entlangradeln. Nach ein paar Häusern nehmen wir in einem Rechtsbogen den zweiten links abbiegenden Weg – er ist ausgeschildert zur **Talstation**.

HÜTTENSTECKBRIEF

Höhe 1203 m

Hüttenwirte Familie Ginhart

Kontakt Tel. 08041/6436, blomberghaus.de

Bewirtschaftet Ganzjährig 11–17.30 Uhr, Di bis 20.30 Uhr, frische und hausgemachte Spezialitäten, Übernachtung möglich

Gut geschmeckt haben … die Waldrahmschwammerl mit hausgemachtem Semmelknödel

Weitere Einkehrmöglichkeiten Specker Alm (1245 m), Waldherralm (750 m)

12 Lenggrieser Hütte

GENIESSERZIEL IM ISARWINKEL

Schwierigkeit Leicht

Fahrzeit 2:45 Std.

Streckenlänge 20 km

Höhenmeter 670 m

Tourencharakter Leichte Tour; anfangs auf Asphalt-, ansonsten auf Kiessträßchen; besonders steiler Abschnitt bei der Abfahrtsvariante (diese ist nicht leicht)

E-Bike Geeignet; keine Schiebe- oder Tragestrecken, weite Strecken mit geringer Motorunterstützung möglich, Hütte mit Stromtankstelle

Ausgangs-/Endpunkt Parkplatz in Südosten von Lenggries (715 m, Navi: Hohenburgstraße, Ecke Mühlbach, 83661 Lenggries)

Anfahrt Von der B 13 über die Waldfriedhofstraße in die Hohenburgstraße, wo man auch am Straßenrand parken kann; 2 km vom Bahnhof Lenggries

Bike & Hike Wanderweg von der Hütte nach Süden hinauf, erst durch Wald, dann über freies Mattengelände und einen harmlosen Grasgrat aufs Seekarkreuz (1601 m, 1:30 Std. Auf- und Abstieg)

Tourist-Info 83661 Lenggries, Tel. 08042/50088 00, lenggries.de

Die Lenggrieser Hütte des Deutschen Alpenvereins lockt mit »griabiger« Atmosphäre, einem herrlichen Blick zur Zugspitze und mit einer Küche, die der DAV-Initiative »So schmecken die Berge« folgt! Es kommt also überwiegend Kost aus der Umgebung auf den Teller.

Vom Parkplatz folgen wir der Fortsetzung der Hohenburgstraße geradewegs nach Osten. Anfangs ist die Strecke von Wiesen umgeben. Im Wald treffen wir auf den **Hirschbach**. Dessen Lauf folgt unser Kiessträßchen bergan. Abzweigungen werden ignoriert. Bei einer großen **Verzweigung** (1170 m) folgen wir der Kehre nach links hinauf (also nicht dem rechts abzweigenden, ebenfalls zu unserem Ziel führenden Sträßchen). So erreichen wir den **Hirschtalsattel** (1225 m), wo die Straße mit einem Rechtsbogen

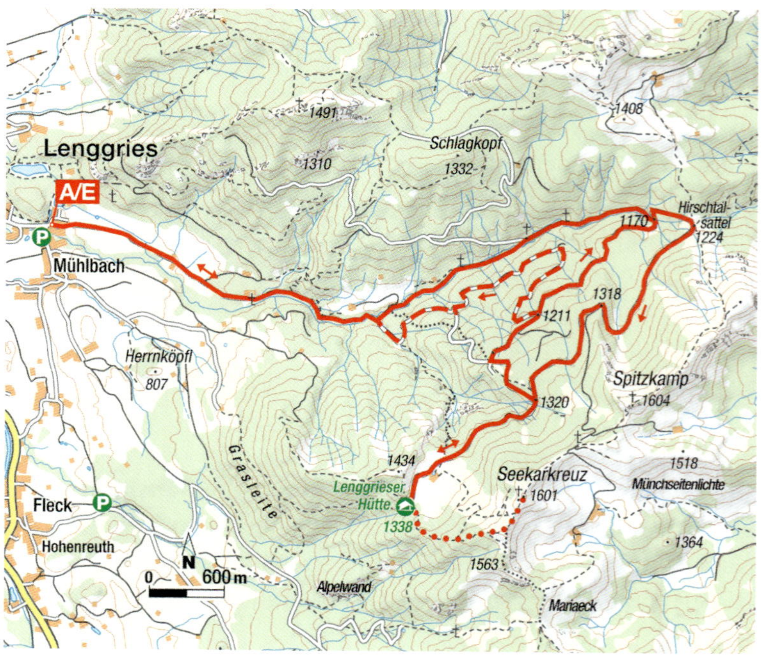

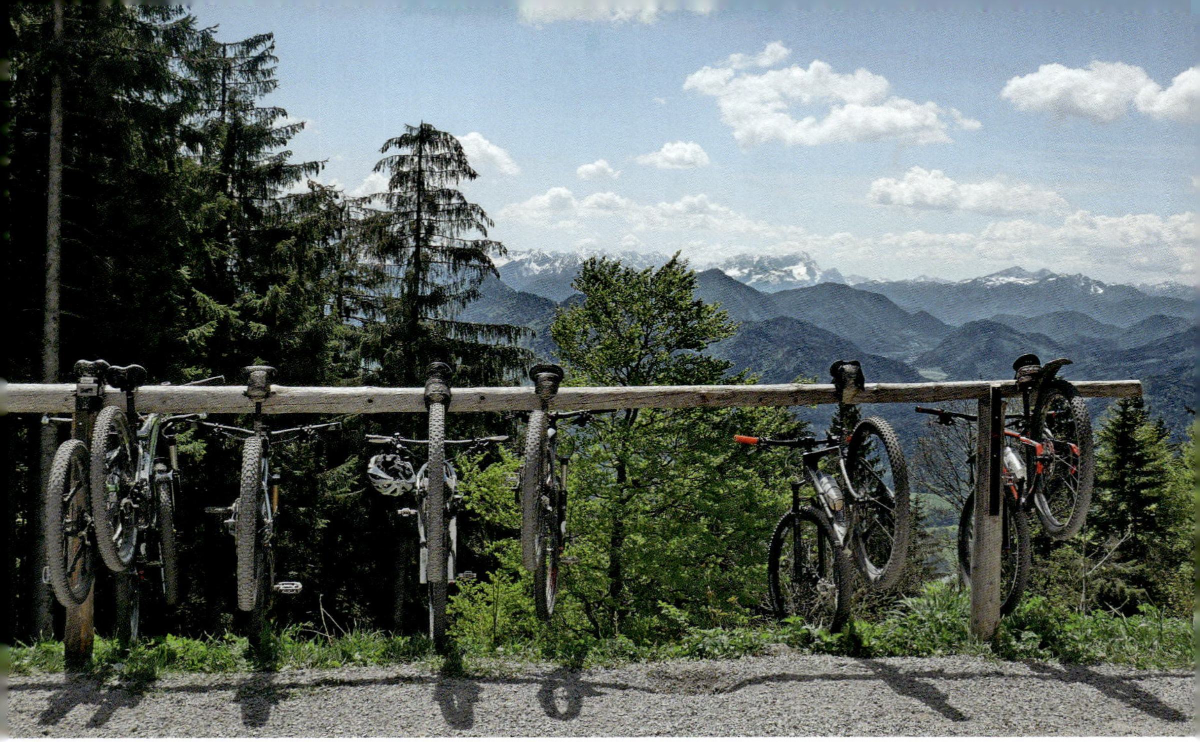

Ob die Bikes den Zugspitzblick genießen?

unter die Hänge von Ochsen-, Auer- und Spitzkamp führt. Auf einem markanten bewaldeten Geländerücken (1318 m) wählen wir das rechte Sträßchen, es quert durch die Hänge des Stickelbergwalds. Bei der nächsten Verzweigung (1320 m, dort werden wir bei der Abfahrt geradeaus fahren) halten wir uns links und rollen an der Seekaralm vorbei zur **Lenggrieser Hütte** (1338 m). Fürs Gipfelglück empfiehlt sich der Fußweg aufs **Seekarkreuz** (1601 m); alternativ kann man sich auch mit dem Grasleitenkopf (1434 m) gleich nördlich über der Hütte begnügen.

Die Abfahrt von der Hütte führt auf bekannter Strecke zur Verzweigung auf 1320 Meter; dort fahren wir geradeaus auf neues Terrain. Nach zwei Kehren kommen wir zu einer Verzweigung (1211 m), an der eine Abfahrtsvariante links abzweigt, die nach längerer Querung und mit einem knackigen Steilstück aufwartet (anspruchsvoll!). Für die leichtere Hauptroute fahren wir geradeaus und treffen schließlich bei der **Verzweigung** (1170 m) im oberen Hirschbachtal auf unsere Auffahrtsroute.

Tipp

Radlstammtisch jeden Donnerstagabend!

HÜTTENSTECKBRIEF

Höhe 1338 m

Hüttenwirte Florian und Michaela Durach

Kontakt Tel. 08042/5633096 oder 0171/4849349, lenggrieserhuette.de

Bewirtschaftet Küche mit vielfältigem Angebot aus regionalen Quellen, Übernachtung möglich, kein Ruhetag

Gut geschmeckt haben … die Spinatknödel mit zerlassener Butter und Parmesan sowie der Schweinsbraten (der Wirt ist Metzger, der weiß, worauf es ankommt)

13 Rotwandalm

RUNDTOUR MIT PANORAMABLICK AUFS HOCHKARWENDEL

Schwierigkeit Mittel

Fahrzeit 4:30 Std.

Streckenlänge 38 km

Höhenmeter 1000 m

Tourencharakter Lange, konditionell anspruchsvolle Rundtour über Forststraßen; überwiegend Schotter, abschnittsweise befestigt

E-Bike Geeignet; Motorantrieb spart Kraft bei teils steiler Auffahrt, erleichtert Durchhaltevermögen für streckenmäßig lange Tour.

Ausgangs-/Endpunkt Parkplatz schräg gegenüber dem stillgelegten Gasthof Hagen (826 m, Navi: Achenkirch 646, 6215 Achenkirch, Österreich)

Anfahrt Über Lenggries oder Tegernsee Richtung Achensee, nach der Landesgrenze 2,5 km weiterfahren bis Gasthof Hagen am linken Straßenrand, Parkplatz 50 m weiter nach der Brücke auf rechter Straßenseite

Bike & Hike Wanderpfad von der Rotwandalm auf den Juifen (1988 m, 460 Hm, insgesamt 2 Std. für Auf- und Abstieg)

Tourist-Info Achenkirch, Tel. +43/595/300 50, achensee.com/tirol/achenkirch

Vor der Kulisse der hohen Karwendelketten ist die Rotwandalm für Wanderer und Biker ein gleichermaßen beliebtes Ziel. Krönung dieser Runde ist der Rückweg vorbei am Sylvensteinspeicher – ideal für eine kurze Abkühlung!

Wir beginnen die Tour auf dem Parkplatz schräg gegenüber dem stillgelegten **Gasthof zum Hagen**. Dort biegen wir in die Richtung Juifen beschilderte Schotterstraße ab, welche uns die nächsten zwei Stunden durch angenehm schattigen Wald zur Rotwandalm hinaufleiten wird. Seitenstraßen, welche meist mit einem »Radfahrer verboten«-Schild gekennzeichnet sind, lassen wir unbeachtet und folgen immer den Wegweisern Richtung Juifen. Nach etwa 1,5 Stunden stoßen wir auf zwei **unbewirt-**

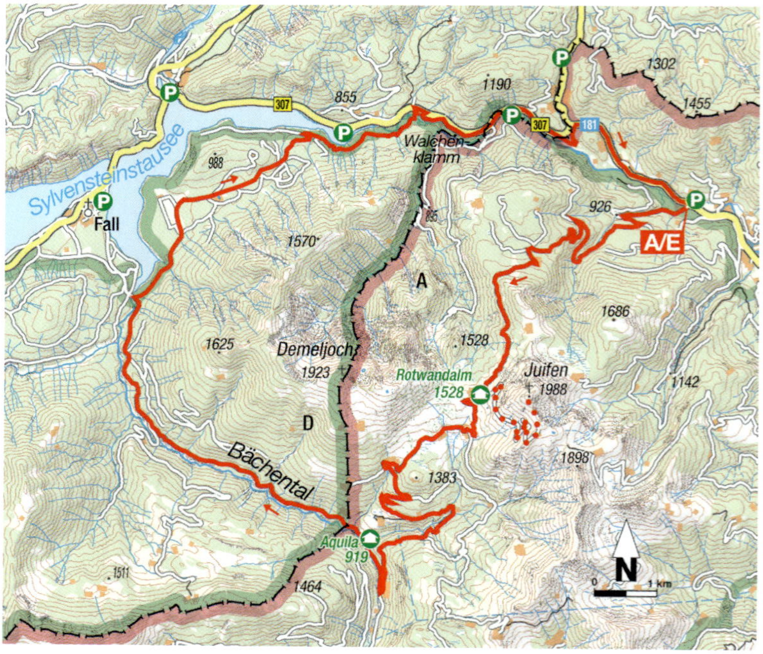

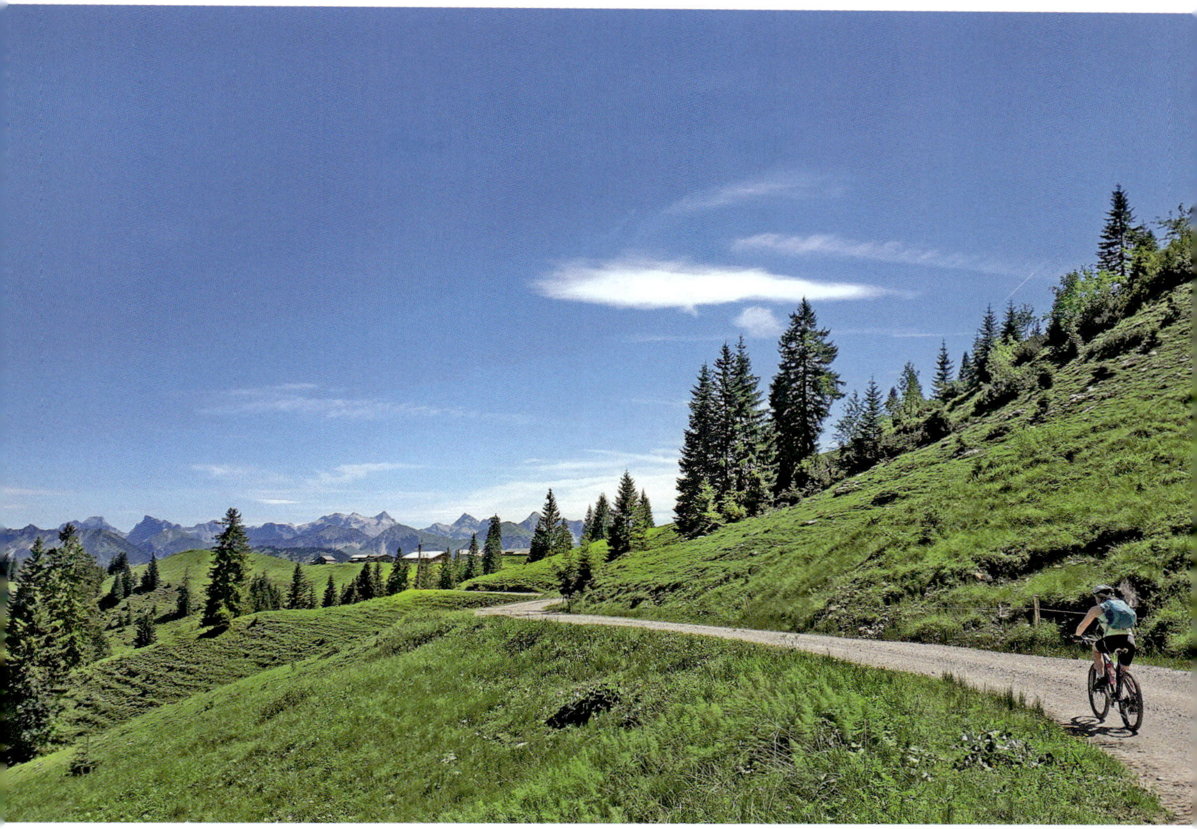

Reizvoller Straßenverlauf zur Rotwandalm

schaftete Almen – von dort geht es noch einmal kurz bergauf und nach einem Gatter tut sich schon bald ein atemberaubender Blick aufs Hochkarwendel im Hintergrund auf. Die **Rotwandalm** (1528 m) belohnt uns nicht nur mit einer wunderschönen Aussicht, sondern auch mit einer guten Brotzeit. Bei hausgemachten Säften und frischer Kuhmilch lässt es sich gut erholen.

Wer gestärkt den Hausberg **Juifen** (1988 m) nicht nur von unten bewundern will, kann sich den gut einstündigen Aufstieg zu Fuß zum Gipfel überlegen.

Danach schwingen wir uns wieder auf unsere Bikes und lassen uns gen Süden hinabtreiben. Wir passieren mehrere Almen und bleiben dabei

HÜTTENSTECKBRIEF

Höhe 1528 m

Hüttenwirte Familie Moser

Kontakt Tel. +43/676/7468400, die Hütte ist unter verschiedenen Namen bekannt (Rotwandalm, Rotwandhütte, Rotwandlhütte …).

Bewirtschaftet Kleine Almhütte mit einfacher, aber köstlicher Verpflegung

Gut geschmeckt hat … das Brotzeitbrettl mit frischer Milch

Weitere Einkehrmöglichkeit Forsthaus Aquila (919 m)

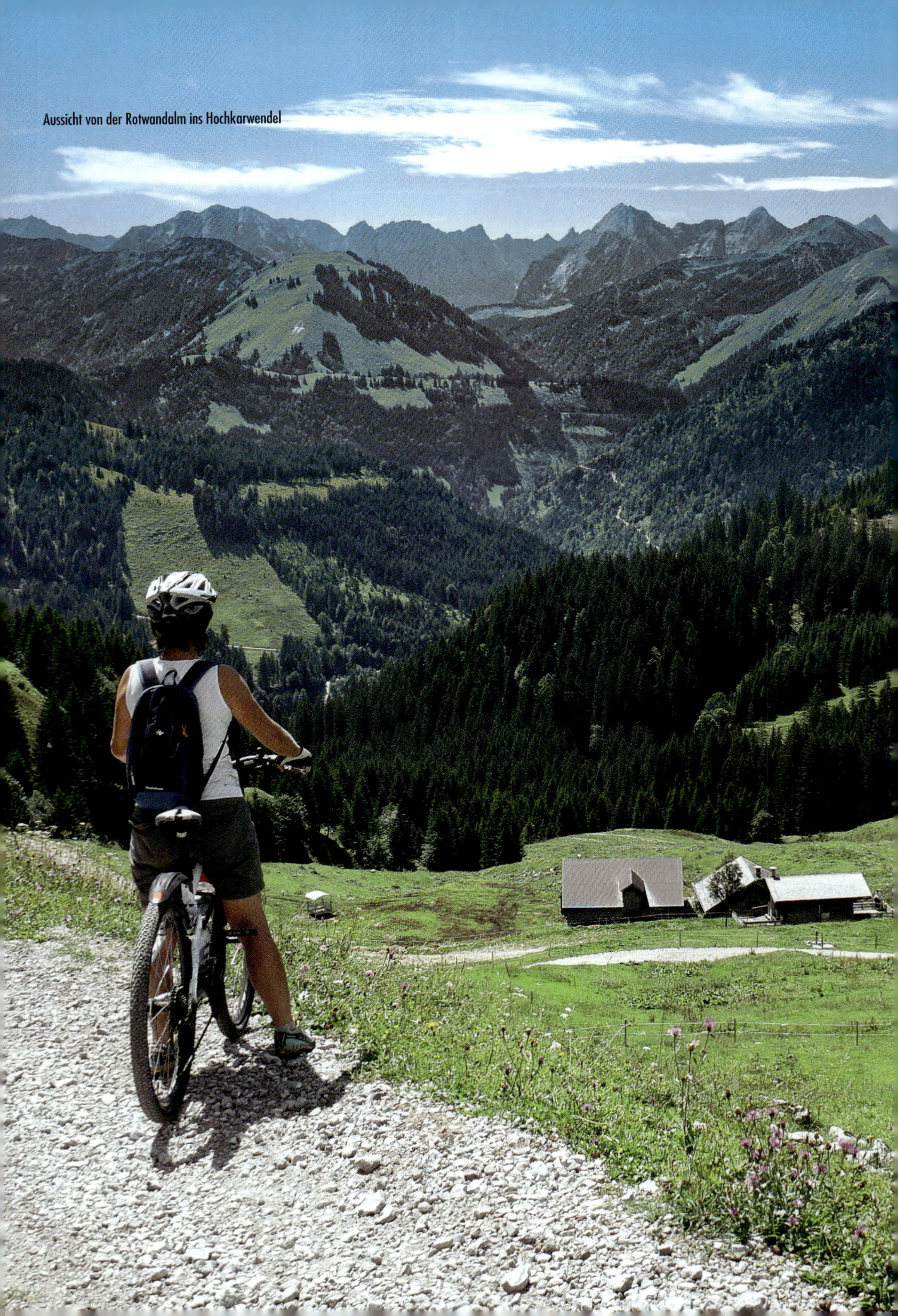

Aussicht von der Rotwandalm ins Hochkarwendel

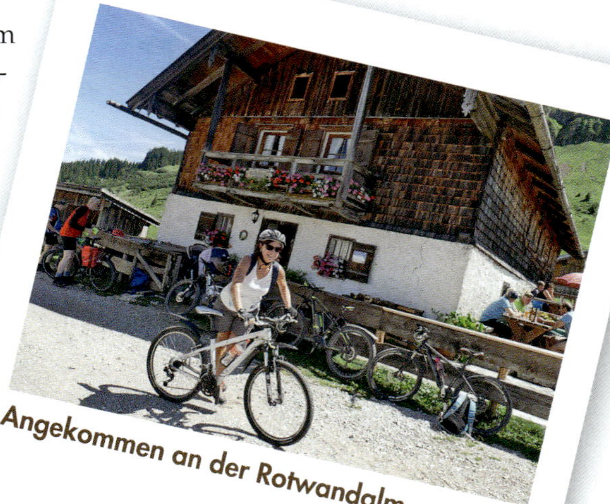

Angekommen an der Rotwandalm

immer am Hauptweg. Nach der dritten Alm (Zottenalm-Niederleger) folgen wir der Linkskehre, bald darauf einer Rechtskehre (fahren also jeweils nicht geradeaus). Das Kesselbachtal fordert der Trasse noch einen Umweg ab, bevor sie auf die Straße im Talgrund des Bächentals trifft: dieser folgen wir nach rechts. Nun lohnt noch ein kurzer Abstecher zum **Forsthaus Aquila** (919 m), welches gut ausgeschildert rechts neben der Straße zur Einkehr einlädt. Anschließend rollen wir die Teerstraße talauswärts. Kurz vor einer Brücke (über die es nach Fall ginge) biegen wir scharf nach rechts Richtung Achenkirch ab. Bald darauf fahren wir über eine Brücke, von der aus man einen schönen Blick in die Schlucht darunter und auf den **Sylvensteinsee** genießt. Es geht dann mal bergauf, mal bergab durch Wiesen und Wälder oberhalb des Sees. Der Weg führt über eine moderne Brücke ans Wasser, wo die Walchenklamm in den Sylvensteinsee mündet. Dort lädt uns das glasklare, aber frische Wasser zur Abkühlung ein – der ideale Ort für eine Pause, bevor wir das letzte Stück der Tour angehen: zuerst zu einem Parkplatz an der Schnellstraße, dann am Radweg nach rechts. Dieser führt im Wald zwischen der B 307 und der Walchenklamm entlang. Wo der Radweg an der Hauptstraße endet, überqueren wir diese an einem markierten Übergang und folgen dem auf der anderen Straßenseite fortgeführten Radweg nach rechts. Darauf rollen wir bergab, bis wir bei einer Abzweigung Richtung Achensee (Weg-Nr. 466 Rotwand–Bächental) nach rechts abbiegen und wieder unseren Ausgangspunkt, das **Gasthaus zum Hagen**, erreichen.

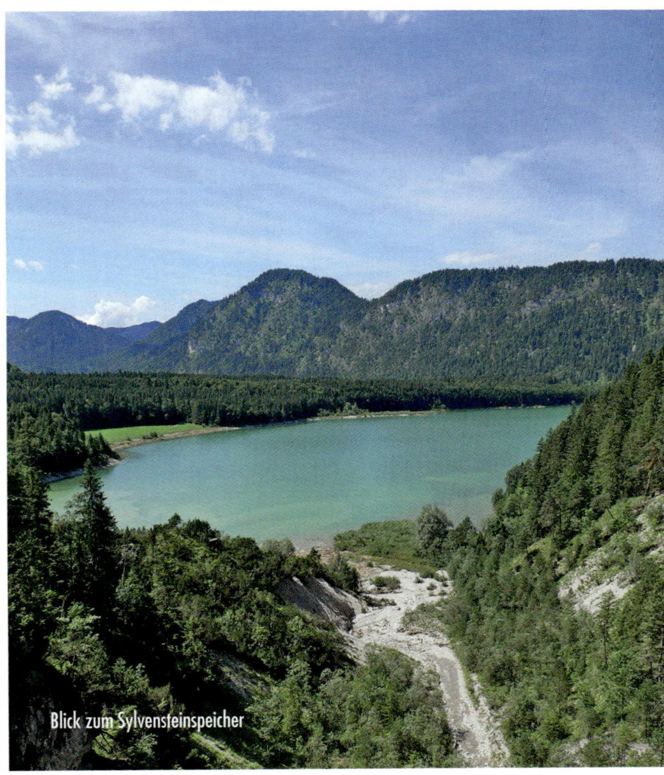

Blick zum Sylvensteinspeicher

14 Erzherzog-Johann-Klause

RUND UM DEN RISSERKOGEL

Schwierigkeit Schwer

Fahrzeit 5:15 Std.

Streckenlänge 48 km

Höhenmeter 900 m

Tourencharakter Angenehme, abwechslungsreiche Tour über Schotter, Teer und abschnittsweise steinige Trails; ein kurzes Stück muss das Rad zwingend steil bergab geschoben werden, gerade mit schweren E-Bikes ist Vorsicht geboten!

E-Bike Geeignet; Motorunterstützung erleichtert zwar die Auffahrt, der Schiebeabschnitt bergab erfordert mit schwerem Bike aber größeres Geschick und etwas Mitbremsen.

Ausgangs-/Endpunkt Parkplatz Wallbergbahn (Navi: Wallbergstraße 28, 83700 Rottach-Egern) oder am Straßenrand der Wallbergstraße davor parken

Anfahrt Über B 307 am Tegernsee entlang durch Rottach-Egern, nach Ortskern links in Wallbergstraße; Bahnhof Tegernsee 6 km entfernt

Tourist-Info Rottach-Egern, Tel. 08022/67 31 00, tegernsee.com

Heute mal andersherum: Unser Einkehrziel liegt mit 814 Metern am fast niedrigsten Punkt. Traumhafte Täler, Trails und Forststraßen an Bächen und Schluchten entlang sowie ein steil abfallendes Wegstück verleihen dieser Tour einen außergewöhnlichen Charakter.

Vom **Parkplatz** fahren wir zunächst auf der Wallbergstraße ein Stück zurück. Vor der Brücke über die Weißach biegen wir links ab und folgen den Rad-Beschilderungen nach Kreuth. Wir halten uns rechts, rollen den Forstweg durch den lichten Wald am Fluss entlang. Bei der **Weißachalm** fahren wir nach links und folgen weiterhin dem Bachverlauf. In **Kreuth** angekommen, biegen wir rechts und danach gleich wieder links ab, der Straße am Kurpark folgend. Wir gelangen abermals in den Wald und ge-

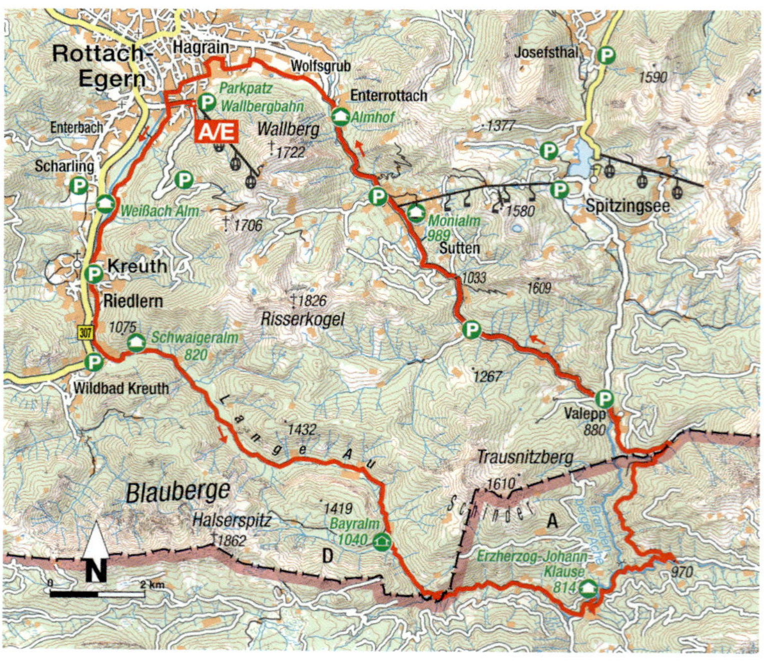

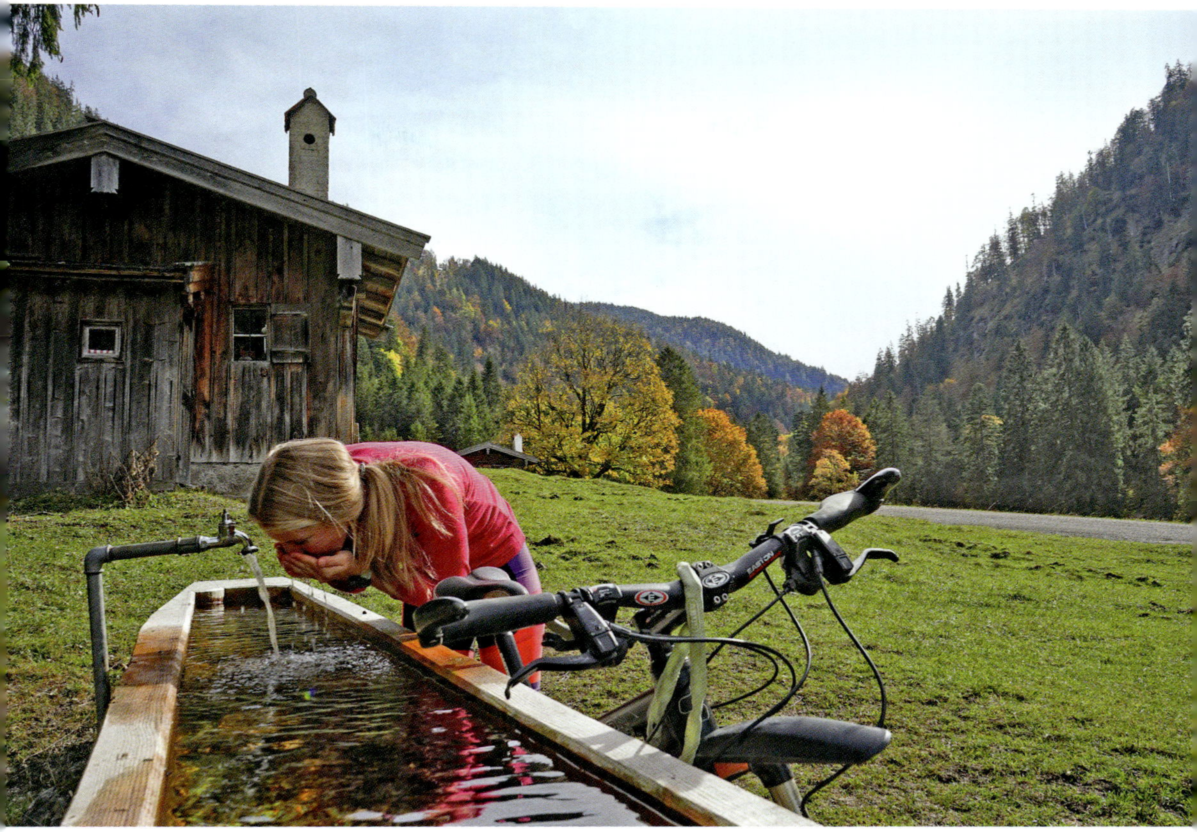

Erfrischung in der Langen Au

nießen den schönen Radweg an der Weißach entlang. Wo die Strecke Richtung Wildbad Kreuth als 90-Grad-Kurve nach rechts führt, lösen wir uns von der Weißach und treten im Tal des Sagenbachs die ersten Höhenmeter leicht links zur **Schwaigeralm** hinauf. Weiter geht es auf einer großen Forststraße weit ins Mangfallgebirge hinein. Bei der **Langenaualm** (961 m) gibt es einen Brunnen mit gutem Trinkwasser. An einer **Verzweigung** (1075 m) lösen wir uns vom Gufferthütten-Weg und rollen der Beschilderung folgend hinab zur **Bayralm** (1040 m) oder passieren sie auf dem Fahrweg etwas oberhalb. Weiter geht es am Bayrbach entlang, wobei sich der Weg zu einem steinigen Trail verwandelt. Stellenweise kann Schie-

HÜTTENSTECKBRIEF

Höhe 814 m

Hüttenwirt Michael Heim und Patrizia Daum

Kontakt Tel. +43/664/4217659, facebook.com/erzherzogjohannklause

Bewirtschaftet Mai bis Oktober geöffnet, Mi Ruhetag, hüttentypische Kost

Gut geschmeckt haben … das Wiener Schnitzel mit Preiselbeeren und die hausgemachte Buttermilch

Weitere Einkehrmöglichkeiten Weißachalm, Schwaigeralm (820 m), Bayralm (1040 m), Monialm (989 m)

ben vorteilhaft sein. Etwas später kommt ein sehr steiles Stück, für das Bikern zu Recht Absteigen und Hinabschieben angezeigt wird. Unten angekommen und die Brücke überquert, befinden wir uns schon in **Österreich**. Dort rollen wir auf dem Forstweg am Fluss talauswärts. Nach der Brücke über die **Brandenberger Ache** (820 m) zweigen wir links ab, ebenso bei der folgenden Verzweigung. Über das Sperrbauwerk der ehemaligen Triftklause erreichen wir die **Erzherzog-Johann-Klause** (814 m). Hier dürfen wir gute Verköstigung bei der Jausenstation genießen. Ein gedanklicher Ausflug in das gefährliche Arbeitsleben eines Triftarbeiters macht noch bewusster, wie gut es uns hier geht.

Gestärkt rollen wir die wenigen Meter über die Klausenbrücke zurück und biegen dann links ab. Kurz darauf halten wir uns wieder links und folgen der Forststraße mit der Beschilderung zur Ackernalm – bis zu einer Verzweigung auf 970 Meter Höhe. Dort biegen wir scharf nach links hinauf ab. Nach einer anstrengenden Steigung bis auf fast 1100 Meter halten wir mehr oder weniger die Höhe über der Brandenberger Ache. Bei einer Schranke passieren wir wieder die Grenze zu Deutschland, halten uns zweimal links Richtung Valepp und fahren am Entzenbach entlang bis zur nächsten Weggabelung am Ende des Waldes. Hier nehmen wir die Forststraße nach links hinab. Sie führt an der Ochsenalm und am traditionsreichen, aber verfal-

Rechts: Glücklich am Ziel angekommen

Trail-Abschnitt nach der Bayralm

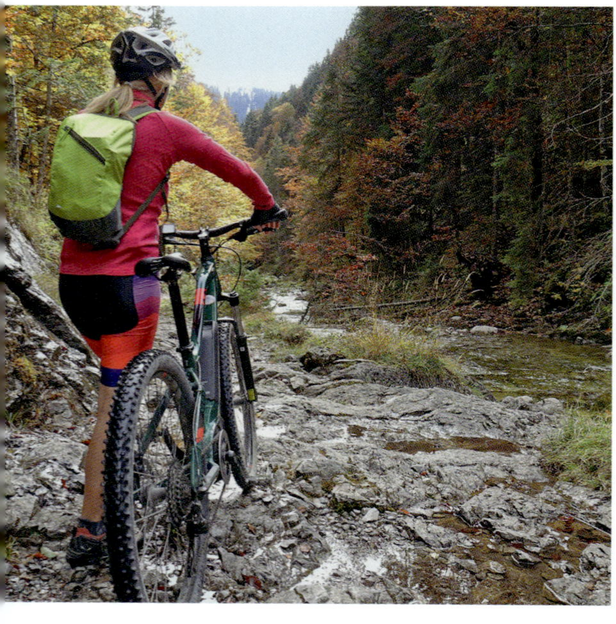

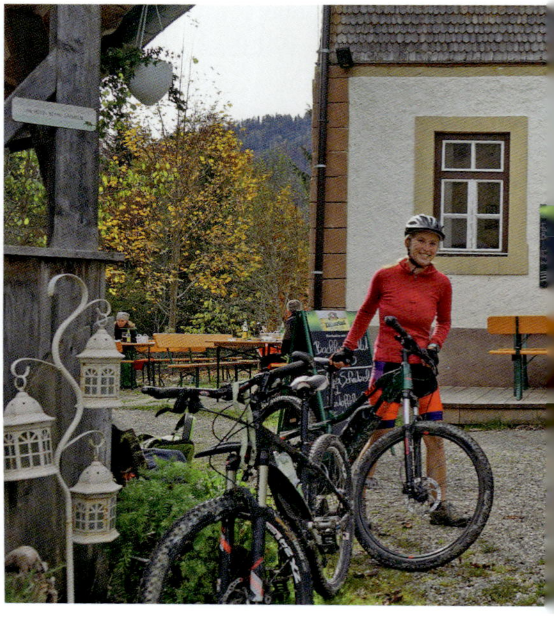

lenden **Forsthaus Valepp** vorbei zu einer Kreuzung an einem Parkplatz (880 m). Dort folgen wir der Teerstraße nach links in Richtung Rottach-Egern, stets bremsbereit vor entgegenkommenden Autos. Uns begleitet einige Zeit der Fluss **Weiße Valepp,** bis wir neben dem kleinen Ankerbach weiter bergauftreten. Über einen **Sattel** (1033 m) gelangen wir zum Moorgebiet der **Sutten**, in dem sich manchmal der Suttensee bildet. Nach der **Monialm** (989 m) geht es wieder richtig bergab. Wir passieren den Almhof in **Enterrottach** und kommen zu einer Brücke über die Rottach; danach geht es links ab auf einen größeren Radweg. Wir rollen nun über schöne Wiesen und Weideflächen und folgen stets den blaugelben Radweg-Schildern der Wallbergrunde. So fahren wir gemütlich durch die Dörfer zurück bis zu eben jener Brücke, an der unsere Tour in Richtung Kreuth begonnen hat. Dort biegen wir links auf die Hauptstraße und radeln die letzten Meter zum **Parkplatz** zurück.

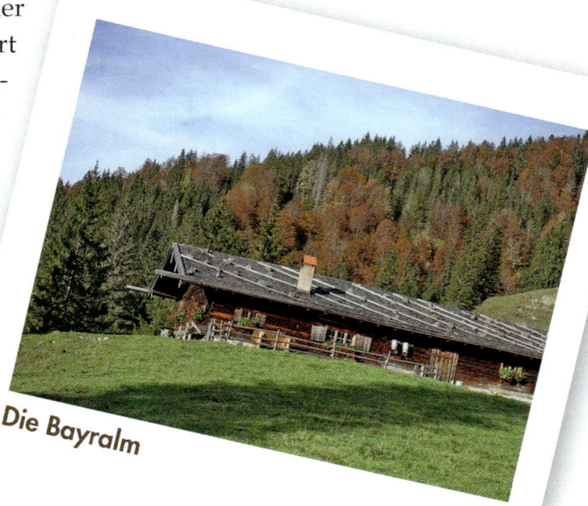

Die Bayralm

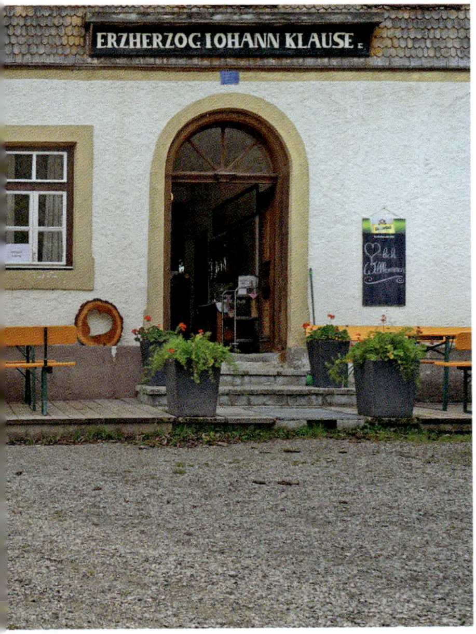

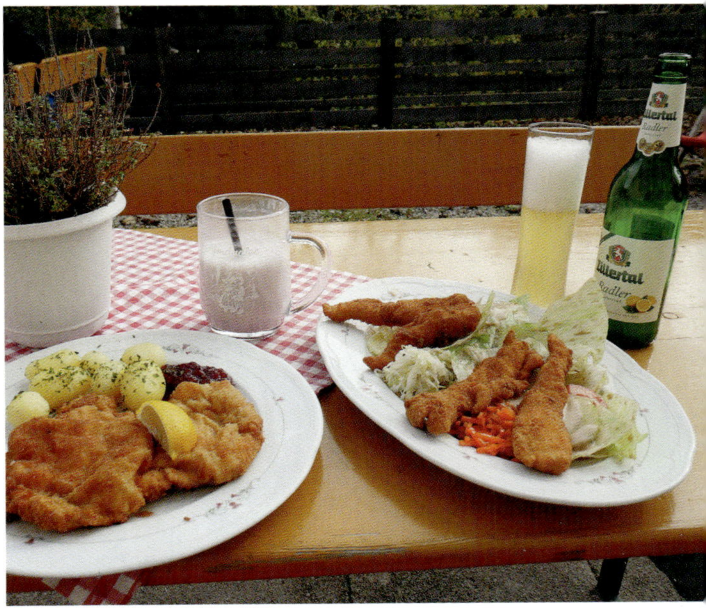

Stärkung an der Erzherzog-Johann-Klause

15 Buchsteinhütte

MIT FUSSABSTECHER ZUM »ADLERHORST« TEGERNSEER HÜTTE

Schwierigkeit Schwer

Fahrzeit 3:30 Std.

Streckenlänge 33 km

Höhenmeter 600 m

Tourencharakter Anspruchsvolle und ziemliche steile Stichstrecke zur Hütte, ansonsten leichte Runde, überwiegend auf Kiessträßchen; bei der Abfahrt von der Hütte langsam und beherrscht fahren!

E-Bike Geeignet; Motorunterstützung fürs Steilstück zur Hütte sehr angenehm, auf weiten Strecken auch verringerte Unterstützung möglich

Ausgangs-/Endpunkt Bad Wiessee, Parkplatz Söllbach (870 m, Navi: Söllbachtalstraße 34, 83707 Bad Wiessee)

Anfahrt Über B 318, kurz nach Edeka links ab; nächster Bahnhof Tegernsee

Bike & Hike Bergwanderabstecher auf die Tegernseer Hütte (1638 m, gut 1 Std. Aufstieg, 40 Min. Abstieg), weiter in je 10 Min. auf den Buchstein (1701 m, leichte Kletterei im Schwierigkeitsgrad I+) oder auf den Roßstein (1698 m, teils felsiger Steig)

Tourist-Info Bad Wiessee, Tel. 08022/86030, tegernsee.com/a-bad-wiessee-tourist-information

Hauptteil diese Tour ist eine leichte Runde um den Hirschberg. Auf steilem Weg erreichen wir die Buchsteinhütte. Sie liegt etwas versteckt unter dem Gipfelpaar Roß- und Buchstein, die mit einem alpinen Wanderabstecher besteigbar sind, samt Einkehr in der Tegernseer Hütte.

Zunächst radeln wir zurück zur Bundesstraße, folgen ihr nach rechts und rollen hinab zum Ringsee (kleiner Parkplatz, ggf. alternativer Ausgangspunkt). Am Radweg neben der Bundesstraße erreichen wir die Ampelkreuzung in **Rottach-Egern**. Dort geht es kurz nach links, über die Brücke und gleich danach nach rechts. Dem Lauf der Weißach folgend rollen wir nun gen Süden (wie bei Tour 14) durch **Kreuth** bis kurz vor Wildbad Kreuth. Dort halten wir uns rechts, bleiben neben der Weißach und passieren die Fischzucht-Weiher unterhalb des Schlosses **Wildbad Kreuth**. Nach rechts fahren wir über eine Brücke, gleich danach geht es wieder nach rechts, und so folgen wir einem welligen Fahrweg südlich der Weißach. Direkt beim **Parkplatz Klamm** (830 m) überqueren wir diesen Wildbach, ebenso die Bundesstraße.

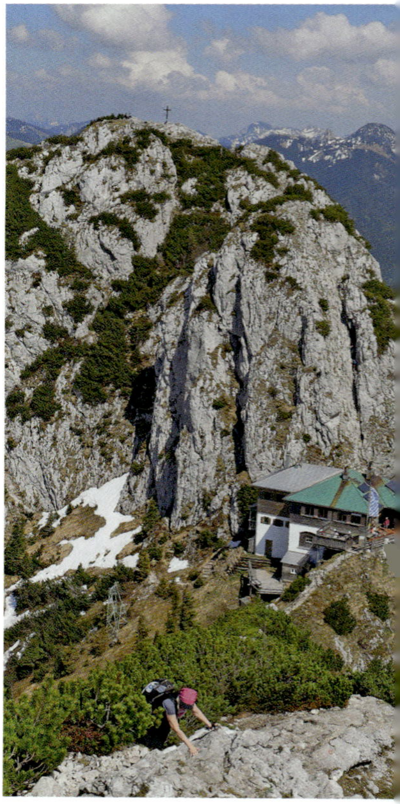

Durch das Tal des Schwarzenbachs fahren wir nun auf einer Forststraße Richtung Schwar-

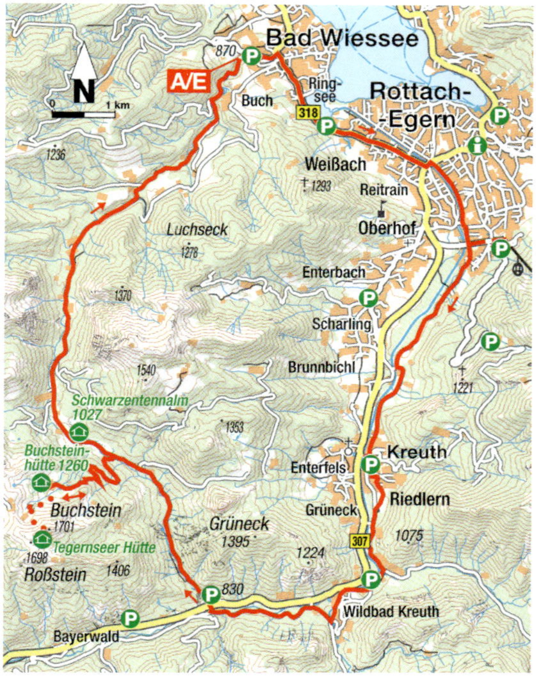

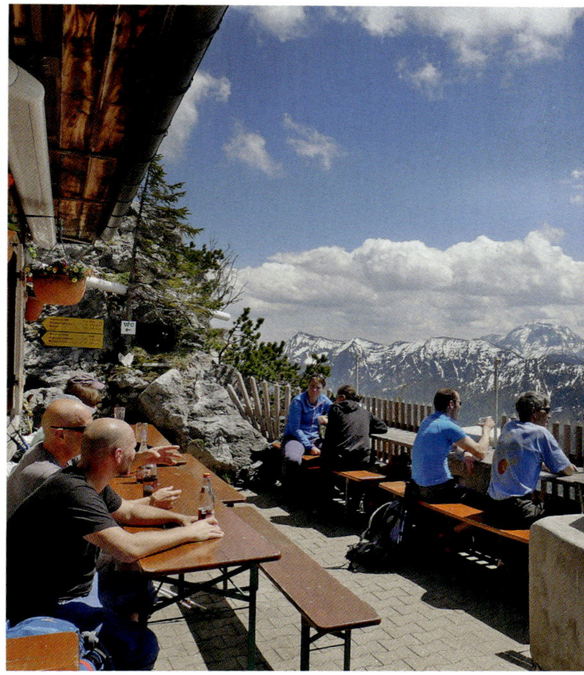

Aussichtsreiche Terrasse an der Tegernseer Hütte

Linke Seite: Aufstieg zum Roßstein – Blick über die Tegernseer Hütte zum schwierigeren Buchstein

zentenn hinauf. Noch vor dieser Alm zweigt unser Abstecher links ab (1014 m). Zuerst fahren wir auf einer breiten Forststraße, dann geht es rechts ab auf einen steilen Karrenweg. Darauf erreichen wir – ggf. abschnittsweise schiebend – der Beschilderung folgend die **Buchsteinhütte** (1260 m).

Für eine grandiose Aussicht lohnt sich der Hike-Abstecher zum »Adlerhorst« **Tegernseer Hütte** (1638 m), für sichere Bergsteiger auch auf die beiden Gipfel drumherum.

Die Abfahrt von der Buchsteinhütte beginnt zunächst noch auf bekannter Strecke und erfordert angesichts der enormen Steilheit ausgeprägte Bike-Beherrschung. Die Rundstrecke setzen wir fort, indem wir die **Schwarzentennalm** (1027 m) ansteuern. Im weiteren Verlauf ignorieren wir die Abzweigung zum Bauer in der Au und rollen durch das Söllbachtal hinab zu unserem Ausgangspunkt.

HÜTTENSTECKBRIEF

Höhe 1260 m

Hüttenwirte Petra und Reini Kiefer

Kontakt Tel. 08029/244, buchsteinhuette.com

Bewirtschaftet Im Sommer 10–19 Uhr, Mo Ruhetag, Übernachtung möglich, Brotzeiten und warme Küche aus regionalen Produkten, keine Fertiggerichte

Gut geschmeckt haben … die hausgemachte Gulaschsuppe und die Kaspressknödl auf Kraut

Weitere Einkehrmöglichkeiten Tegernseer Hütte (1638 m, am Hike-Abstecher), Schwarzentennalm (1027 m)

16 Aueralm

KLASSIKER IN DEN TEGERNSEER BERGEN

Schwierigkeit Leicht

Fahrzeit 2:15 Std.

Streckenlänge 17 km

Höhenmeter 550 m

Tourencharakter Mittelschwere Tour, überwiegend auf Kiessträßchen; einige steile Abschnitte – auf diesen bei der Abfahrt langsam und beherrscht fahren!

E-Bike Geeignet; Motorunterstützung für kurze Steilstücke angenehm, auf weiten Strecken auch verringerte Unterstützung möglich, eine Stromtankstelle für E-Bikes ist vorhanden.

Ausgangs-/Endpunkt Bad Wiessee, Parkplatz Söllbach (870 m, Navi: Söllbachtalstraße 34, 83707 Bad Wiessee)

Anfahrt Über B 318, kurz nach Edeka links ab; nächste Bahnhöfe Gmund und Tegernsee

Bike & Hike Fockenstein, 1564 m (1:30 Std. Auf- und Abstieg, mittelschwer)

Tourist-Info Bad Wiessee, Tel. 08022/86030, tegernsee.com/a-bad-wiessee-tourist-information

Bei Wanderern wie Mountainbikern erfreut sich die Aueralm zu Recht großer Beliebtheit. Wer es gern etwas ruhiger hat auf der Alm, steuert dieses Ziel also besser außerhalb der Hochsaison und eher wochentags an.

Vom **Parkplatz** rollen wir am Söllbach entlang taleinwärts. Nach der Söllbachklause verlassen wir das Tal und folgen der nach rechts hinaufführenden Forststraße. Diese schlängelt sich durch die Südhänge des bewaldeten Söllberg-Rückens hinauf. Auf der Höhe des Rückens wird die Rechtsabzweigung zur Wachselmoosalm ignoriert. Nach einer ansteigenden Querung eines nordseitigen Waldhangs kommen wir zu einer weiteren **Verzweigung** (1225 m). Hier behalten wir jetzt die Grundrichtung bei und fahren am Waldrand bergan, bis es nach links zur

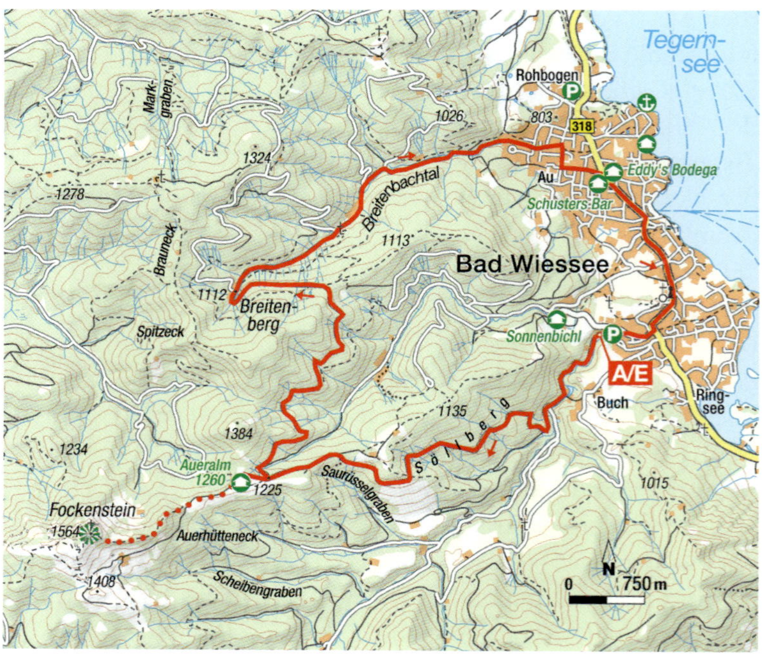

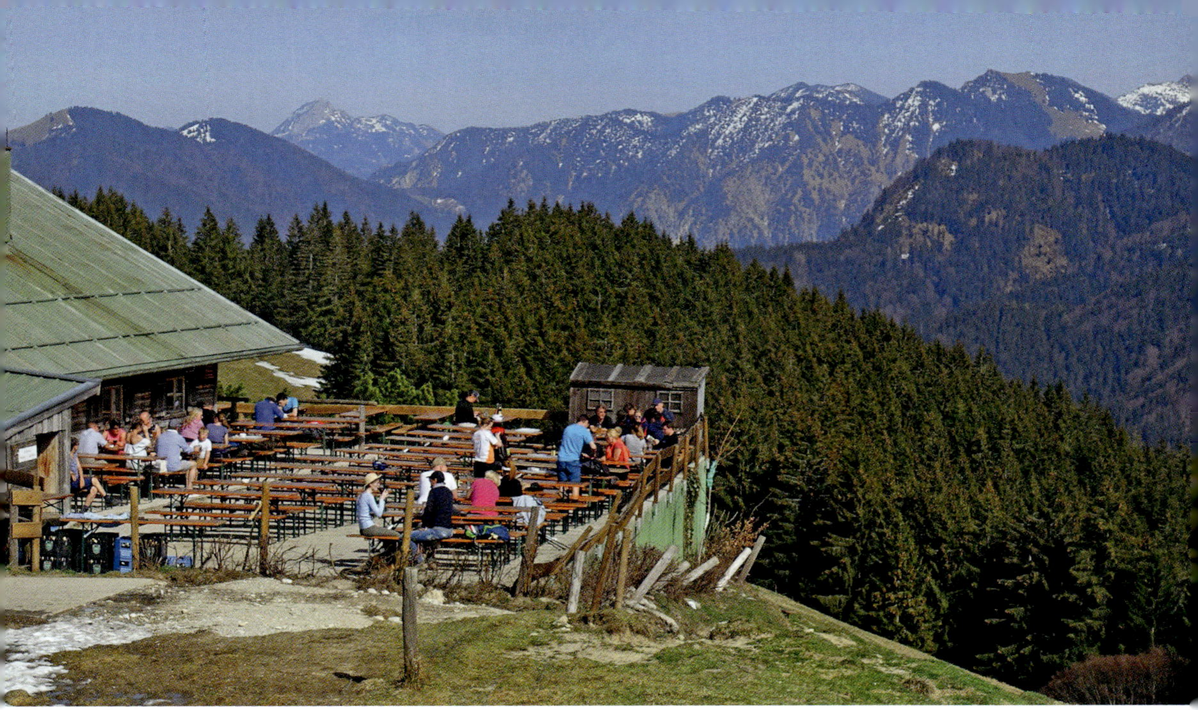

Die Aueralm vor der Kulisse des Mangfallgebirges

Aueralm (1260 m) hinübergeht. Für ausreichend bewegungstechnischen Ausgleich und einen tollen Rundumblick empfiehlt es sich, auf dem beschilderten Fußpfad den nahen **Fockenstein** (1564 m) zu besteigen.

Die Abfahrt von der Hütte beginnt zunächst noch auf bekannter Strecke. Wo diese wieder in den Wald hineinführt (1225 m), halten wir uns nun aber links. 170 Meter weiter ignorieren wir den rechts abzweigenden Karrenweg. Auf einer Forststraße queren wir nun einige bewaldete Geländerücken und -tälchen. Vom Rücken beim Tennenmoos rollen wir hinab zu einer **Verzweigung** (1112 m) im obersten Breitenbachtal. Von dort lassen wir uns am Bach entlang nach Bad Wiessee hinaustreiben. Wo die Breitenbachtalstraße auf die Auerstraße trifft, folgen wir dieser nach rechts, um gleich darauf nach links auf die Koglkopfstraße zu wechseln. Diese trifft genau da auf die B318, wo zwei Einkehrmöglichkeiten besondere kulinarische Abwechslung bieten: Eddy's Bodega und Schusters Milch- und Kaffeebar. Wie von der Anfahrt mit dem Auto bekannt, rollen wir zurück zum **Parkplatz**.

HÜTTENSTECKBRIEF

Höhe 1265 m

Hüttenwirt Jens Kästner

Kontakt Tel. 08022/83600, aueralm.de

Bewirtschaftet Mi bis 23 Uhr, Mo Ruhetag (wenn kein Feiertag), Brotzeiten und warme Küche

Gut geschmeckt haben … die Spinatknödel mit Butter und Käs

Weitere Einkehrmöglichkeiten Gasthäuser in Bad Wiessee, u. a. Eddy's Bodega und Schusters Milch- und Kaffeebar

17 Taubenberghaus

ESSEN UND AUSSICHT TOP

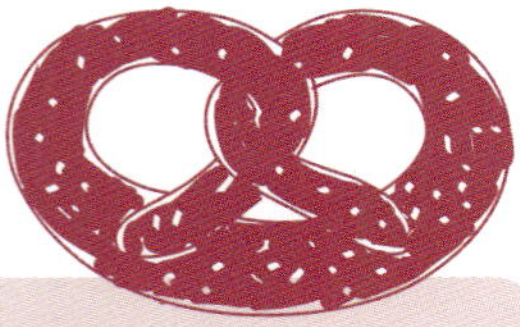

Schwierigkeit Leicht

Fahrzeit 2:30 Std.

Streckenlänge 22 km

Höhenmeter 380 m

Tourencharakter Unproblematische Tour auf geschotterten Fahrwegen und kaum befahrenen Asphaltsträßchen, kurzer Abschnitt auf Wanderweg

E-Bike Geeignet; auch gut ohne Motorunterstützung machbar

Ausgangs-/Endpunkt Warngau, Bahnhof (715 m). Mehrere Parkplätze (siehe Karte), z. B. beim Naturschwimmbad Osterwarngau (Navi: 83627 Warngau, 47.842445, 11.739894)

Anfahrt Von der A8, Ausfahrt Holzkirchen, über die B318 nach Warngau; oder bequem und umweltfreundlich mit der BOB direkt zum Bahnhof

Tourist-Info Lenggries, Tel. 08042/5008800, lenggries.de

Der Taubenberg ist den Alpen vorgelagert. Er besteht aus tertiären, durch den Druck der »anschiebenden« Kalkalpen aufgefalteten Ablagerungen (Molasse) und überragt die umgebenden Moränenhügel. Die waldreiche Landschaft ist wesentliches Quellgebiet für das Münchner Trinkwasser.

Vom **Bahnhof** (715 m) folgen wir der Taubenbergstraße Richtung Osten, zunächst geradeaus, dann in einem Rechtsbogen zum **Gasthof Zur Post**. Gleich danach zweigen wir nach links

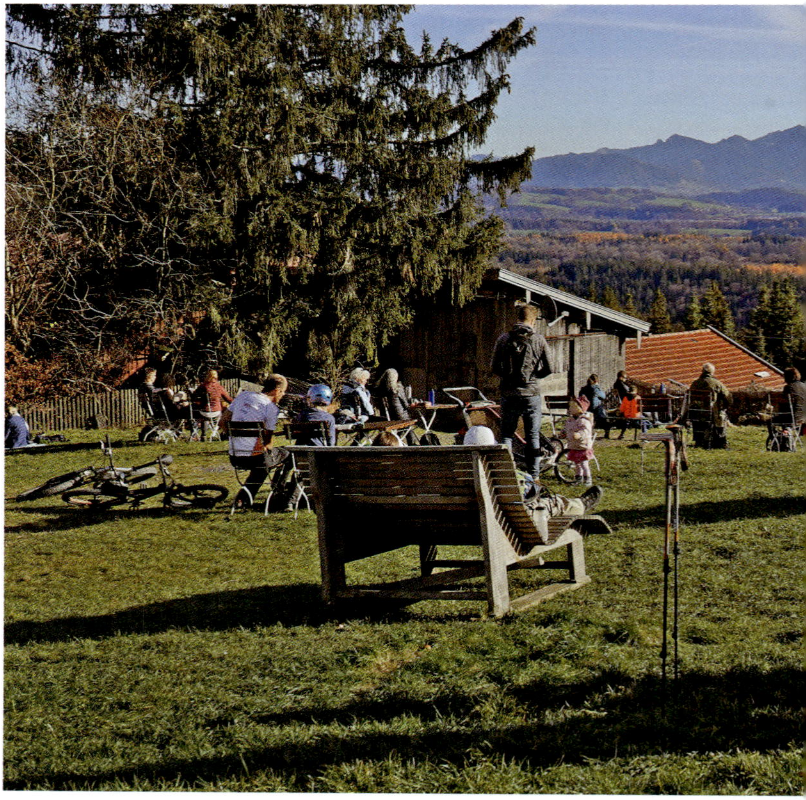

Viel Platz für coronakonforme Verteilung der Sebstbedienungsgäste oberhalb des Gasthofs Taubenberg – im Hintergrund der Wendelstein

in die Lindenstraße ab, folgen ihr aber nur kurz, weil es anschließend über die Straße »Am Bergfeld« geradeaus und aus dem Ort hinaus geht. Abzweigungen zum Taubenberg ignorieren wir und rollen auf schönem Feldweg nach **Osterwarngau**. Dort geht es nach rechts in die Dorfstraße und gleich darauf in die Nüchternbrunnstraße, die uns immer geradeaus in den Wald führt (dort ggf. Linksabstecher zum Badeweiher). Hier gewinnen wir ohne größere Anstrengung an Höhe. Eine beschilderte Abzweigung nach rechts kürzt ab, ist aber recht steil. Bequemer ist es, auf dem breiteren, geradeaus verlaufenden Naturfahrweg zur Kreuzung bei der **Grünen Marter** (780 m) zu fahren. Dort setzt nach rechts unser Abstecher zur Wallfahrtskapelle **Nüchternbrunn** (802 m) an,

HÜTTENSTECKBRIEF

Höhe 824 m

Hüttenwirt Johann Maurer

Kontakt Tel. 08020/1705, taubenberg.de

Bewirtschaftet Täglich 10–18 Uhr, gute, warme Küche, gschmackige Brotzeiten

Gut geschmeckt haben … die Kürbiscremesuppe mit gerösteten Brezenscheiben, der Obazde sowie der Rhabarber-Streuselkuchen

Weitere Einkehrmöglichkeiten Gasthof zur Post in Oberwarngau, Seehaus (Variante)

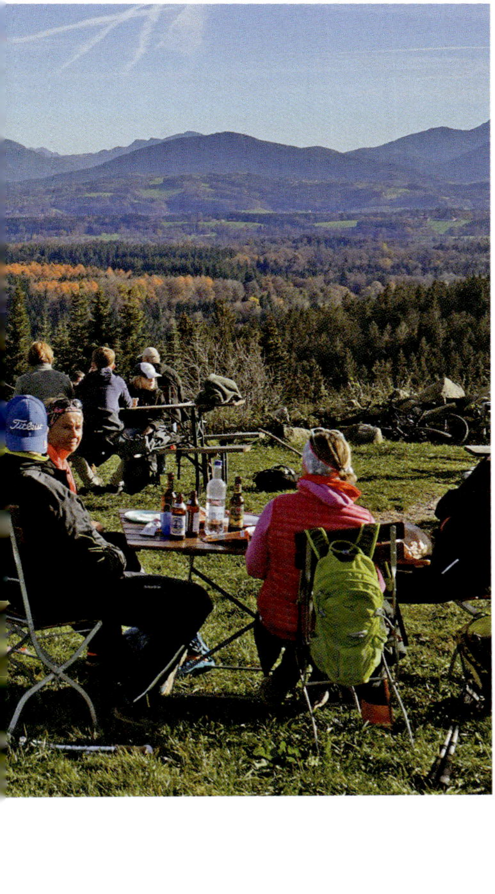

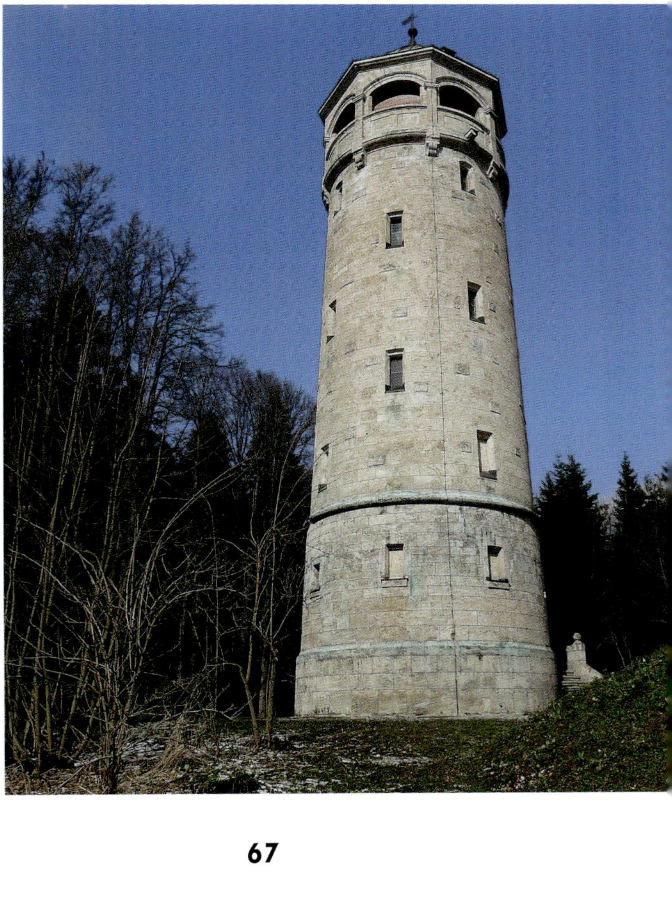

Der 30 Meter hohe Aussichtsturm auf dem Taubenberg besteht aus Tuffstein.

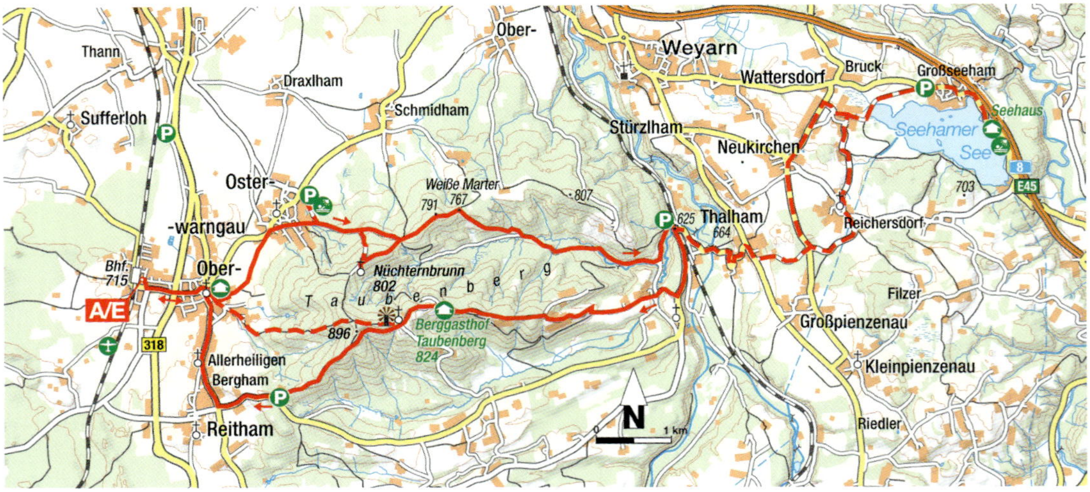

Thann
Sufferloh
Draxlham
Schmidham
Ober-
Weyarn
Wattersdorf
Bruck
Großseeham
Seehaus
Seehamer
See
Stürzlham
Neukirchen
Oster-
-warngau
Weiße Marter
791
767
807
625
Thalham
664
703
Reichersdorf
Bhf.
715
Ober-
Nüchternbrunn
802
T a u b e n b e r g
A/E
896
Berggasthof
Taubenberg
824
318
Filzer
Großpienzenau
Kleinpienzenau
Allerheiligen
Bergham
Reitham
Riedler
N
1 km
8
E45

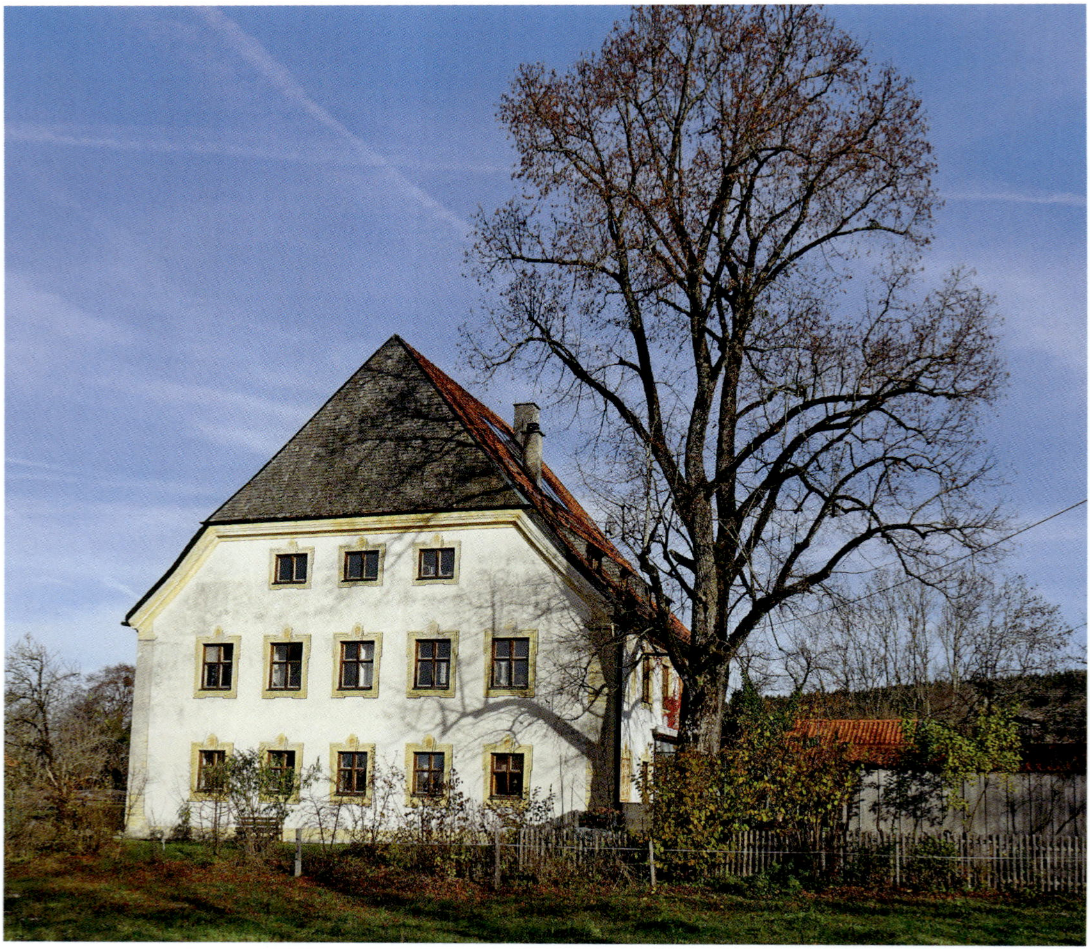

die etwas links unterhalb des breiten Forstwegs liegt (ziemlich steiler Weg, ggf. zu Fuß gehen). Zurück an der Grünen Marter, fahren wir geradeaus auf dem bewaldeten Höhenrücken weiter. Der Weg wird schmaler (Rücksicht auf Wanderer!), ist aber bei trockenen Bedingungen gut zu fahren. Bei der Kreuzung neben der **Weißen Marter** (767 m) beginnt nach rechts hinab eine Forststraßenabfahrt ins Farnbachtal, durch das wir talauswärts weiterfahren. Bei einer großen Verzweigung geht es nach links und beim gleich folgenden Parkplatz auf die nahe Asphaltstraße. Dort, am **tiefsten Punkt** (625 m) der Runde, könnte man links Richtung Talham auf die Variante abzweigen; nach rechts setzt sich die Hauptroute fort. Nach einem steileren Anstieg zweigen wir, der Wegweisung zu unserem Einkehrziel folgend, nach rechts ab und gewinnen weiter an Höhe – anfangs auf Asphalt, später auf Schotter. Die Aussicht auf die Alpen wird immer besser und ist beim **Gasthof Taubenberg** (824 m) schließlich eine schöne Ergänzung zum kulinarischen Genuss.

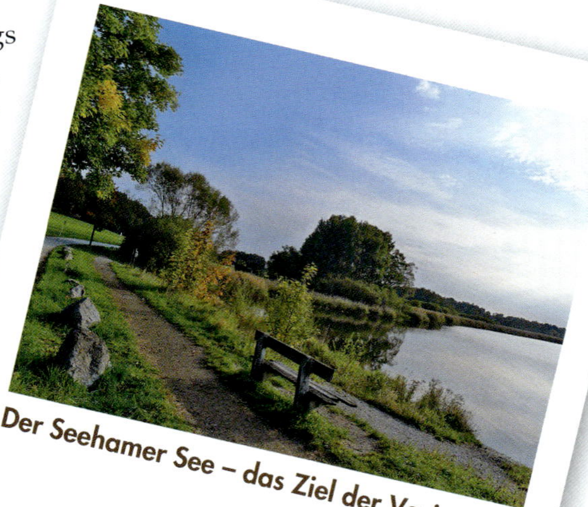

Der Seehamer See – das Ziel der Variante

Weiter geht es auf der ansteigenden Kiesstraße zur **Benno-Kapelle** (860 m). Nach einem kurzen Abstecher zum über 100 Jahre alten Aussichtsturm rollen wir von der Kapelle auf einer Kiesstraße nach Westen hinab. Wo wir auf eine Landstraße treffen, halten wir die Grundrichtung bei und fahren Richtung Reitham. Noch davor biegen wir nach rechts in die MB 10 ein, um an der Wallfahrtskirche Allerheiligen vorbei zu unserem Ausgangspunkt zurückzukehren.

Tipp

Abkühlung im kleinen Naturschwimmbad Osterwarngau

Varianten **1.** Vom östlichsten Punkt der Haupttour geht es auf einem Asphaltsträßchen zunächst hinauf nach Talham, dort nach rechts, am Ortsende nach links, im Wald über die querende Straße hinweg und durch Reichersdorf zum Seehamer See. Weiter fahren wir durch den gleichnamigen Ort zum Seehaus (Einkehr am Wasser). Der Rückweg führt über Bruck und Neukirchen nach Thalham. **2.** Für eine reizvolle, anspruchsvollere Abfahrt fährt man beim Aussichtsturm geradeaus weiter und bei der ersten Verzweigung links hinab nach Oberwarngau.

Linke Seite: Baudenkmal in Oberwarngau: das ehemalige Pfarrhaus

18 Stadlbergalm

IM OBERLAND ZWISCHEN IRSCHENBERG UND MIESBACH

Schwierigkeit Leicht

Fahrzeit 3:00 Std.

Streckenlänge 32 km

Höhenmeter 570 m

Tourencharakter Leichte Rundtour über Teer- und Forststraßen, abschnittsweise unproblematische Wanderwege (ggf. kurze Schiebestrecken)

E-Bike Geeignet; weite Strecken mit geringer Motorunterstützung fahrbar

Ausgangs-/Endpunkt Leitzachtal, Parkplatz beim Landgasthof Auerschmiede (618 m, Navi: Auerschmied 2, 83737 Irschenberg)

Anfahrt Von den A 8-Ausfahrten Seehamer See oder Irschenberg; Bahnfahrer haben vom Bahnhof Miesbach nur wenige Meter zum Marktplatz, wo sie in die Route einfädeln.

Tourist-Info Miesbach, Tel. 08022/9273890, tourismus-miesbach.de

Auch wenn wir uns hier nur im Alpenvorland bewegen, kommt man auf der Runde durch das Hügelland zwischen Schlierach und Leitzach auf eine konditionsfördernde Zahl von Höhenmetern. Und die Stadlbergalm steht einer alpinen Alm in nichts nach.

Vom Landgasthof **Auerschmiede** (618 m) radeln wir auf schmaler Asphaltstraße gen Westen steil bergan und passieren anschließend einige Einzelhöfe. Wir ignorieren Abzweigungen, bis wir nach zweieinhalb Kilometern an eine Kreuzung gelangen. Hier nehmen wir die westlich zu einem Hof (Schwibich, 765 m) hinaufführende Straße. Bei der folgenden T-Kreuzung am Giglberg-Hof biegen wir links ab in einen kleineren Weg, welcher an einem Bauernhof vorbei in einen Wald führt. Hier

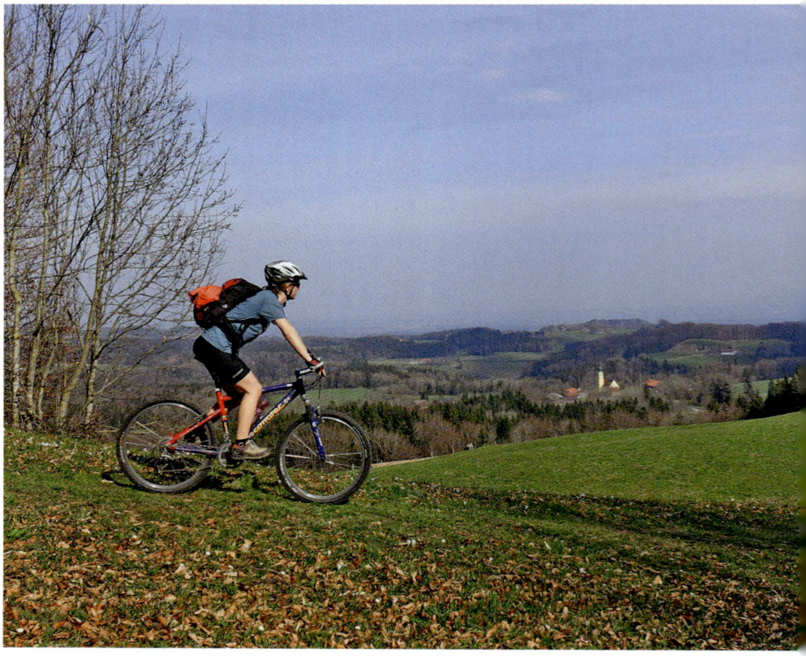

Am Vogelherd – rechts die Kirche von Frauenried

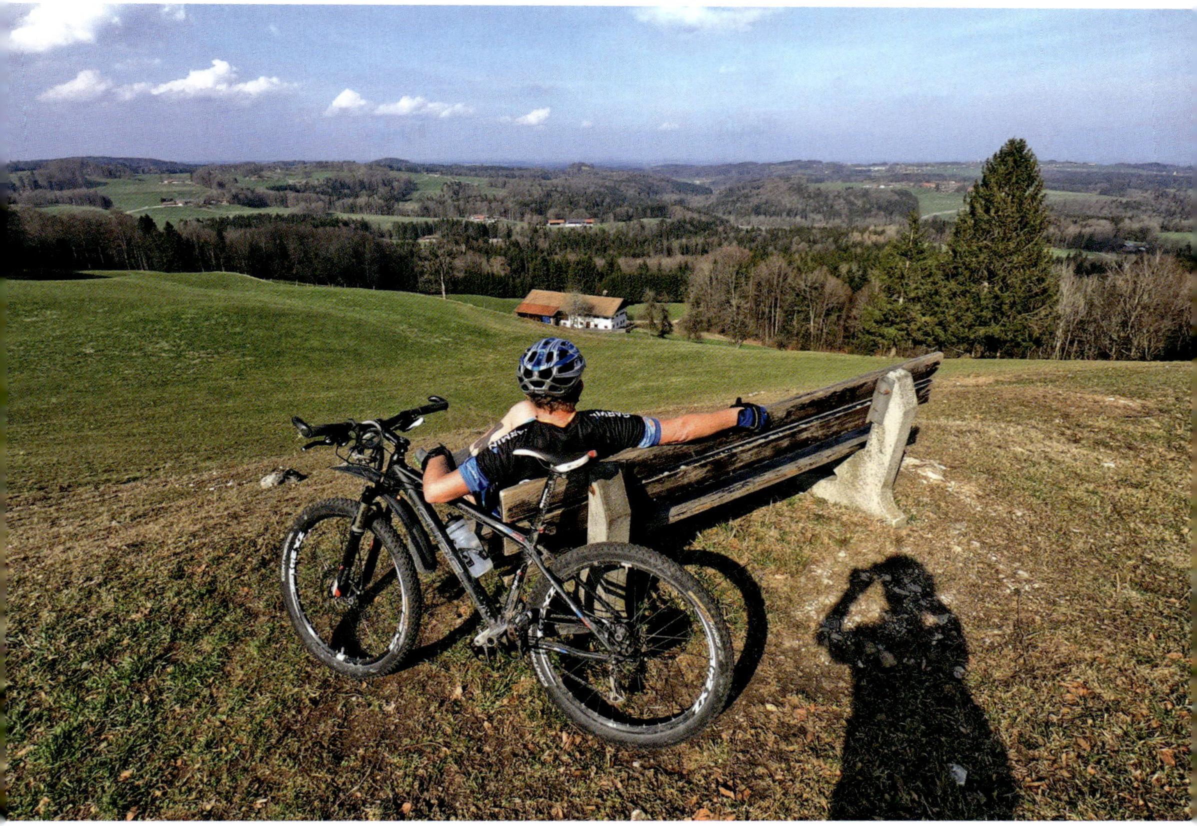

Blick vom Vogelherd Richtung Irschenberg

verengt sich der Weg zu einem teils matschigen Pfand. Wieder auf der Wiese angelangt, umfahren wir den nächsten Bauernhof rechts und verlassen ihn auf seiner befestigten Zufahrt Richtung Südosten zu einer Straße. Hier geht es nach rechts und gleich darauf nach links. An drei Höfen vorbei kommen wir zu einer Kreuzung. Dort fahren wir nach rechts. Oberhalb eines verlandeten Sees rollen wir weiter zur B472. Wir fahren rechts auf den parallel verlaufenden Radweg, welchen wir gute 100 Meter nach der Bushaltestelle **Potzenberg** auf die gegenüberliegende Straßenseite verlassen. Hier zweigt an einem Haus ein Wiesenpfad nach links hinauf ab; diesem folgen wir, ggf. kurz schiebend. Bei einer Andachtsstelle tauchen wir in den Wald ein.

HÜTTENSTECKBRIEF

Höhe 892 m

Hüttenwirte Martin Zwerger und Stefan Mairoser

Kontakt Tel. 08025/3921, stadlbergalm.de

Bewirtschaftet Do und So 12–20 Uhr, Fr und Sa 12–22 Uhr geöffnet, Mo bis Mi Ruhetag, vielfältige Speisekarte nach dem Motto »boarisch – bodenständig – gut«, mit regionalen, selbst angebauten Produkten

Gut geschmeckt hat … der Salat aus dem hauseigenen Garten

Auf dem schönen, aber schmalen Wanderweg ist auf der gesamten Strecke über den **Vogelherd-Rücken** (822 m) Rücksicht auf Fußgänger geboten. Über das Kammerer Denkmal verläuft unser Weg in südlicher Richtung. Wir überqueren geradewegs eine Straße und folgen dann dem breiten Feldweg bis zur nächsten geteerten Straße. Darauf rollen wir rechts hinab in den Ort **Parsberg** (727 m). Dort geht es nach rechts auf die Hauptstraße, die wir 50 Meter weiter geradeaus in die Waldstraße wieder verlassen. Immer geradeaus gelangen wir an den Waldrand, folgen der Straße rechts bergauf. Bei einer Weggabelung halten wir uns auf dem Buchenweg rechts. Bald darauf müssen wir links in die Stadlbergstraße abbiegen! Diese bringt uns auf den **Stadlberg** hinauf. Nahe dessen höchstem Punkt (926 m) folgen wir der beschilderten Abzweigung nach rechts, um auf einem Wanderweg erst über eine Wiese, dann durch ein Waldstück vorsichtig hinabzufahren zur **Stadlbergalm** (892 m).

Auf dem asphaltierten öffentlichen Zufahrtssträßchen rollen wir hinab zum Krankenhaus **Agatharied**. Daran rechts vorbei treffen wir auf die B307, auf die wir nach links einbiegen. Nach 200 Meter Abfahrt biegen wir rechts ab und rollen auf dem Radweg durchs Schlierachtal nach **Miesbach** (696 m). Dort folgen wir geradeaus der Haidmühlstraße, radeln nach rechts über den

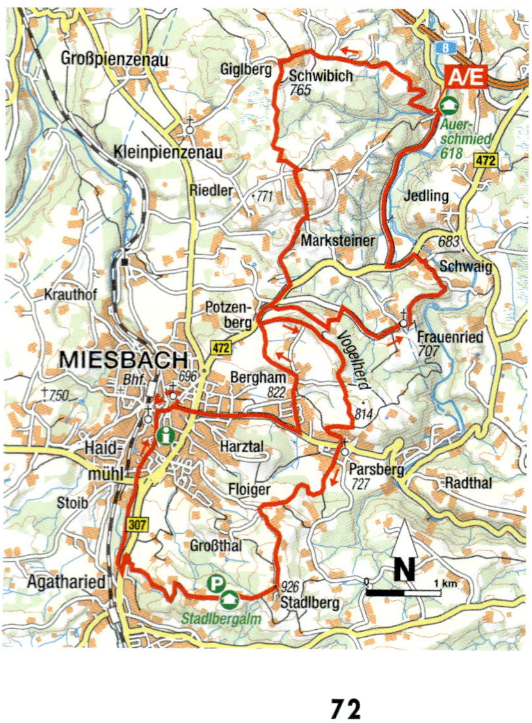

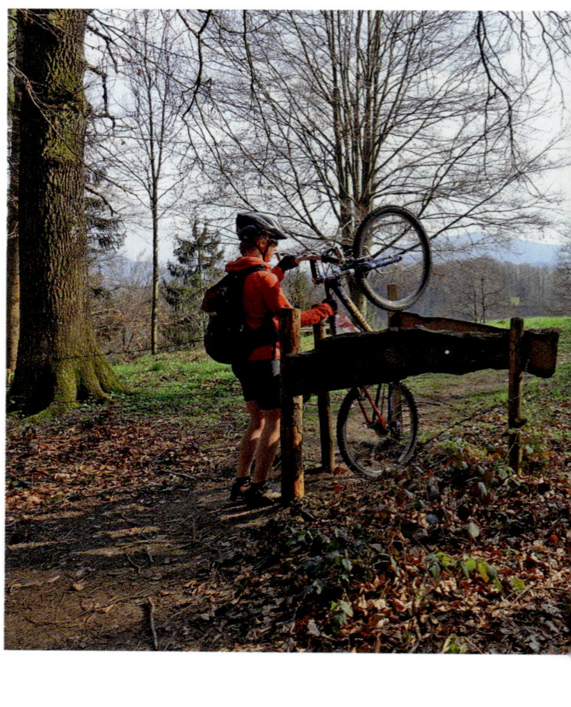

Rechts: Hilfreiche Technik: Vorderrad hochstellen an einer Engstelle am Vogelherd

Marktplatz, anschließend über den Lebzelterberg und den Stadtplatz hinauf in die Rosenheimer Straße. Dieser folgen wir geradeaus über die Ampelkreuzung nach Osten. Nach einem freien Feld geht es links ab und auf der Straße »Am Geiger« durch **Bergham**. Im nördlichen Ortsteil werden Rechtsabzweigungen ignoriert, beim letzten Haus bleibt eine Abzweigung links zurück. Ein reizvoller Feldweg führt zur B472. Dieser folgen wir nach rechts, 300 Meter weiter biegen wir nach rechts in einen kleinen Feldweg ein. Vor dem Hollerthal-Hof geht es nach links hinunter zu einer Asphaltstraße, der wir nach rechts folgen, um nach **Frauenried** (707 m) zu kommen. In dem einsamen Weiler fahren wir rechts an der Kirche vorbei und wenden uns gleich danach nach links. Ein unbefestigter Fahrweg führt dann durch Wald ins Leitzachtal hinab. Die Grundrichtung beibehaltend treffen wir bei **Schwaig** auf die B472. Hier fahren wir nach links und gleich darauf nach rechts, und so rollen wir auf Asphalt zurück zum Landgasthof **Auerschmiede**.

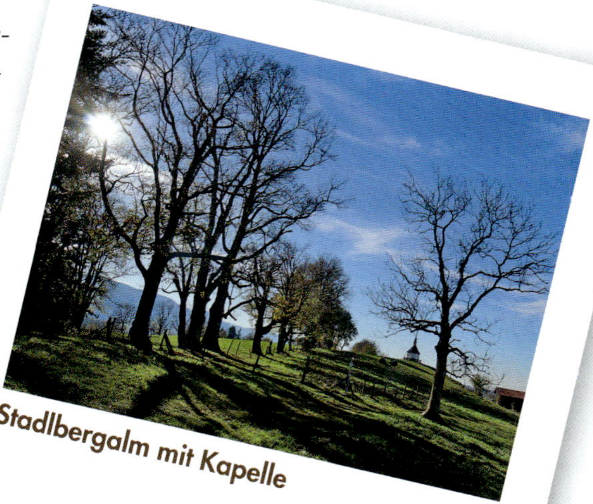

Stadlbergalm mit Kapelle

Links: Die Stadlbergalm in der Nachmittagssonne

Blick vom Stadlberg zum Wendelstein

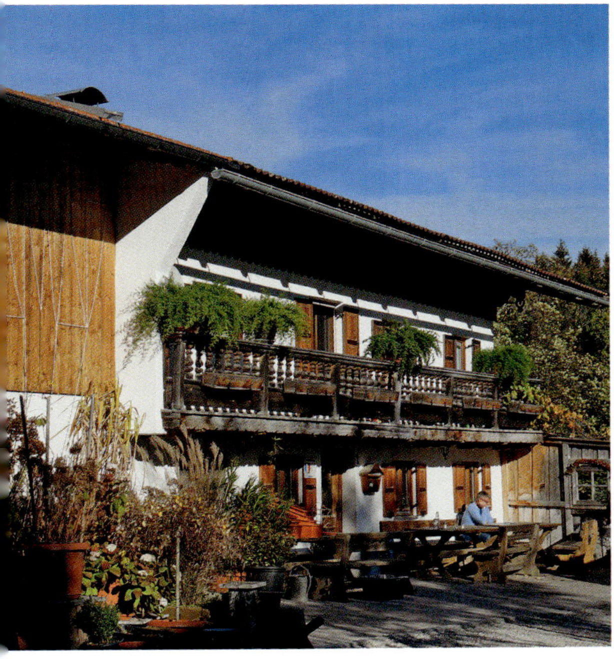

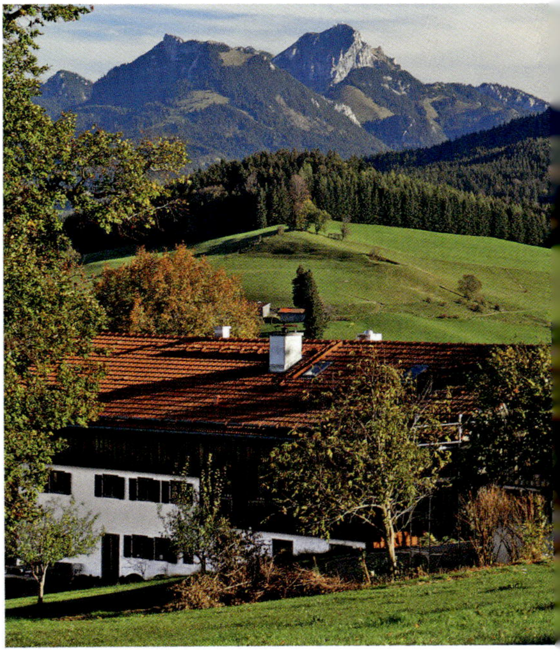

19 Tregler Alm

AUSSICHTSBALKON ÜBER DEM ROSENHEIMER LAND

Schwierigkeit Mittel

Fahrzeit 3:15 Std.

Streckenlänge 27 km

Höhenmeter 800 m

Tourencharakter Mittelschwere Tour; im Tal auf Asphalt-, ansonsten auf Kiessträßchen; einige besonders steile Abschnitte – auf diesen bei der Abfahrt langsam und beherrscht fahren!

E-Bike Geeignet; Motorunterstützung für kurze Steilstücke angenehm, auf weiten Strecken auch verringerte Unterstützung möglich

Ausgangs-/Endpunkt Bad Feilnbach, Parkplatz im Zentrum (515 m; Navi: Bahnhofstraße, 83075 Bad Feilnbach)

Anfahrt Über die A8, Ausfahrt Bad Aibling, nach Bad Feilnbach

Bike & Hike Vom Wendeplatz (1190 m) auf Forststraßen-Abstecher bis kurz vor die Steingrabner Alm radeln, dann auf schwachen Pfadspuren nach rechts über eine Wiese hinauf zum Eiblkopf (1317 m), (45 Min. Auf- und Abstieg, zur Hälfte zu Fuß)

Tourist-Info Kur- und Gästeinformation Bad Feilnbach, Tel. 08066/88711, bad-feilnbach.de/kur-und-tourismus

Für Radler lohnt es sich, die Rast bei der aussichtsreichen Tregler Alm in eine abwechslungsreiche Runde durch die waldreichen Vorberge des Wendelsteinmassivs einzubinden. Dann erreicht man die Hütte mit Hunger und Durst für eine ausgiebige Einkehr.

Vom Parkplatz (515 m) in **Bad Feilnbach** fahren wir an der Bahnhofstraße bergan, biegen links in die Kufsteiner Straße und vor der Jenbachbrücke rechts in die Wendelsteinstraße ein. Bei einem Parkplatz begeben wir uns auf das geradeaus führende schmale Sträßchen, das – überwiegend asphaltiert – zum **Waldparkplatz** (840 m) führt. Auf nun geschotterter Strecke geht es weiter taleinwärts, ggf. unterbrochen von einem kurzen Abstecher zur **Wirtsalm** (890 m). Im Talhintergrund nehmen wir die rechts bergan führende Forststraße. Sie schlängelt sich hinauf zu einem **Wendeplatz** (1190 m) mit Rastbank; nach links hinauf setzt die Variante an.

Auf der Hauptrunde geht es geradeaus bergab bis auf 1065 Meter. An der nächsten Steigung bleibt die Abzweigung nach Elbach links zurück. Weitere Abzweigungen auf der folgenden hangquerenden Höhenstraße werden ebenfalls ignoriert. Bei einer großen Mehrfachkreuzung auf einem **Geländesattel** (1085 m) nehmen wir das halb rechts bergab führende Sträßchen

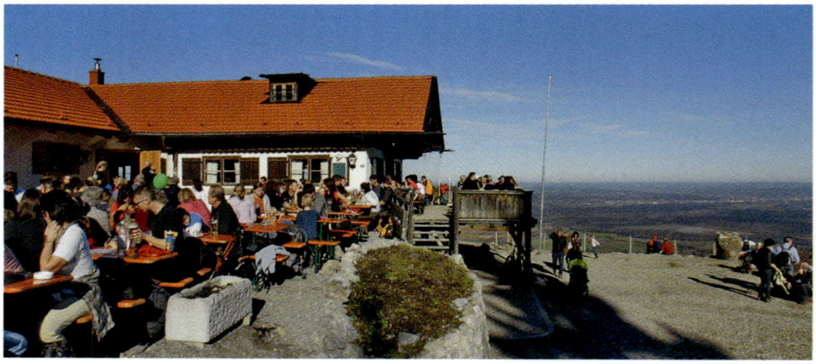

Die Tregler Alm

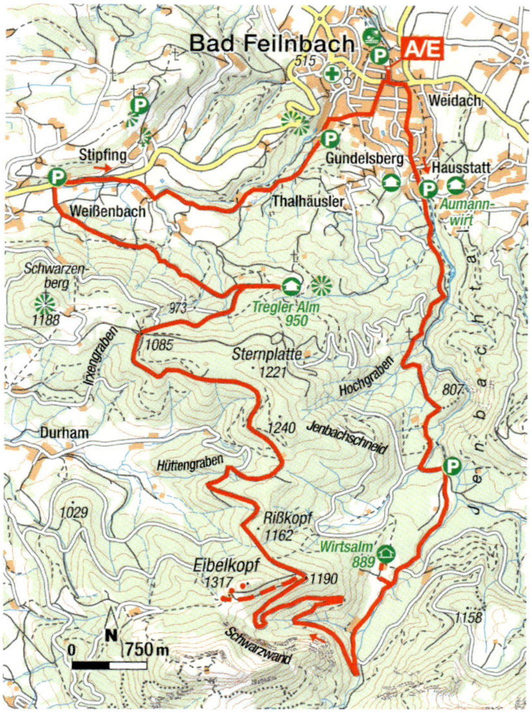

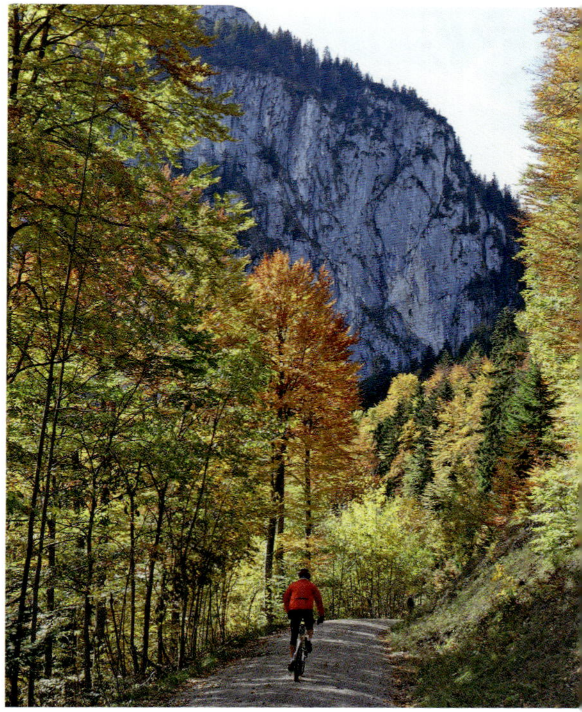

Unter der Schwarzwand am Fuß des Breitensteins

(teils steil, Linksabzweigungen ignorieren!). Bei einer T-Kreuzung fahren wir nach rechts zur **Tregler Alm** (950 m). Für die Abfahrt nutzen manche Biker den Richtung Nordosten ansetzenden Wanderweg; dieser ist fahrtechnisch anspruchsvoll und erfordert viel Rücksicht. Letzteres gilt auch für die empfohlene Abfahrt über die beliebte Kinderwagenstrecke Richtung Westen. Diese endet am großen **Parkplatz** (775 m). Von dort folgen wir kurz der Asphaltstraße nach Westen und verlassen diese bei der nächsten Kiesstraßen-Abzweigung nach rechts. Bei der folgenden Verzweigung geht es nach links. Damit beginnt die finale Abfahrt am Thalhäusler vorbei, die mit einigen anspruchsvollen Steilstücken ins Ortsgebiet von **Bad Feilnbach** hinabführt. Wieder auf Asphalt, biegen wir bald nach rechts in die Rotwandstraße ab, fahren geradewegs durch die Haidwandstraße, dann nach links in die Riesenfeldstraße und geradewegs am Rathaus vorbei zum Ausgangspunkt.

HÜTTENSTECKBRIEF

Höhe 950 m

Hüttenwirt Markus Millauer

Kontakt Tel. 08066/1420, tregleralm.de

Bewirtschaftet Brotzeiten und warme Küche, Mo Ruhetag (außer Feiertage)

Gut geschmeckt hat …
das Wiener Schnitzel mit hausgemachtem Kartoffel-Gurkensalat

Weitere Einkehrmöglichkeiten
Wirtsalm (889 m), Gaststätten in Bad Feilnbach

20 Obere Firstalm

VOM SCHLIERSEE ÜBER DEN SPITZINGSATTEL

Schwierigkeit Mittel

Fahrzeit 2:45 Std.

Streckenlänge 21 km

Höhenmeter 630 m

Tourencharakter Teils Asphalt-, überwiegend Kiessträßchen; von der First- zur Freudenreichalm hinab Schiebestrecke auf Wanderweg (ggf. wenige Meter tragen)!

E-Bike Bedingt geeignet; abwärts führende Schiebe- bzw. Trageetappe für schwere E-Bikes umständlich, weite Strecken mit geringer Motorunterstützung möglich

Ausgangs-/Endpunkt Bahnhof Fischhausen-Neuhaus (806 m). Für Autofahrer bietet sich der Parkplatz nahe dem Schliersee-Südosteck gegenüber dem Bootsverleih (Neuhauser Straße 4, 83727 Schliersee) an; knapp 1 km zum Bahnhof

Anfahrt Auf der B 307 nach Schliersee und weiter bis zum Parkplatz am See; oder bequem und umweltfreundlich mit dem Zug direkt zum Bahnhof

Bike & Hike Von der Firstalm der Beschilderung folgend auf stellenweise ausgesetztem Steig auf die Brecherspitz (1663 m, insgesamt 1:30 Std. Auf- und Abstieg, Trittsicherheit erforderlich)

Tourist-Info Gäste-Information Schliersee-Neuhaus, Tel. 08026/978 88, schliersee.de

Es gibt wohl kaum eine Alm, die sich unter Münchnern größerer Bekanntheit erfreut als die Firstalm – nicht zuletzt wegen des berühmten Faschingstreibens, das hier alljährlich stattfindet. Auf unserer Runde gibt es aber auch stille Kleinode zu entdecken.

Vom **Bahnhof** rollen wir gen Osten zur Hauptstraße und folgen dieser nach rechts. Gegenüber der Alperie biegen wir rechts ab und fahren unmittelbar danach links in die Josefstaler Straße. Dieser folgen wir bis zum südlichen Ortsende von Josefsthal, wo halb rechts der fünfminütige Fußabstecher zu den sehenswerten **Josefsthaler Wasserfällen** ansetzt.

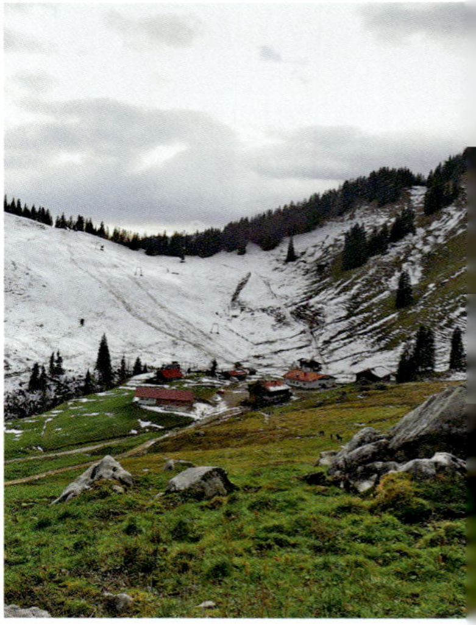

Zurück am Ortsrand, folgen wir der alten, geschotterten Spitzingstraße bergan. Sie schlängelt sich hinauf zur neuen Straße, an der wir den Spitzingsattel (1129 m) erklommen haben. Dort zweigt nach rechts der Trautweinweg ab, der in mäßiger Steigung zur **Oberen Firstalm** führt. Kurz vor der Alm zweigt rechts der Fußpfad auf die **Brecherspitz** (1683 m) ab.

Die Weiterfahrt mit dem Radl führt über den nach Norden ansetzenden Karrenweg zum **Freundenreichsattel** (1371 m). Jenseits geht es schiebend (ggf. mit dezenter Bremsunterstützung) und stellenweise tragend hinab zur einfach bewirtschafteten, griabigen **Unteren Freundenreichalm** (1262 m). Auf deren Versorgungsweg rollen wir bergab. Auf 1140 Meter Höhe zweigt links das Versorgungssträßchen des Bodenschneidhauses ab.

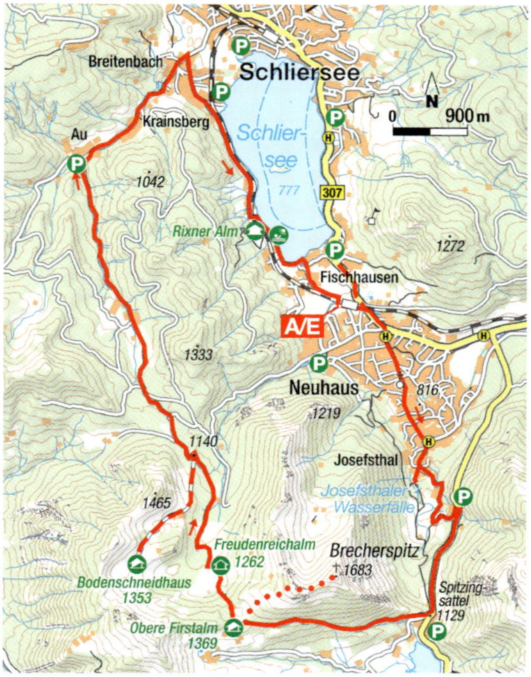

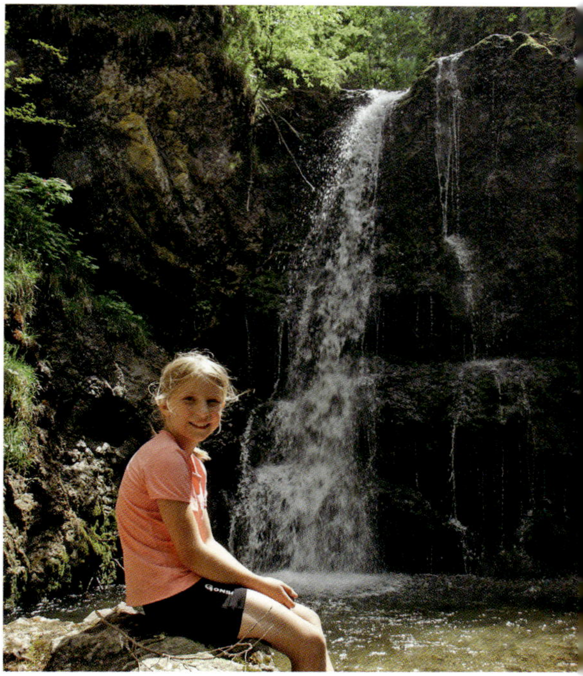

Bei den Josefsthaler Wasserfällen

Linke Seite: Blick von der Oberen zur Unteren Firstalm

Geradeaus weiter rollen wir bald über eine Almwiese ins bewaldete Tufftal. Beim Weiler **Au** folgen wir der asphaltierten Hennererstraße nach rechts. Nach den Häusern von **Breitenbach** biegen wir rechts in die Westerbergstraße ein. Dieser folgen wir bis nahe an den Schliersee, bleiben aber lange rechts von der Bahnlinie. Gleich nachdem unser Weg mit einem Schlenker dann doch ans Seeufer wechselt, lädt die nette **Rixner Alm** zu einer Rast ein (Badegelände unterhalb).

Weiter auf der Westerbergstraße am See entlang kommen wir zu dessen südlichstem Punkt. Dort folgen wir der Straße nach rechts und fahren auf der Fischhauser Straße nach Süden und kommen durch eine Unterführung zum **Bahnhof**.

HÜTTENSTECKBRIEF

Höhe 1369 m

Hüttenwirte Ingrid und Marcus Votteler

Kontakt Tel. 08026/7302, firstalm.de

Bewirtschaftet Küche mit vielfältigem Angebot, Übernachtung möglich, kein Ruhetag

Gut geschmeckt haben … die Rahmschwammerl mit Semmelknödel und der Kürbis-Reiberdatschi

Weitere Einkehrmöglichkeiten Freudenreichalm (1262 m), Bodenschneidhaus (1353 m, Abstecher), Rixneralm am Schliersee

Variante Bei der Abfahrt kann man auf 1140 Meter Höhe links einem Abstecher folgen, der in 1,7 Kilometern zum Bodenschneidhaus (1353 m) führt.

21 Ackernalm

KLASSISCHE RUNDTOUR UMS HINTERE SONNWENDJOCH

Schwierigkeit Mittel

Fahrzeit 4:00 Std.

Streckenlänge 33 km

Höhenmeter 900 m

Tourencharakter Anspruchsvolle Rundtour über Schotterwege; Abfahrt auf schmaler Mautstraße (Vorsicht: Pkw-Gegenverkehr!) und Rückweg über Asphalt

E-Bike Geeignet; aufgrund der Streckenlänge und der Anstiege Akkuverbrauch klug einteilen

Ausgangs-/Endpunkt Parkplatz Stocker (832 m) kurz vor dem Gasthof Zipflwirt (840 m, Navi: Tiroler Straße 80, 83735 Bayrischzell), wo ebenfalls begrenzte Parkmöglichkeiten bestehen

Anfahrt Von Bayrischzell Richtung Kufstein; Bahnhof Bayrischzell 5 km entfernt

Bike & Hike Beschilderte Bergwanderung (anfangs auf Asphaltstraße) von der Ackernalm über die Frommalm aufs Hintere Sonnwendjoch (1986 m), den höchsten Gipfel des Mangfallgebirges; 650 Hm, insgesamt 3 Std. für Auf- und Abstieg – ggf. Zeitbudget dafür vorher einplanen!

Tourist-Info Tourismusverband Kufsteinerland, Tel. +43/5372/62207, kufstein.com

Oben: Auf der Straße oberhalb der Grundache

Diese grenzüberschreitende Tour umrundet das fast 2000 Meter hohe Hintere Sonnwendjoch und bietet vielfältige Landschaftseindrücke in der kaum besiedelten Landschaft zwischen Mangfallgebirge und Brandenberger Alpen. Die Ackernalm lädt zu Tiroler Köstlichkeiten ein.

Vom **Parkplatz Stocker** rollen wir entlang der Straße nach Süden zum **Zipflwirt**. Dort zweigen wir rechts ab und folgen der Beschilderung ins Kloo-Ascher-Tal. Neben einer weiten Buckelwiesen-Ebene geht es geradewegs taleinwärts. Am Ende der offenen Fläche halten wir uns rechts und passieren die **Kloo-Ascher-Alm** (905 m). Im romantischen Elendgraben radeln wir am rauschenden Wildbach entlang. An der Elendalm vorbei, geht es auf den **Elendsattel** (1143 m) hinauf. Bei der Abfahrt ignorieren wir kleine Abzweigungen. An der nächsten großen Weggabelung (1052 m) folgen wir der Beschilderung Richtung Valepp. Wir fahren jedoch nicht ganz ins Tal, sondern biegen der Wegweisung Richtung Sonnwendjoch folgend links ab. Wanderweg-Abzweigungen ignorierend, gelangen wir an den Entzenbach, an dem auch die Landesgrenze zu Tirol verläuft. Wir fahren rechts über die Brücke Richtung Sonnwendjoch. Gleich darauf biegen wir rechts ab, diesmal mit der Wegweisung zur Ackernalm. Nach einer Schranke, die die **Landesgrenze** markiert, rollen wir nun etwa unsere Höhe haltend oberhalb der Talkerbe der Valepp (Grundache). Bei einer Linksabzweigung zur Reichsteinalm bleiben wir am Hauptweg. Nach einer Gefällestrecke kommen wir zu einer **Verzweigung** (970 m), an der wir uns links halten. Nun beginnt

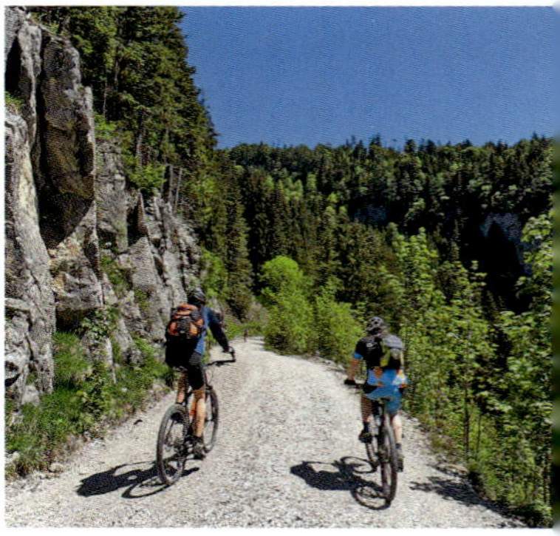

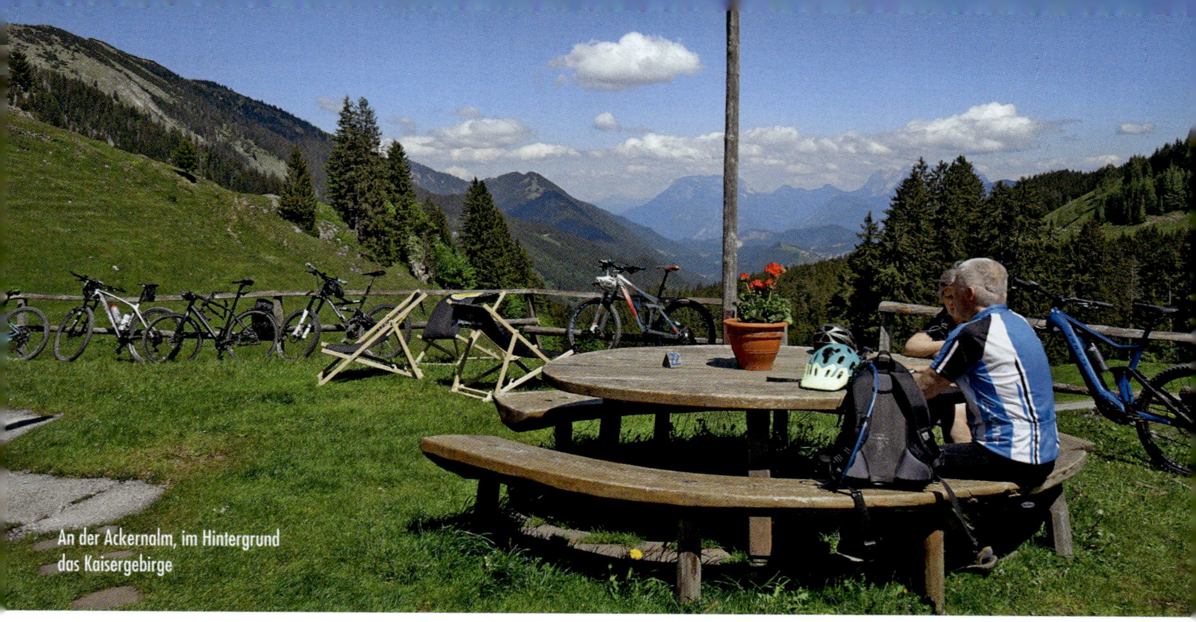

An der Ackernalm, im Hintergrund das Kaisergebirge

der durstfördernde Schlussanstieg zur **Ackernalm** (1350 m).

Auf der Südterrasse lässt es sich bei Tiroler Spezialitäten gut aushalten. Wer möchte, kann sich ein Stück Almkäse von der hauseigenen, etwas oberhalb gelegenen Käserei mitnehmen – es geht ja anschließend fast nur noch bergab. Für den Rückweg rollen wir die geteerte Mautstraße gen Osten hinab. Beim Erreichen der Hauptstraße folgen wir dieser nach links. Sie führt uns wieder zurück nach Bayern.

HÜTTENSTECKBRIEF

Höhe 1350 m

Hüttenwirtin Maria Pirchmoser

Kontakt Tel. +43/664/4150580, ackernalm.at

Bewirtschaftet Täglich 9–22 Uhr geöffnet (So bis 18 Uhr), Mi Ruhetag, Tiroler Almkost, eigene Käserei, Übernachtung möglich

Gut geschmeckt hat … der ofenfrische Schweinsbraten mit Biersoße und Semmelknödel

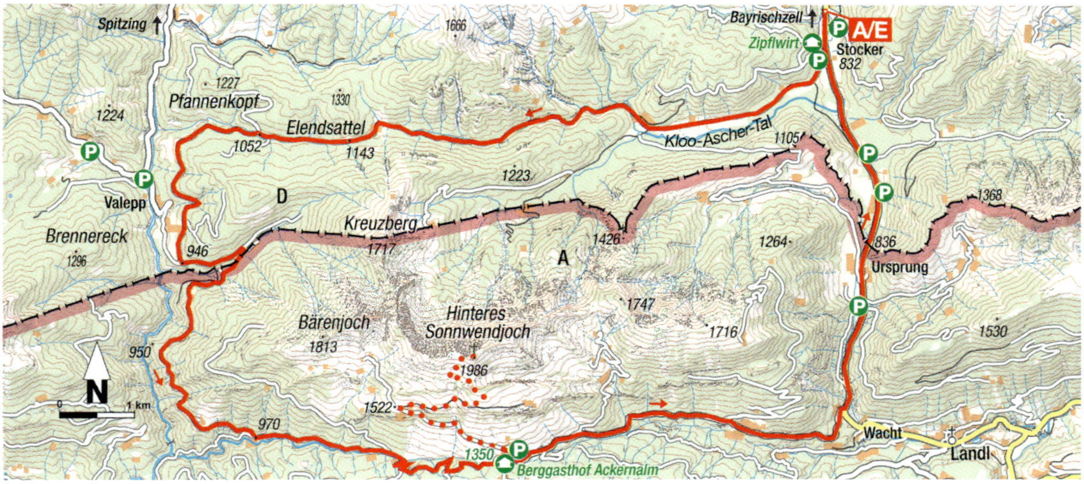

22 Mariandlalm

RAIL & BIKE & HIKE

Schwierigkeit Mittel
Fahrzeit 2:30 Std.
Streckenlänge 24,5 km
Höhenmeter 500 m
Tourencharakter Mittelschwere Tour, überwiegend auf Kiessträßchen; einige steile Abschnitte – auf diesen bei der Abfahrt langsam und beherrscht fahren!
E-Bike Geeignet; Motorunterstützung für Auffahrt zur Alm angenehm, auf weiten Strecken auch verringerte Unterstützung möglich
Ausgangs-/Endpunkt Bahnhof Bayrischzell (800 m); Parkplätze am Südrand des Orts, z. B. Parkplatz Seeberg (Navi: Seebergstraße 15, 83735 Bayrischzell)
Anfahrt Auf der B 307 über Schliersee oder Hundham nach Bayrischzell; oder bequem und umweltfreundlich mit dem Zug direkt zum Bahnhof
Bike & Hike Überschreitung des Trainsjochs, 1707 m (gut 2:15 Std., stellenweise anspruchsvoll, Trittsicherheit Voraussetzung)
Tourist-Info Bayrischzell, Tel. 08023/648, bayrischzell.de

Entspanntes Rollen von Bayrischzell durchs reizvolle Ursprungtal, eine überschaubare Auffahrt zur urgemütlichen Mariandlalm in Tirol und eine knackige Bergwanderrunde übers Trainsjoch, einem aussichtsreichen Gipfel genau auf der Grenze – wenn das nicht abwechslungsreich ist!

Vom **Bahnhof Bayrischzell** fahren wir über die Schlierseer Straße, die Schulstraße und die Seebergstraße zum **Parkplatz Seeberg**. Am westlichen Hangfuß des Ursprungtals führt der naturnahe Weg zum (derzeit nicht bewirtschafteten) **Zipflwirt**. Dort folgen wir gut 400 Meter dem Fahrweg Richtung Kloo-Ascher-Tal, biegen dann aber links ab und kreuzen im Wald den Kloo-Ascher-Bach. Auf einer lang gezogenen Lichtung nähert sich unser Weg der Tiroler Straße. Diese nutzen wir dann auch, um über die **Grenze** nach Tirol zu rollen. Kurz vor dem Ende ei-

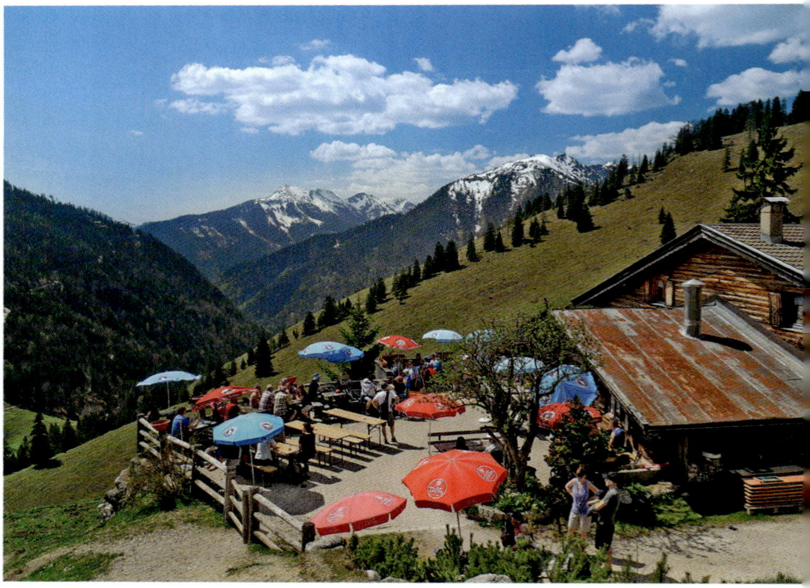

Die Mariandlalm, ein aussichtsreicher Platz zum Wohlfühlen

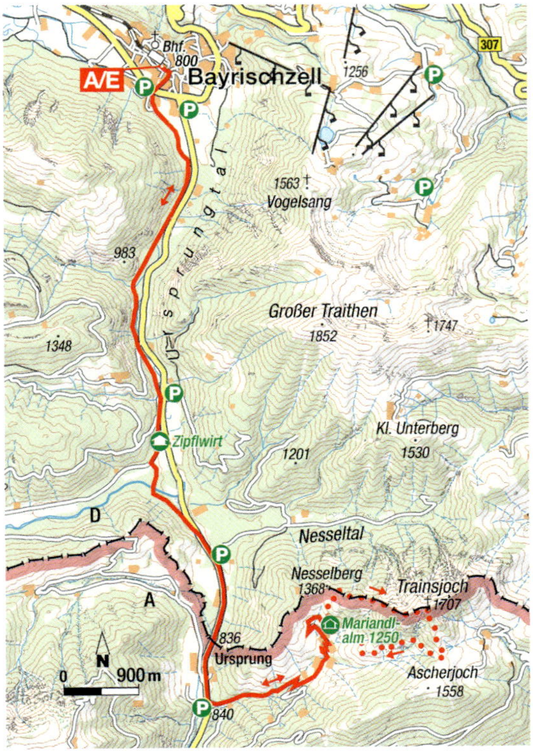

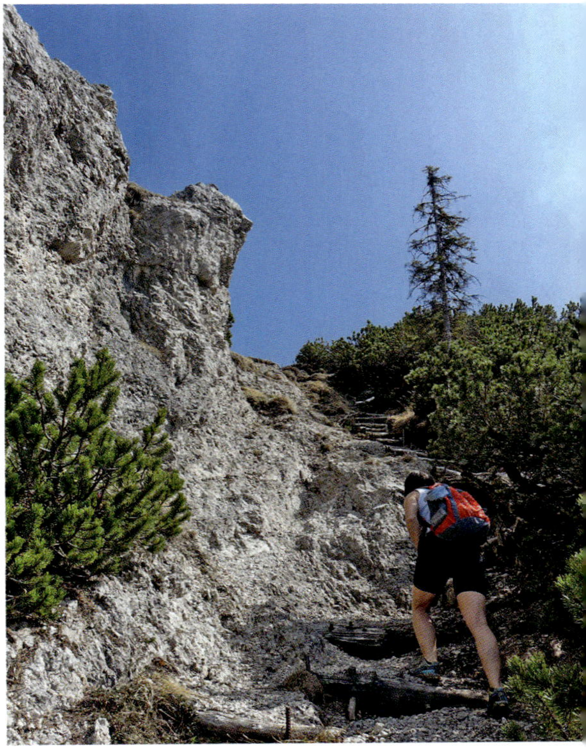

Aufstieg über den teils felsigen Nordrücken am Trainsjoch

ner **Lichtung** (840 m) zweigt der Fahrweg zu unserem Einkehrziel links ab. Nach einer ersten Rechtskehre treffen wir auf eine T-Kreuzung. Dort geht es nach links, und so kommen wir bald auf freies Almgelände, über das sich das Kiessträßchen elegant hinaufschlängelt zur **Mariandlalm** (1250 m). Für die Gipfeltour gehen wir auf den nach Norden führenden Pfad. Über einen teils felsigen und steilen Geländerücken gelangt man – stellenweise leicht kraxelnd – aufs **Trainsjoch** (1707 m). Der leichtere Abstieg führt zum südlich davon gelegenen Sattel und über einen hangquerenden Weg zurück zur Alm.

Die Ab- und Rückfahrt erfolgt zwar auf der schon bekannten Strecke, bietet in dieser Richtung aber viele neue und interessante Perspektiven. Zum Schluss rollt man auf den Wendelstein zu und staunt über seine prächtige Felsgestalt.

HÜTTENSTECKBRIEF

Höhe 1250 m

Hüttenwirte Christine und Stefan Exenberger

Kontakt Tel. +43/664/350 44 17, mariandlalm.at

Bewirtschaftet Ganzjährig 10–17 Uhr, Anfang Mai bis Ende Oktober Mo Ruhetag, ansonsten Mo, Di und Do Ruhetag, Übernachtung auf Anfrage möglich

Gut geschmeckt haben … die Kaspressknödel und der Kaiserschmarrn

Weitere Einkehrmöglichkeiten Gaststätten in Bayrischzell

23 Brünnsteinhaus

BIKEN UND BADEN BEI OBERAUDORF I

Schwierigkeit Schwer

Fahrzeit 3:30 Std.

Streckenlänge 21 km

Höhenmeter 920 m

Tourencharakter Steiler Anstieg zur Hütte, bei der Abfahrt langsam und beherrscht fahren! Wer es bei der Rundtour ohne Hüttenauffahrt belässt, hat eine leichte Anfängertour.

E-Bike Geeignet; Motorunterstützung für die Hüttenauffahrt sehr vorteilhaft, Stromtankstelle an der Hütte

Ausgangs-/Endpunkt Parkplatz beim Luegsteinsee (500 m, Navi: Luegsteinsee, 83080 Oberaudorf, 47.64272, 12.17195); vom Bahnhof Oberaudorf 700 m zur Bad-Trißl-Straße

Anfahrt Über die A93, Ausfahrt Oberaudorf, in den Ort und weiter auf der Kufsteiner Straße, dann rechts ab zum Luegsteinsee

Bike & Hike Brünnstein, 1619 m (knapp 1 Std. für die Runde, anspruchsvoller Steig mit Sicherungen, Trittsicherheit und Schwindelfreiheit Voraussetzung)

Tourist-Info Oberaudorf, Tel. 08033/301 20, tourismus-oberaudorf.de

Die Alpenvereinshütte »klebt« am Südfuß des Brünnsteins und bietet einen grandiosen Blick übers Inntal auf den Wilden Kaiser und den Großglockner. Der namengebende Kalkklotz über der Hütte kann auf einer alpinen Route überschritten werden.

Mit dem Start am »Schwimmziel« Luegsteinsee kann man die Badesachen im Auto lassen. Vom **Parkplatz** rollen wir in den Ortskern von **Oberaudorf** (482 m), den wir auf der Kufsteiner/ Rosenheimer Straße durchqueren. Vor der Bäckerei Ratschiller biegen wir nach links in die Bad-Trißl-Straße ein. Diese verlassen wir wiederum nach links in die Wechselbergstraße und strampeln durch Wald bergan. In freiem Gelände geht es an einigen Gehöften vorbei Richtung Buchau. Kurz bevor die Asphaltstraße wieder in ein Waldstück führt, zweigen wir auf 630 Meter Höhe links ab. Auf gekiestem Fahrweg strampeln wir nun durch Wald bergan zur Wiesenebene bei **Wildgrub.** An den Häusern der **Rechenau** (792 m) biegen wir links ab und folgen nun der strecken-

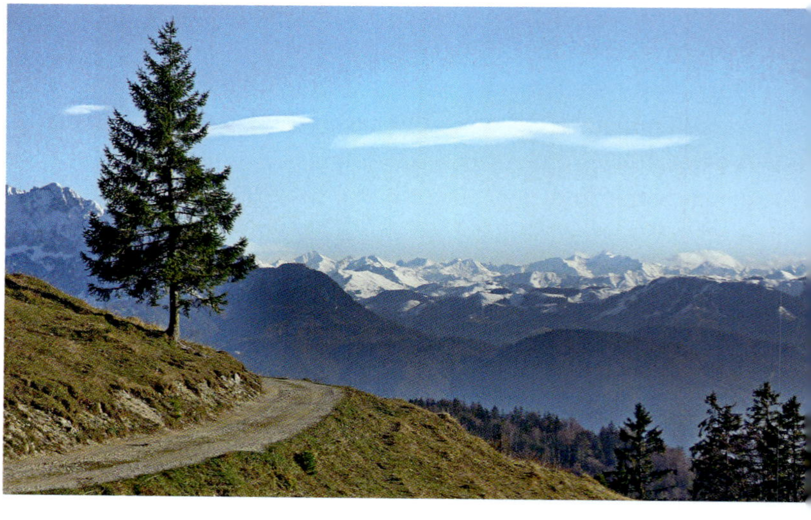

Herrliche Radlstrecke mit Blick zu den verschneiten Hohen Tauern

weise besonders steil ansteigenden Kiesfahrbahn zum **Brünnsteinhaus** (1342 m).

Östlich des Gebäudes setzt der Klettersteig »Dr.-Julius-Mayr-Weg« an, über den sichere Bergsteiger den felsigen **Brünnstein** (Ostgipfel, 1619 m) besteigen können. Der Abstieg erfolgt über den schrofigen Steig westlich des Gipfels.

Die Abfahrt beginnt zunächst auf bekannter Strecke. In der **Rechenau** (792 m) fahren wir dann aber kurz nach rechts und gleich wieder links hinab. Bald darauf zweigt der etwas anspruchsvollere direkte Karrenweg zum Parkplatz Kreith ab (dorthin kommt man auch, wenn man auf der Asphaltstraße bleibt). Auf der Mühlbacherstraße rollen wir hinab zum **Luegsteinsee** – im Sommer perfekt für ein abschließendes Badevergnügen.

Die Brünnsteinhütte unter dem namengebenden Kalkgipfel

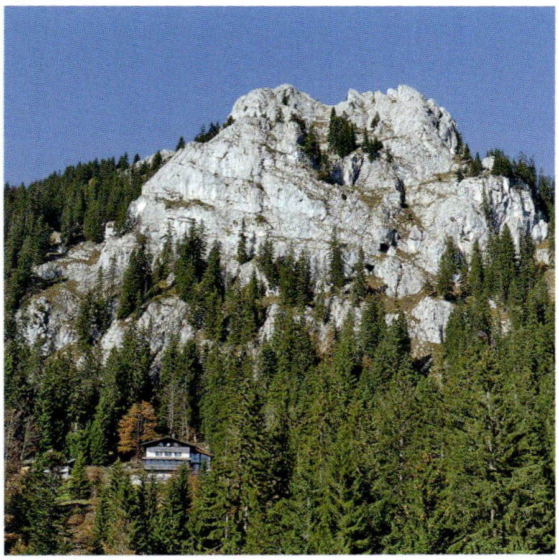

HÜTTENSTECKBRIEF

Höhe 1342 m

Hüttenwirte Yvonne und Sepp Tremml

Kontakt Tel. 08033/1431, bruennsteinhaus.de

Bewirtschaftet Anfang Mai bis Ende Oktober, im November und Dezember nur an Wochenenden, Brotzeiten und einige gute warme Gerichte, kein Ruhetag, Übernachtung möglich

Gut geschmeckt haben … die Kasspatzn und der frisch gebackene Kuchen

Weitere Einkehrmöglichkeiten Gaststätten in Oberaudorf

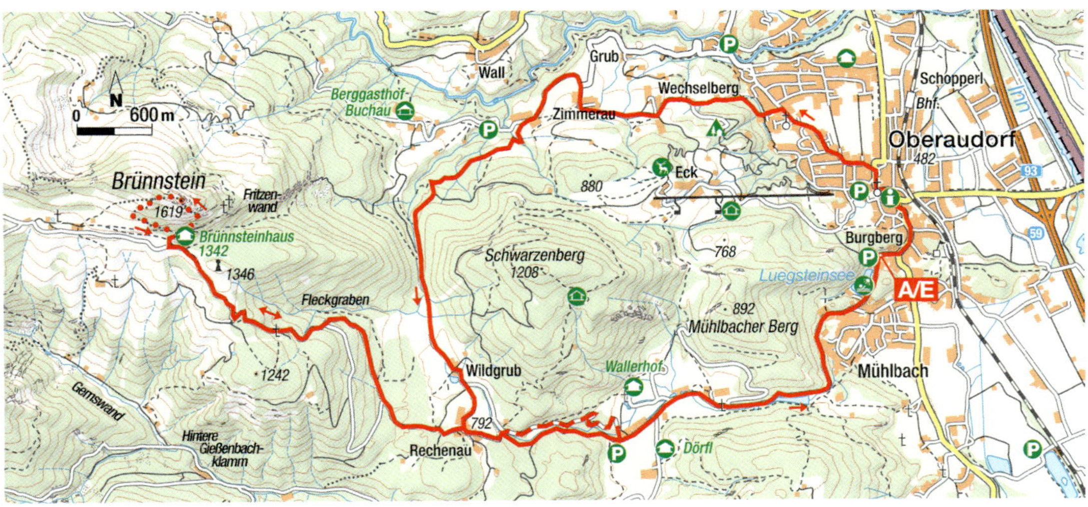

24 Gasthof Bichlersee

BIKEN UND BADEN BEI OBERAUDORF II

Schwierigkeit Mittel

Fahrzeit 2:45 Std.

Streckenlänge 19,5 km

Höhenmeter 730 m

Tourencharakter Überwiegend leichte Rundtour auf Asphalt- und Kiessträßchen; ein kurzer Abschnitt vorm Bichlersee ist steil und steinig – schieben!

E-Bike Geeignet; Motorunterstützung für kurze Steilstücke angenehm, auf weiten Strecken auch verringerte Unterstützung möglich, der raue Abschnitt vor dem Bichlersee erfordert mit schwerem E-Bike zusätzliches Geschick.

Ausgangs-/Endpunkt Waldparklatz am Auerbach (490 m, Navi: Waldweg 7, 83080 Oberaudorf)

Anfahrt Von der A93, Ausfahrt Oberaudorf, der Beschilderung zum Sudelfeld folgend geht es knapp 300 m nach der Linksabzweigung in die Tatzelwurmstraße links ab; vom Bahnhof Oberaudorf 1,5 km.

Tourist-Info Oberaudorf, Tel. 08033/301 20, tourismus-oberaudorf.de

Wasser ist bei dieser Tour ein bedeutendes Thema: in Form des Auerbachs (durch dessen Tal wir radeln), des Tatzelwurm-Wasserfalls (lohnender Fußabstecher) und des Bichlersees (romantischer Badeplatz). Nach der Einkehr mit grandiosem Kaiserblick geht es nur noch bergab.

Auf der Straße **Waldweg** fahren wir zunächst zurück und biegen nach links in die Tatzelwurmstraße, kurz darauf geht es halb links in die Brünnsteinstraße. Auf der Bad-Trißl-Straße radeln wir nach links über den Auerbach. Bei der Klinik biegen wir gleich darauf rechts in die **Buchauer Straße** ab, der wir auf Asphalt zum namengebenden Weiler hinauffolgen. Von dort folgen wir dem Almsträßchen nach Westen. Alle Abzweigungen ignorierend, strampeln wir an den malerischen Hütten der Längaualm vorbei bis auf eine Höhe von knapp 1000 Metern bergan. Anschließend lassen wir uns von der Schwerkraft zum **Waldparkplatz** (810 m) hinuntertreiben.

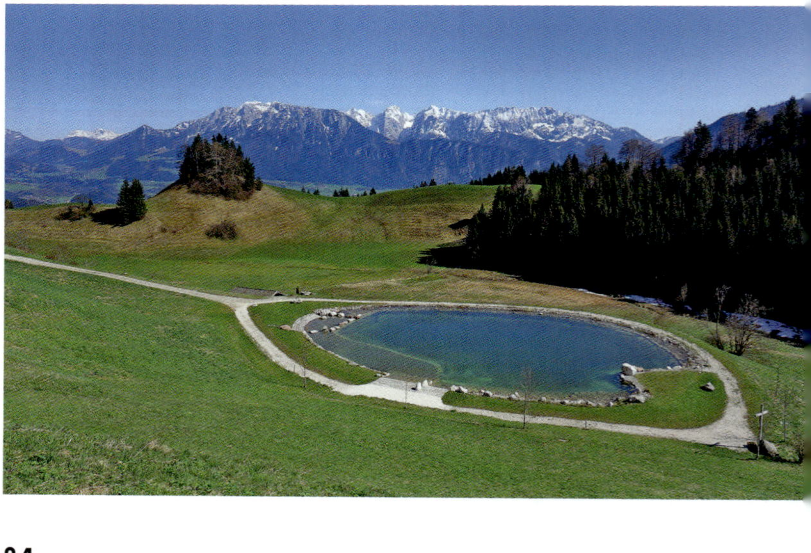

Blick über den künstlich angelegten See beim Gasthof Bichlersee aufs Kaisergebirge

Von dort lohnt ein Fußabstecher hinunter zum **Tatzelwurm-Wasserfall**, ggf. auch weiter zum gleichnamigen Gasthaus und zur unteren Brücke.

Zurück am Radl, fahren wir über die Parkplatzzufahrt zur **Sudelfeldstraße** und folgen ihr nach rechts. Gleich darauf biegen wir rechts ab Richtung Oberaudorf. Wenige Meter weiter verlassen wir die Asphaltstraße auf ein geradeaus führendes Kiessträßchen. Nach einer längeren Hangquerung kommen wir zu einer aussichtsreichen Linkskurve, von der ein Sträßchen und ein oberhalb verlaufender Wiesenweg rechts abzweigen. Wir nehmen letzteren und überwinden einige steilere und rauere Abschnitte schiebend. Das ist schweißtreibend, fördert aber auch die Freude auf die Abkühlung im nahen **Bichlersee** (956 m).

HÜTTENSTECKBRIEF

Höhe 940 m

Hüttenwirte Familie Berger

Kontakt Tel. 08033/1597, bichlersee.de

Bewirtschaftet Vielfältige Restaurantküche, dazu auch Brotzeiten, Di Ruhetag

Gut geschmeckt haben … das Alm-Cordon-bleu und der hausgemachte Käsekuchen

Weitere Einkehrmöglichkeiten Berggasthof Buchau (695 m), Zum Bauern in Agg

Auf dem Fahrweg Richtung Südosten verlassen wir das Kleinod und sind kurz darauf schon beim **Berggasthof Bichlersee** (940 m). Nach Schwitzen und Schwimmen ist hier nun Schlemmen und Schauen angesagt.

Auf der asphaltierten Zufahrtsstraße des Gasthofs rollen wir zur Tatzelwurmstraße und darauf nach links durch den Weiler Agg zur Abzweigung der Straße **Waldweg**.

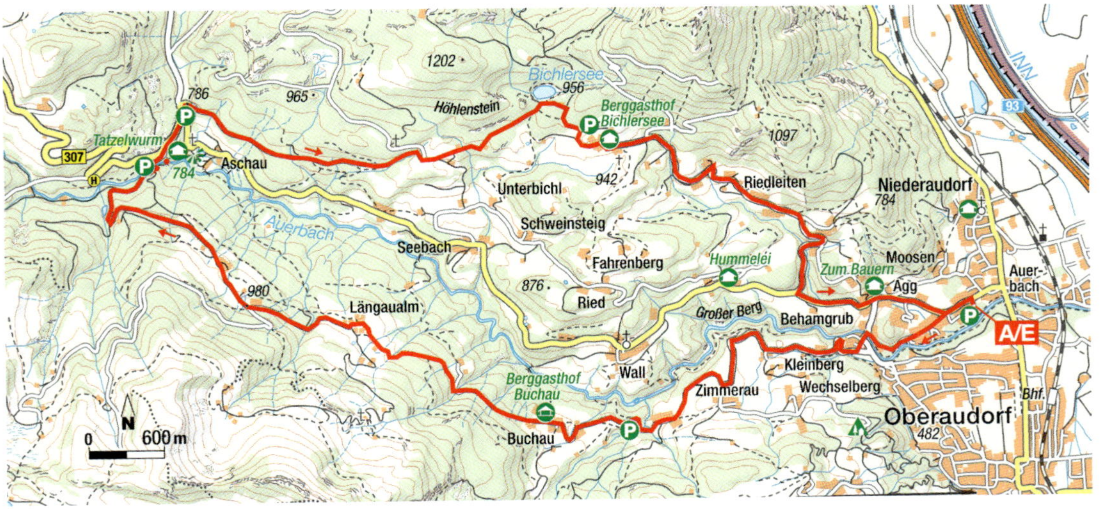

25 Schuhbräualm

STEILE BIKE-RUNDE ÜBER DIE VORBERGE DES WENDELSTEINS

Schwierigkeit Schwer

Fahrzeit 2:45 Std.

Streckenlänge 20,5 km

Höhenmeter 720 m

Tourencharakter Rundtour über steile Forststraßen, Wanderwegabschnitte und geteerte Straßen im Tal; die steile Abfahrt erfordert Erfahrung in beherrschtem Bremsen.

E-Bike Geeignet; Motorunterstützung angenehm bei teils sehr steilen Auffahrtsabschnitten, schwere E-Bikes bei kurzen Schiebestücken unhandlich

Ausgangs-/Endpunkt Sportanlage des ASV Großholzhausen (475 m, Navi: Sulzbergstraße 56, 83064 Raubling)

Anfahrt Über A93 Richtung Kufstein, Ausfahrt Reischenhart, nach Großholzhausen, Parkplatz am Ortsende beim Waldanfang

Bike & Hike Nach der Schuhbräualm kurzer Abstecher (10 Min.) nach rechts auf den Mitterberg (1214 m)

Tourist-Info Brannenburg, Tel. 08034/906 10, brannenburg.de

Wer ordentlich ins Schwitzen kommen will – oder den Vorzug eines E-Bikes voll auskosten will –, der ist bei dieser Rundtour richtig. Nach der angenehm schattigen Auffahrt freuen wir uns bei der Einkehr über die schöne Sicht über das Inntal zu den Chiemgauer Alpen.

Vom **Parkplatz** rollen wir gen Osten am Schwimmbad vorbei. Bald gelangen wir an die Hauptstraße und folgen dem parallel verlaufenden Radweg zum Ortsanfang von **Brannenburg**. Dort fahren wir auf der Preysingstraße durch das Wohngebiet hinauf bis zum Waldrand. Hier führt der Angerweg bergauf zum Schlosswirt, bei welchem wir links zur Kirche und weiter die Dorfstraße hinauffahren. Wir halten uns rechts und folgen der Bergstraße an den letzten Wohnhäusern vorbei. Nach der ersten

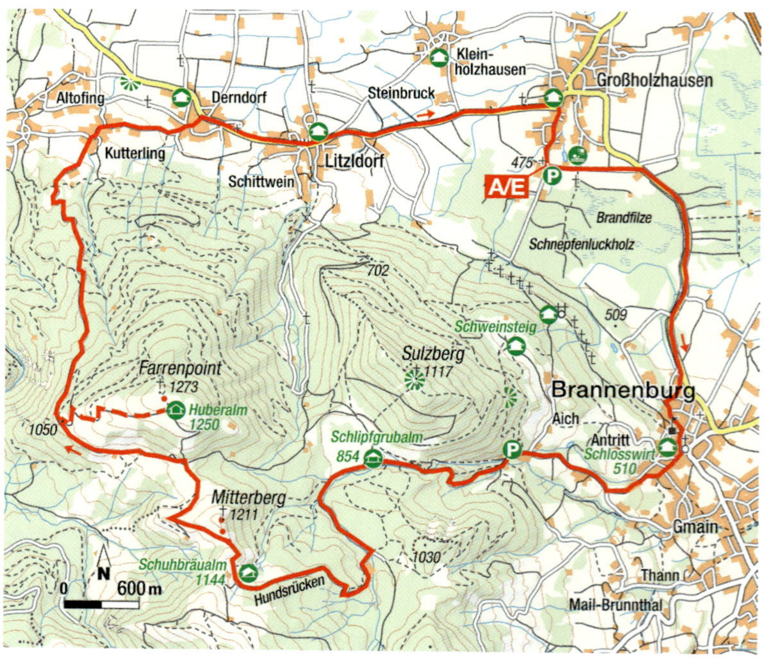

knackigen Steigung bleiben wir auf der bergauf führenden Straße, welche uns zum **Wanderparkplatz** bringt. Die Forststraße auf der linken Seite führt uns zuerst über eine Brücke und von nun an stets bergauf, anfangs steil auf Teer, später auf Kies. Bald treffen wir auf den Kirchbach, der uns noch eine Weile begleiten wird. Rechts lockt die **Schlipfgrubalm** (854 m) zur Rast. Unser weiterer Weg verläuft geradeaus in den Wald hinein. Bei der nächsten Weggabelung halten wir uns rechts und freuen uns auf das letzte anstrengende und teils recht steile Stück zur **Schuhbräualm** (1144 m). Wieder bei Kräften, radeln wir gen Norden Richtung Farrenpoint weiter. Dabei queren wir die Hänge des Mitterbergs. Der Weg wird für ein kurzes Stück etwas grober. Teils muss das Radl an Zaungattern geschoben werden. Wir kommen an zwei Almen vorbei und bleiben auf der Schotterstraße.

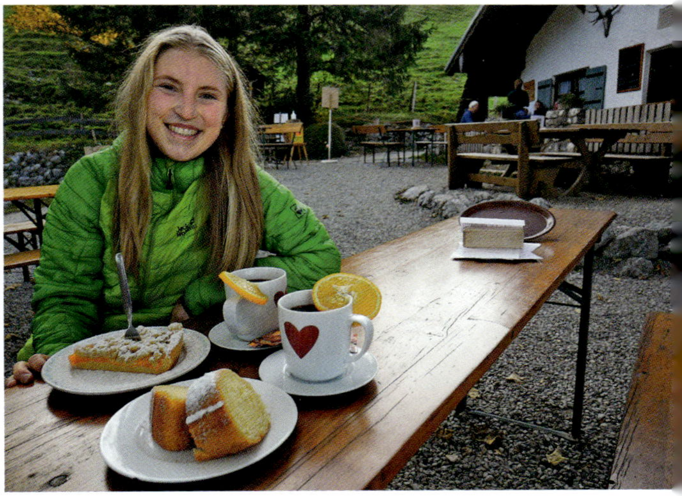

Freudiger Genuss bei der Einkehr auf der Schuhbräualm

Nach einer größeren **Wegkreuzung** (1050 m) bremsen wir uns über die teils ziemlich steile Schotterstraße nach **Kutterling** hinab. Dort halten wir uns erst rechts, gleich darauf links und biegen gute 100 Meter später rechts in die Farrenpointstraße ein. Dieser folgen wir, bis sie in Derndorf auf die Aiblinger Straße trifft, welcher wir durch Litzldorf hindurch nach **Großholzhausen** folgen. Hier biegen wir nach den ersten Häusern rechts in die Sulzbergstraße ab, die geradewegs zu unserem Ausgangspunkt führt.

HÜTTENSTECKBRIEF

Höhe 1144 m

Hüttenwirtin Elisabeth Rauscher

Kontakt Tel. 08034/2391, schuhbräu-alm.de

Bewirtschaftet Mai bis Oktober geöffnet, Mi und Do 9–22 Uhr, Fr 9–20 Uhr, Sa und an Feiertagen 9–18 Uhr Mo, Di und einige So Ruhetag, Übernachtung möglich

Gut geschmeckt haben … die köstlichen Kuchen und (im Herbst) der Glühwein

Weitere Einkehrmöglichkeiten Schlosswirt (510 m), Schlipfgrubalm (854 m), Huberalm (1250 m, Variante)

Variante Bei der **Wegkreuzung** (1050 m) treten wir mit dem Bike sehr steil hinauf zur **Huberalm** (1250 m), um dann zu Fuß die letzten Meter zum Gipfel des **Farrenpoint** (1273 m) zu bewältigen. Hier genießen wir den herrlichen Blick übers Alpenvorland.

26 Dandlbergalm

AUSSICHTSTERRASSE ÜBER DEM INNTAL

Schwierigkeit Leicht

Fahrzeit 2:15 Std.

Streckenlänge 18 km

Höhenmeter 400 m

Tourencharakter Unproblematische Radlrunde auf Schotter- und Asphaltsträßchen; kurze Abfahrtspassage ziemlich steil!

E-Bike Geeignet; auch ohne Motorunterstützung problemlos

Ausgangs-/Endpunkt Neubeuern, Parkplätze zwischen Rathaus und Sportgelände (478 m, Navi: Schloßstraße 4, 83115 Neubeuern)

Anfahrt Von der A 8 über Ausfahrt Rosenheim-Raubling; vom Bahnhof Raubling 4,4 km

Tourist-Info Gästeinformation Neubeuern, Tel. 08035/21 65, neubeuern.de

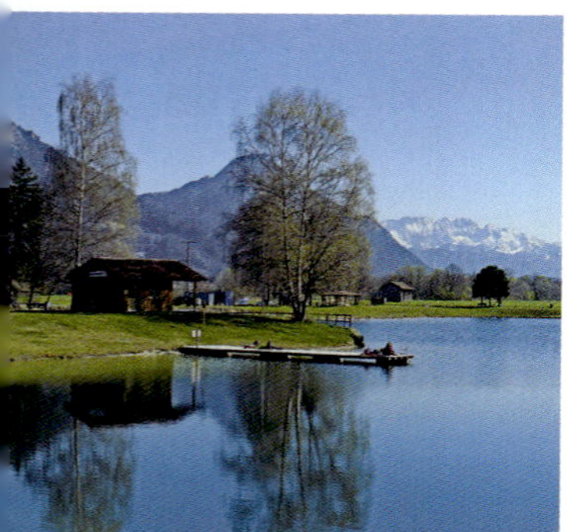

Der Neubeurer See, rechts im Hintergrund das Kaisergebirge

Die mittelgebirgsartige Alpenterrasse des Samerbergs wird nach Rosenheim hin vom Dandlberg begrenzt. Dieser ist stark bewaldet, was bei der Auffahrt im Sommer angenehmen Schatten verspricht. Auf der Dandlbergalm genießen wir den großartigen Panoramablick.

Vom **Parkplatz** folgen wir der Samerstraße nach Altenbeuern, biegen dort rechts ab und fahren auf der Eichendorff-Straße nach Holzham. Wir treten an der dritten und letzten Abzweigung nach links hinauf. Auf der Dandlbergstraße geht es bald in den Wald. Abzweigungen werden ignoriert, nach einer Linkskehre quert die Strecke durch Wald bergan. Immer geradeaus, passieren wir die Häuser von Wiesholzen, biegen danach rechts in die ansteigende Straße ein und kommen so zur aussichtsreich gelegenen Kirche St. Peter in **Steinkirchen** (794 m).

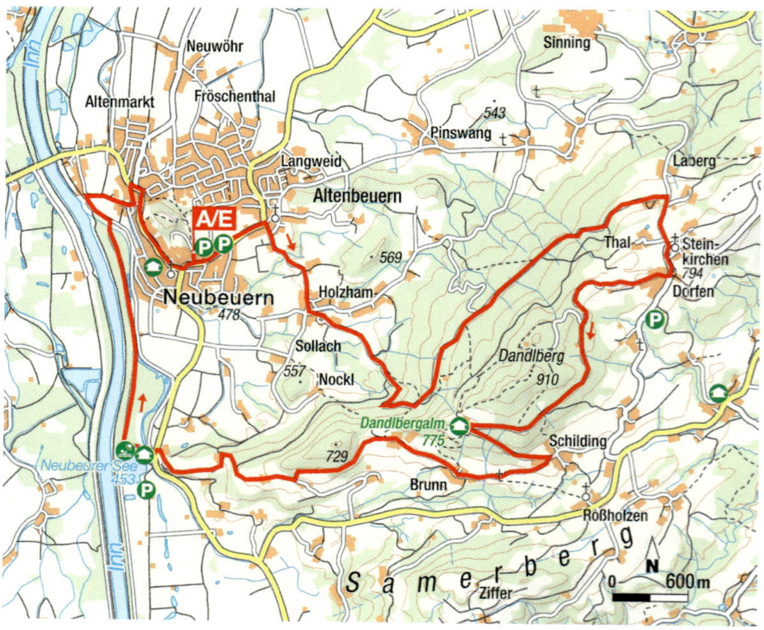

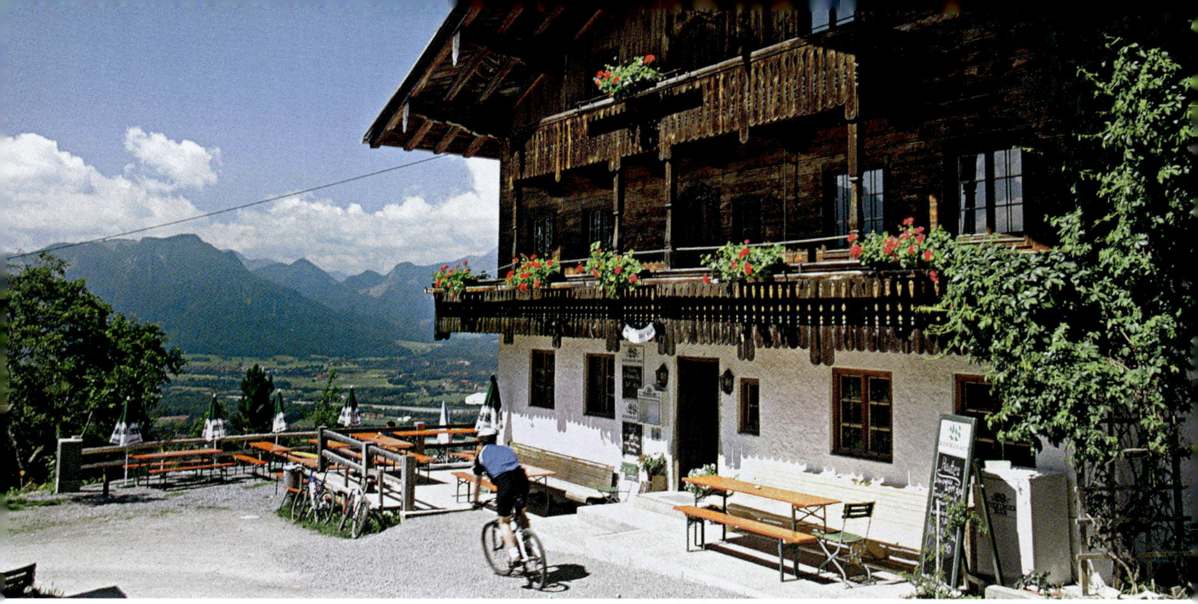

Dandlbergalm, Blick übers Inntal zum Mangfallgebirge

Wir fahren nach rechts zum Weiler Dorfen, wo wir rechts auf den Weg 28 abbiegen und an einer frei stehenden Linde vorbei zum Wald fahren. Am Waldrand entlang folgen wir dem Hauptweg zu einer Verzweigung im Wald. Wir nehmen den linken Weg und kommen mit etwas Auf und Ab zur **Dandlbergalm** (775 m). Weiter geht es auf dem schmalen Zufahrtssträßchen (Vorsicht, Autos!) nach Schilding hinab. Dort fahren wir scharf rechts und über Brunn zu den Häusern von Anker. Ein hangquerender Kiesweg leitet durch ein Waldstück und dann grob befestigt steil hinab nach Hintersteinberg. Vor dem Hof wenden wir uns nach rechts und passieren den Hof Vordersteinberg. Die folgende, teils mit Betonplatten befestigte und steile Abfahrt endet an einer Landstraße. Wir fahren nach links und gleich darauf nach rechts zum **Neubeurer See** (453 m). Am See fahren wir rechts vorbei und folgen dann dem Inndamm nach rechts. Bald nachdem wir den Auwald verlassen haben, biegen wir rechts ab – erst spitz-, dann rechtwinklig – und kommen so nach Neubeuern. Der Sailerbachstraße folgen wir nach links. Bei der sehenswerten Innplätte biegen wir nach rechts in die Rosenheimer Straße ein und strampeln in den historischen Ortskern hinauf. Nach dem zweiten Tor des sehenswerten Marktplatzes links geht es zurück zu den Parkplätzen.

HÜTTENSTECKBRIEF

Höhe 775 m

Hüttenwirte Martin und Maria Weyerer

Kontakt Tel. 08032/7060, dandlbergalm.de

Bewirtschaftet 10–22 Uhr, So bis 19 Uhr, Mo und Di Ruhetag, Brotzeiten und warme Gerichte, überwiegend mit hofeigenen Zutaten

Gut geschmeckt haben … die Bratkartoffeln mit Spiegeleiern

Weitere Einkehrmöglichkeiten Im Sommer Kiosk am Neubeurer See, Gaststätten in Neubeuern

Tipp

Schwimmen im frischen Neubeurer See (schöne Liegewiesen)!

27 Daffnerwaldalmen

ALMPARADIES AM HEUBERG

Schwierigkeit Schwer

Fahrzeit 2:00 Std.

Streckenlänge 14 km

Höhenmeter 630 m

Tourencharakter Überwiegend leichte Tour auf Kiessträßchen; Abfahrt mit kurzem, anspruchsvollem Trail-Abschnitt; Teil der Abfahrt und Rückfahrt auf Asphalt

E-Bike Geeignet; Motorunterstützung für kurze Steilstücke angenehm; auf der Schiebestrecke der Abfahrt sind schwere E-Bikes nachteilig (ggf. von der Hütte auf gleicher Strecke zurückfahren).

Ausgangs-/Endpunkt Nußdorf am Inn, Parkplatz im Süden des Orts (487 m; Navi: 83131 Nußdorf am Inn, Hauptstraße/Leonhardiweg)

Anfahrt Von der A 8 über Ausfahrt Brannenburg; vom Bahnhof Brannenburg 4,5 km

Bike & Hike Von der Hütte auf Wanderweg Richtung Westen hinauf zum mehrgipfligen Heubergmassiv, für Genießer auf den leichten Grasgipfel (1338 m, oben nach links), für schwindelfreie Kraxler auf die anspruchsvolle Wasserwand (1367 m, oben rechts hinauf, mit Sicherungen), je 1:45 Std. Auf- und Abstieg

Tourist-Info Verkehrsamt Nußdorf am Inn, Tel. 08034/907920, nussdorf.de

Das Heubergmassiv, die östliche Begrenzung der Inntalmündung ins Alpenvorland, kann man mit dem Bike gut umrunden. Auf halber Höhe des Massivs locken die flachen Wiesen der Daffnerwaldalmen. Zwei gemütliche Wirtschaften sorgen fürs leibliche Wohl.

Vom **Parkplatz** folgen wir der Hauptstraße kurz nach Süden, bis der Heubergweg nach links abzweigt. Diesem folgen wir geradewegs zu einer Kreuzung, bei der es nach rechts in den Winkelwiesweg geht. Diesen verlassen wir nach rechts in den Wühlerweg. Begleitet von Wiesen rollen wir mit einer Linkskurve auf den Wald zu. Dann beginnt die abschnittsweise knackige Steigungsstrecke. Auf einer kleinen Lichtung steht die Einöde **Kirchwald**. Wer einen Blick in die spätbarocke Kirche Mariä

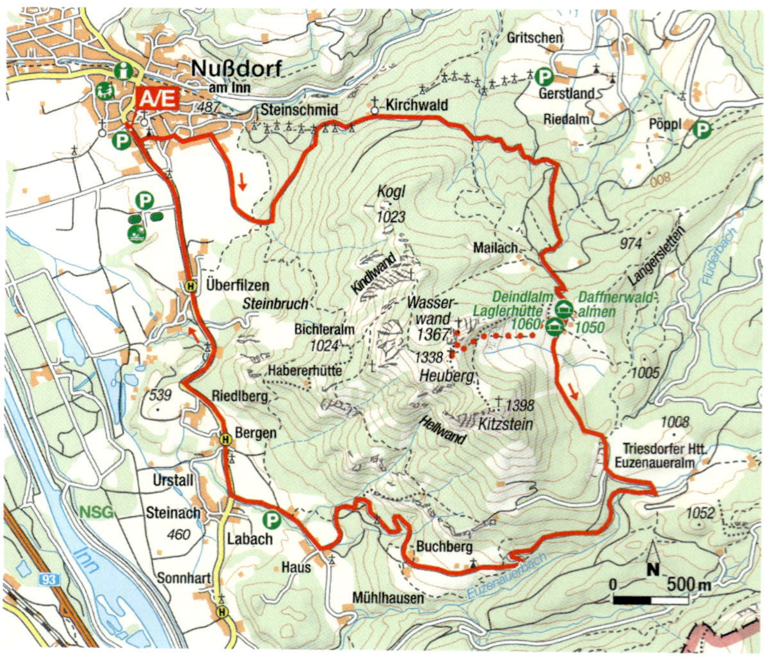

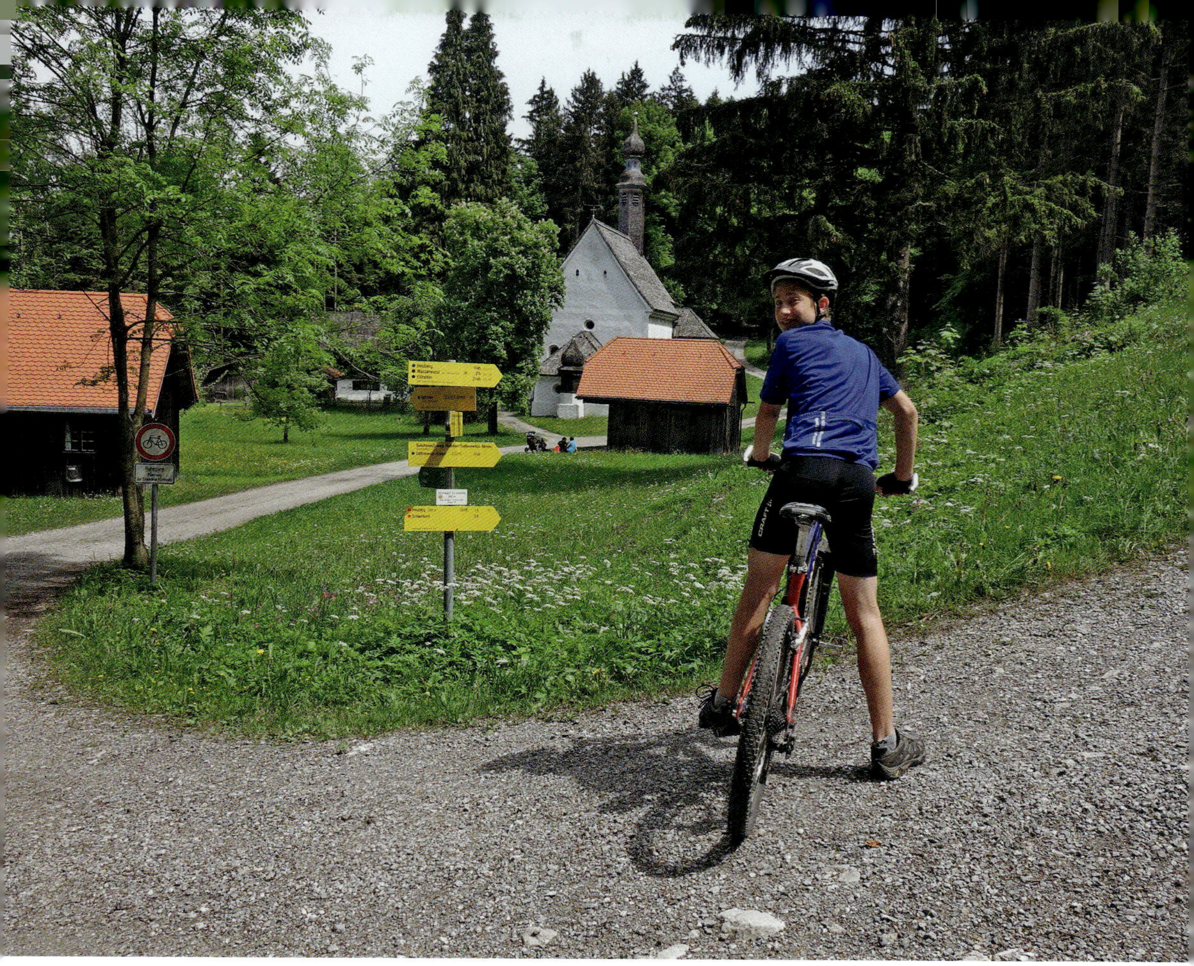

Bei der Einsiedelei Kirchwald

Heimsuchung werfen will (bis zum Gitter geöffnet), fährt aber besser nicht mit dem Bike bis vor den Eingang.

Weiter geht es auf der Haupt-Forststraße, die oberhalb der Kirche entlangführt. Abzweigungen werden ignoriert. Nach einem letzten durstfördernden Steilstück ist die weite Ebene der **Daffnerwaldalmen** mit den zwei Einkehrstationen erreicht. Zuerst kommen wir zur Deindlalm (1050 m), weiter südlich liegt die Laglerhütte (1060 m).

So schön es hier auch ist, es lohnt sich, zu Fuß noch auf einen der **Heuberggipfel** zu steigen, um von dort die tolle Aussicht übers Inntal aufs Mangfallgebirge genießen zu können.

HÜTTENSTECKBRIEF

Deindlalm 1050 m

Hüttenwirt Christian Bergmann

Kontakt Tel. 0171/ 4215310, deindlalm.de

Bewirtschaftet Im Sommer durchgehend geöffnet, gute Almkost, Eier und Milch aus eigener Landwirtschaft, Übernachtung möglich

Gut geschmeckt hat … der selbst gemachte Käse

Laglerhütte 1060 m

Hüttenwirt Andreas Auer

Kontakt Tel, 08032/ 8737, Alm-Handy: 0172/6021388, laglerhof-nussdorf.de

Bewirtschaftet Mitte Mai bis Mitte Oktober, Mo Ruhetag, gute Almkost, Übernachtung möglich

Gut geschmeckt hat … die Erbsensuppe mit Würstl

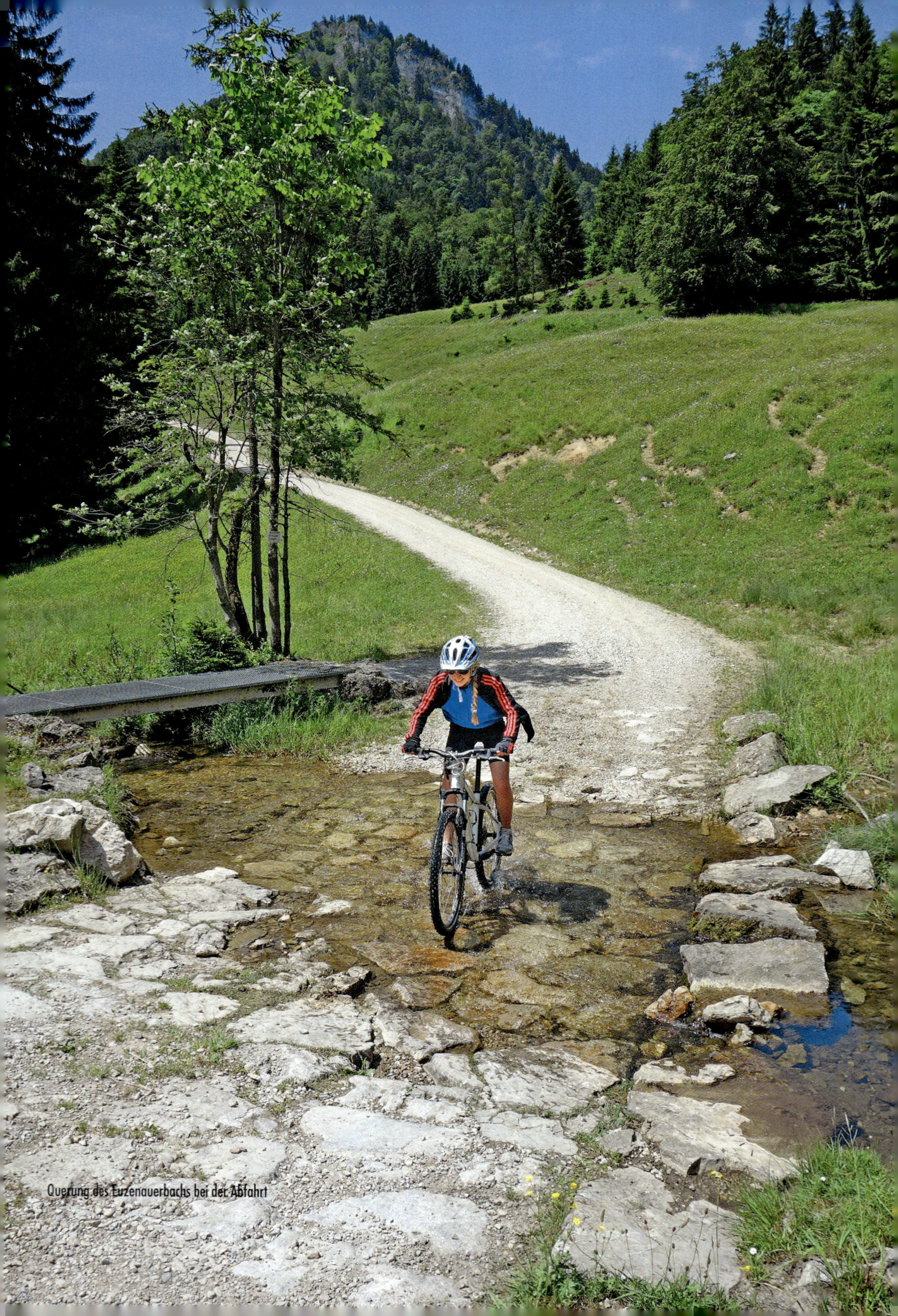

Querung des Euzenauerbachs bei der Abfahrt

Wenn man anschließend auf bekannter Strecke ins Tal rollt, braucht man nur beherrscht zu bremsen. Wer sein Bike auch auf einem rauen Singletrail im Griff hat bzw. eine kurze Schiebstrecke nicht scheut, verlässt die Alm auf dem nach Süden querenden Weg. Im Wald wird es schmal, steinig und wurzelig – Schieben ist hier keine Schande und besondere Rücksicht auf Wanderer selbstverständlich. Bald wird der Weg wieder breiter. Den Wanderweg nach rechts ignorieren wir und rollen auf dem Sträßchen bergab. Nach Überquerung des **Euzenauerbachs** wenden wir uns nach rechts in den Wald. Nun geht es auf Asphalt steil hinab (Vorsicht bei Nässe!) zu den aussichtsreichen Wiesen bei Buchberg. Dort lohnt ein Blick nach rechts hinauf zum felsigen Kitzstein. Unten in Haus geht es nach rechts weiter, ebenso gleich darauf in **Labach** (480 m). Auf der RO1 gilt es noch eine letzte Steigung zu bewältigen, bevor wir zum Ausgangspunkt zurückrollen.

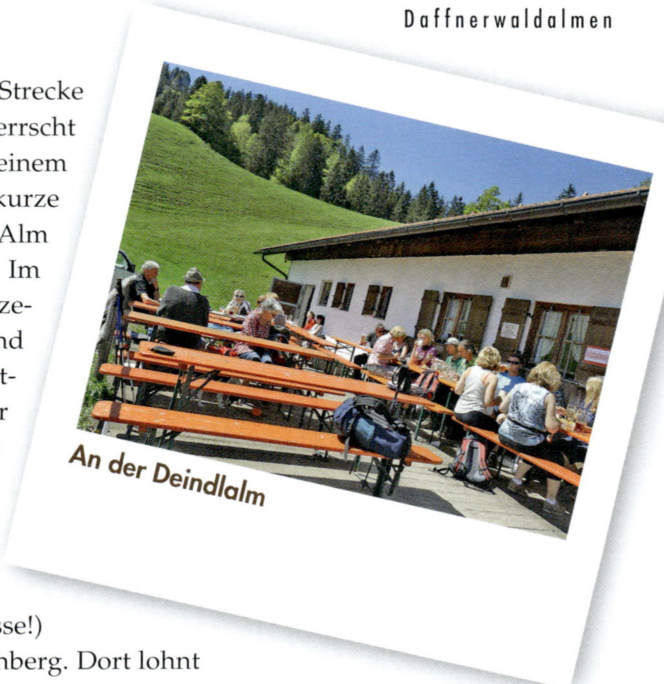

An der Deindlalm

Rückblick von der Abfahrtsstrecke auf die Felsspitzen des Heubergmassivs mit dem Kitzstein (rechts) als höchster Erhebung

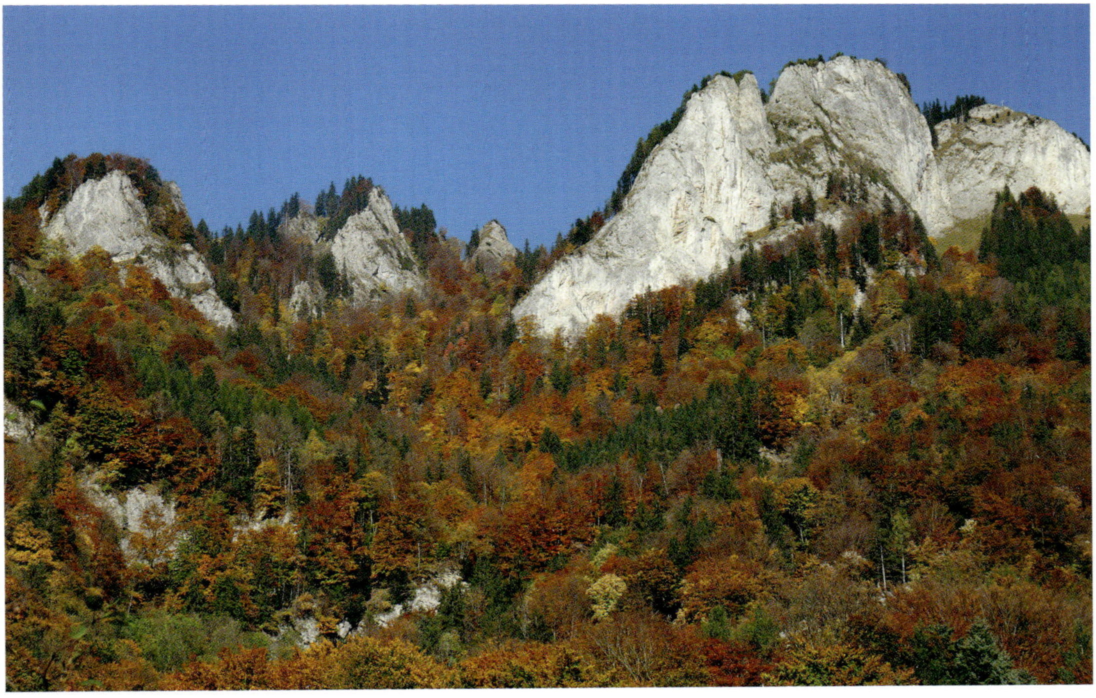

28 Wagneralm

GEMÜTLICHE ALM AM FEICHTECK

Schwierigkeit Mittel

Fahrzeit 4:00 Std.

Streckenlänge 33 km

Höhenmeter 1050 m

Tourencharakter Mittelschwere Tour; im Tal auf Asphalt-, ansonsten auf Kiessträßchen; einige besonders steile Abschnitte bei der Abfahrt langsam und beherrscht fahren!

E-Bike Geeignet; Motorunterstützung für kurze Steilstücke angenehm, auf weiten Strecken auch verringerte Unterstützung möglich

Ausgangs-/Endpunkt Parkplatz gegenüber dem Ristorante La Bottega (487 m; Navi: Neubeuerer Straße 2, 83131 Nußdorf am Inn

Anfahrt Von der A93 über Ausfahrt Brannenburg; vom Bahnhof Brannenburg 4,6 km

Bike & Hike Vom Sattel (1429 m) in wenigen Minuten auf einem unproblematischen Wiesenpfad nach Westen auf den Karkopf (1496 m)

Tourist-Info Verkehrsamt Nußdorf am Inn, Tel. 08034/907920, nussdorf.de

Die aussichtsreiche Terrasse der »griabigen« Wagneralm kann man vom Waldparkplatz oberhalb des Duftbräus nach sehr kurzer Zeit zu Fuß erreichen. Sportlicher ist es, mit dem Radl im Inntal zu starten und vor der Einkehr den nahen Karkopf zu besteigen.

Vom **Parkplatz** überqueren wir die Hauptstraße und folgen dem Mühltalweg taleinwärts. 700 Meter nach der malerischen Mühle nehmen wir die zweite Rechtsabzweigung, also jene nach dem großen Kraftwerksgebäude. Steil bergan kommen wir neben einem Gebäude zu einer T-Kreuzung – dort fahren wir nach rechts. Der Hauptstraße folgen wir durch Ried und Schweibern sowie am Duftbräu vorbei zur spitzwinklig nach rechts abzweigenden Waldparkplatz-Zufahrt. Am oberen Ende dieses Parkplatzes

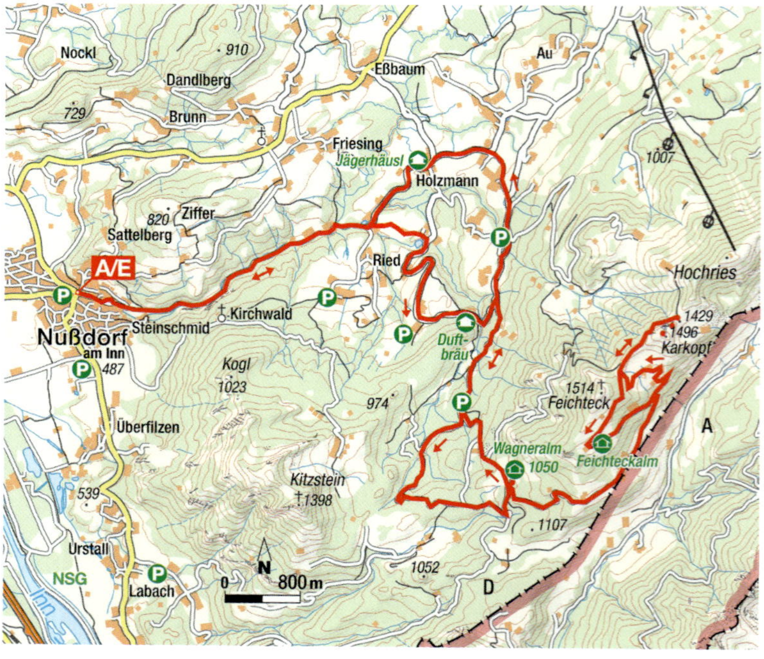

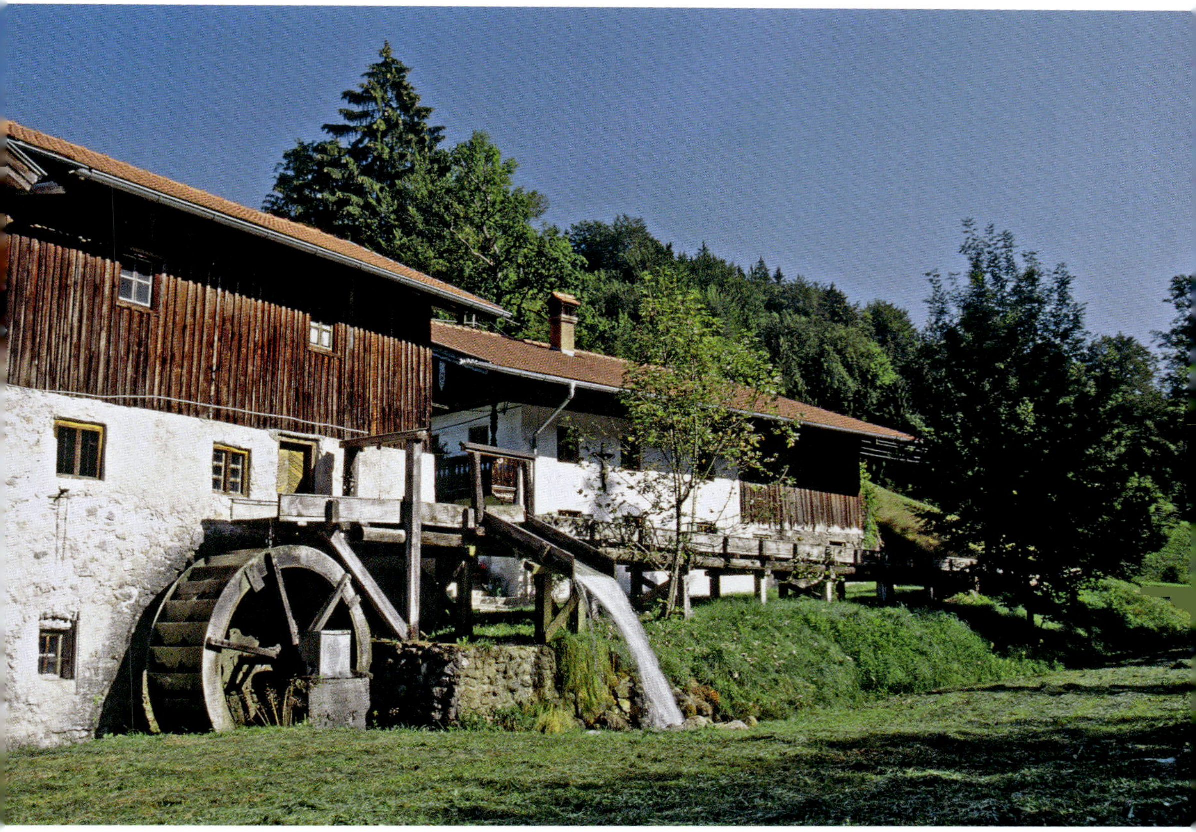

Die Mühle im Mühltal

nehmen wir die rechte Forststraße, bei der folgenden Verzweigung die linke. Auf einem flachen Abschnitt ignorieren wir eine Linksabzweigung. Bei der folgenden T-Kreuzung wenden wir uns nach links hinauf, kurz darauf kommen wir zu einer **Verzweigung** (1025 m), von der aus wir direkt die Wagneralm ansteuern könnten. Wir wollen uns die Einkehr aber erst »verdienen«, also halten wir uns hier rechts und treten nun – abschnittsweise recht steil – zu einer Verzweigung auf 1240 Meter hinauf. Dort fahren wir rechts und an den Hütten der Pölcheralm vorbei zum **Pölchersattel** (1380 m) hinauf, wo wir wiederum nach rechts weiterfahren. Durch die steile Karkopf-Nordflanke quert unser Fahrweg zu einer weite-

HÜTTENSTECKBRIEF

Höhe 1050 m

Hüttenwirte Familie Wagner

Kontakt Tel. 0172/8201956, wagneralm.de

Bewirtschaftet Mitte Mai bis Mitte Oktober, Mi bis So ab 11 Uhr (nur bei Schönwetter), So und Feiertag bis 18 Uhr (Küche bis 17 Uhr), Mo und Di Ruhetag, Brotzeiten und kleine warme Gerichte

Gut geschmeckt haben ... die Schmalznudeln von der Wally

Weitere Einkehrmöglichkeiten Duftbräu (795 m), Feichteckalm (1305 m), Jägerhäusl (640 m)

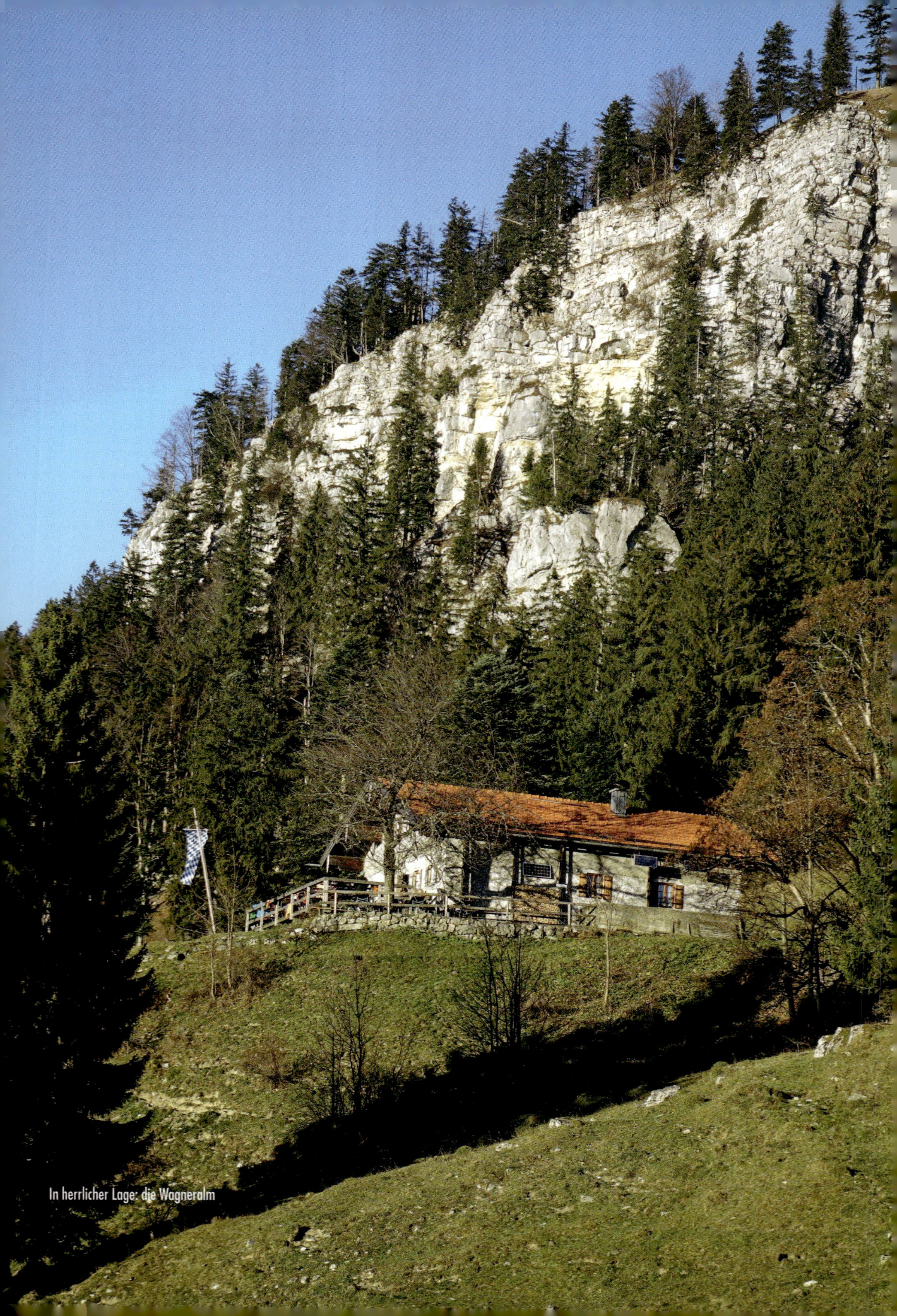

In herrlicher Lage: die Wagneralm

ren Verzweigung, bei der wir rechts abbiegen. Nun sind es nur noch ein paar Meter zum höchsten Punkt der Bike-Strecke, dem **Sattel** (1429 m) zwischen Hochries und Karkopf.
Zu Fuß nach rechts hinauf erreicht man in zehn Minuten den **Karkopf-Gipfel** (1496 m).
Mit dem Bike fahren wir zurück zum **Pölchersattel**, folgen nun aber dem leicht bergan führenden Fahrweg. Dieser quert durch die Südosthänge des Feichtecks und trifft nach einer Linkskehre auf die **Feichteckalm** (1310 m), wo man sehr aussichtsreich Brotzeit machen kann.
Bei der weiteren Abfahrt (Steilstück!) treffen wir wieder auf die schon bekannte Strecke und folgen dieser bis zur **Verzweigung** auf 1025 m. Dort rechts und gleich wieder rechts gelangen wir zur **Wagneralm** (1050 m).
Bei der Talfahrt übers Zufahrtssträßchen zweigen wir gleich rechts ab und rollen über den Waldparkplatz hinab zur Asphaltstraße. Auf dieser fahren wir nach rechts. Bald nach dem Spatenau-Parkplatz zweigen wir links ab, um über Schweinsteig nach **Holzmann** zu fahren. Dort geht es in den Weiler hinein und halb rechts am Gasthaus Jägerhäusl vorbei. Schließlich rollen wir entspannt, aber auf Gegenverkehr gefasst hinab nach **Nußdorf**.

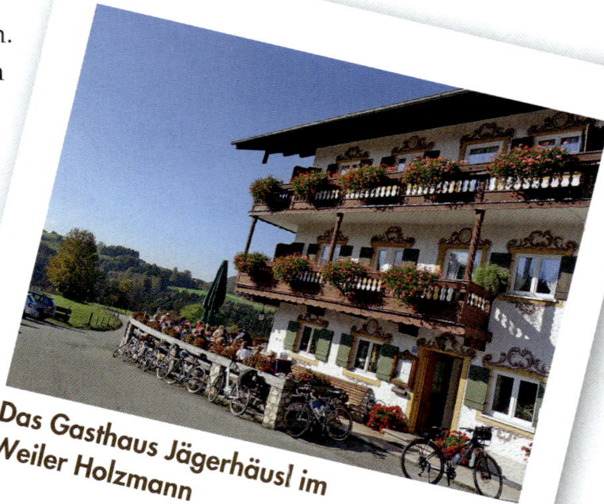

Das Gasthaus Jägerhäusl im Weiler Holzmann

Blick über die Feichteckalm auf den Spitzstein, das Kaisergebirge und das nebelbedeckte Inntal (von links)

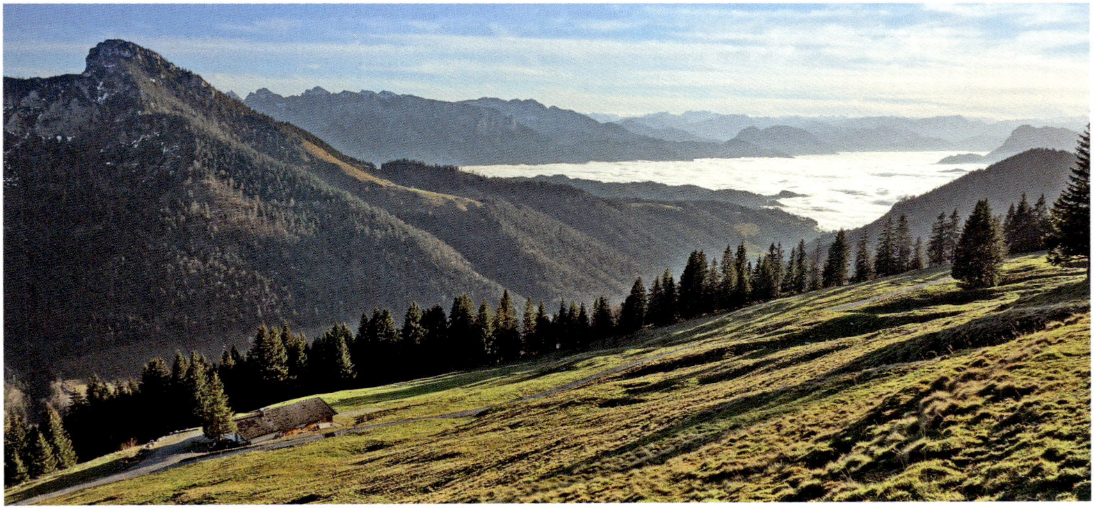

29 Schwarzrieshütte

ZWISCHEN HOCHRIES UND SPITZSTEIN

Schwierigkeit Mittel

Fahrzeit 3:45 Std.

Streckenlänge 27 km

Höhenmeter 940 m

Tourencharakter Mittelschwere Tour; kurze Singletrail-Abschnitte, finale Abfahrt auf öffentlicher, teils schmaler Asphaltstraße

E-Bike Geeignet; Motorunterstützung für kurze Steilstücke angenehm, schwere E-Bikes auf Singletrail-Abschnitten eher unhandlich, an der Schwarzrieshütte Stromtankstelle

Ausgangs-/Endpunkt Windshausen, Parkplatz im Wald (490 m, Navi: 47.705086, 12.169031)

Anfahrt Von A 93, Ausfahrt Nußdorf, weiter Richtung Erl, in Windhausen vor der Brücke links ab

Bike & Hike Von der Altkaseralm über rauen Wandersteig auf den Spitzstein (1598 m, Trittsicherheit vorteilhaft, insgesamt 1:45 Std. Auf- und Abstieg)

Tourist-Info Verkehrsamt Nußdorf am Inn, Tel. 08034/907920, nussdorf.de

Als abgelegene Almwirtschaft an der bayerisch-tirolerischen Grenze lockt die Schwarzrieshütte mit einem liebenswerten Ambiente und mit gutem Essen aus regionaler Produktion. Eingebunden ist sie hier in eine abwechslungsreiche Bike-Runde unterm Spitzstein.

Vom **Parkplatz** Windshausen strampeln wir auf der schattigen Forststraße bergan. Vor der Brücke im Gänsgraben (740 m) wenden wir uns nach rechts, bei der gleich folgenden Verzweigung halten wir uns links. Immer der Hauptstraße folgend kommen wir am Waldrand zu einer **Verzweigung** (1015 m), bei der wir scharf rechts abbiegen und an der Käsalm vorbei relativ eben nach Osten rollen. Der Fahrweg wird zum Wanderweg und quert durch einen flachen Hang zur **Schwarzrieshütte** (970 m).

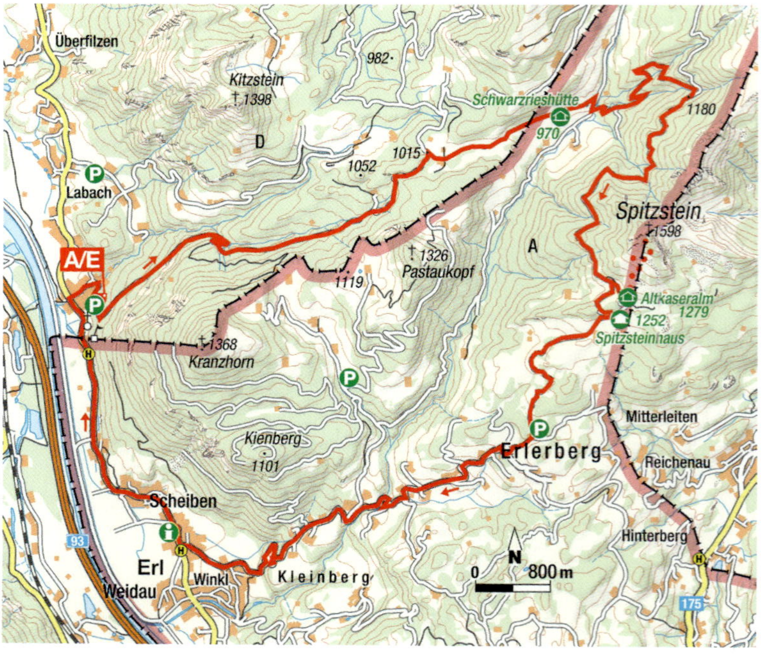

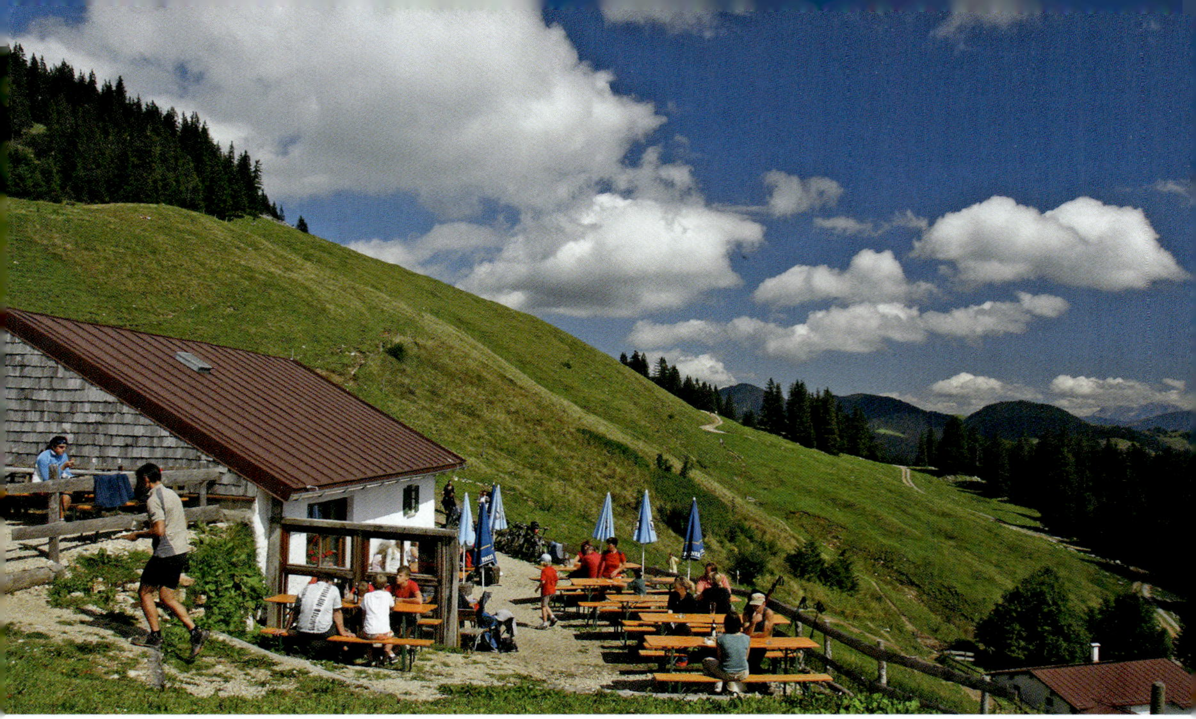

Bei der Altkaseralm stellt man das Bike ab, wenn man den Spitzstein besteigt.

Für die Weiterfahrt nehmen wir die Grundrichtung wieder auf und fahren hinab in den Talgrund – dort rollen wir talauswärts und kurz darauf nach links über den Bach. Nun geht es wieder bergauf. Auf 1180 Meter Höhe ignorieren wir die Linkskehre des Hauptweges und folgen der geradeaus führenden Trasse. Im Westhang des Spitzsteins ist der Fahrweg unterbrochen; hier ist Absteigen und Schieben angesagt. Wieder auf einem Fahrweg, kommen wir zu einer Verzweigung. Dort geht es links hinauf zur **Altkaseralm** (1279 m), wo man das Radl abstellt, wenn man die Tour mit einer Besteigung des **Spitzsteins** (1598 m) krönen will.

Bei der Abfahrt folgen wir der bekannten Strecke kurz bis zur ersten Kehre und fahren dort nach links auf Neuland. Wir treffen dann auf die Zufahrtsstraße des Spitzsteinhauses und folgen dieser bergab. Es folgt eine lange Abfahrt auf asphaltierten Sträßchen mit öffentlichem Verkehr über den Erler Berg hinab. Im Inntal angekommen, biegen wir bei der Kirche im Ort **Erl** rechts in die Hauptstraße ein. Diese führt über die Grenze nach **Windshausen**.

HÜTTENSTECKBRIEF

Höhe 970 m

Hüttenwirtin Anita Rainer

Kontakt Tel. +043/720/512419 oder +43/664/1371191, schwarzries.at

Bewirtschaftet Mo und Di Ruhetag (außer an Feiertagen), liebevoll zubereitete Almkost, Übernachtung möglich

Gut geschmeckt haben … die selbst gebackenen Kuchen und Strudel

Weitere Einkehrmöglichkeiten Altkaseralm (1279 m), knapp darunter das Spitzsteinhaus (1252 m)

Chiemgau

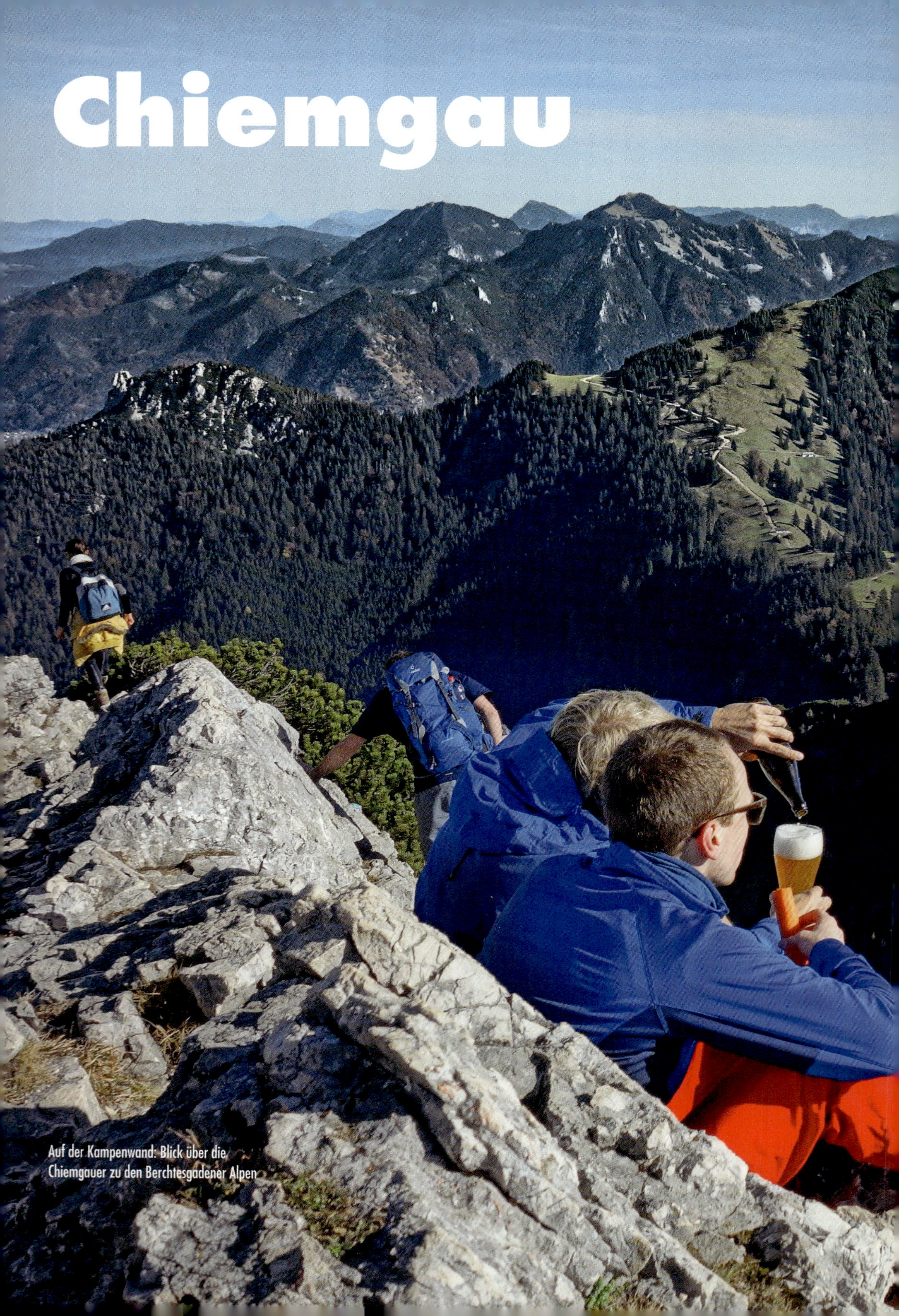

Auf der Kampenwand: Blick über die Chiemgauer zu den Berchtesgadener Alpen

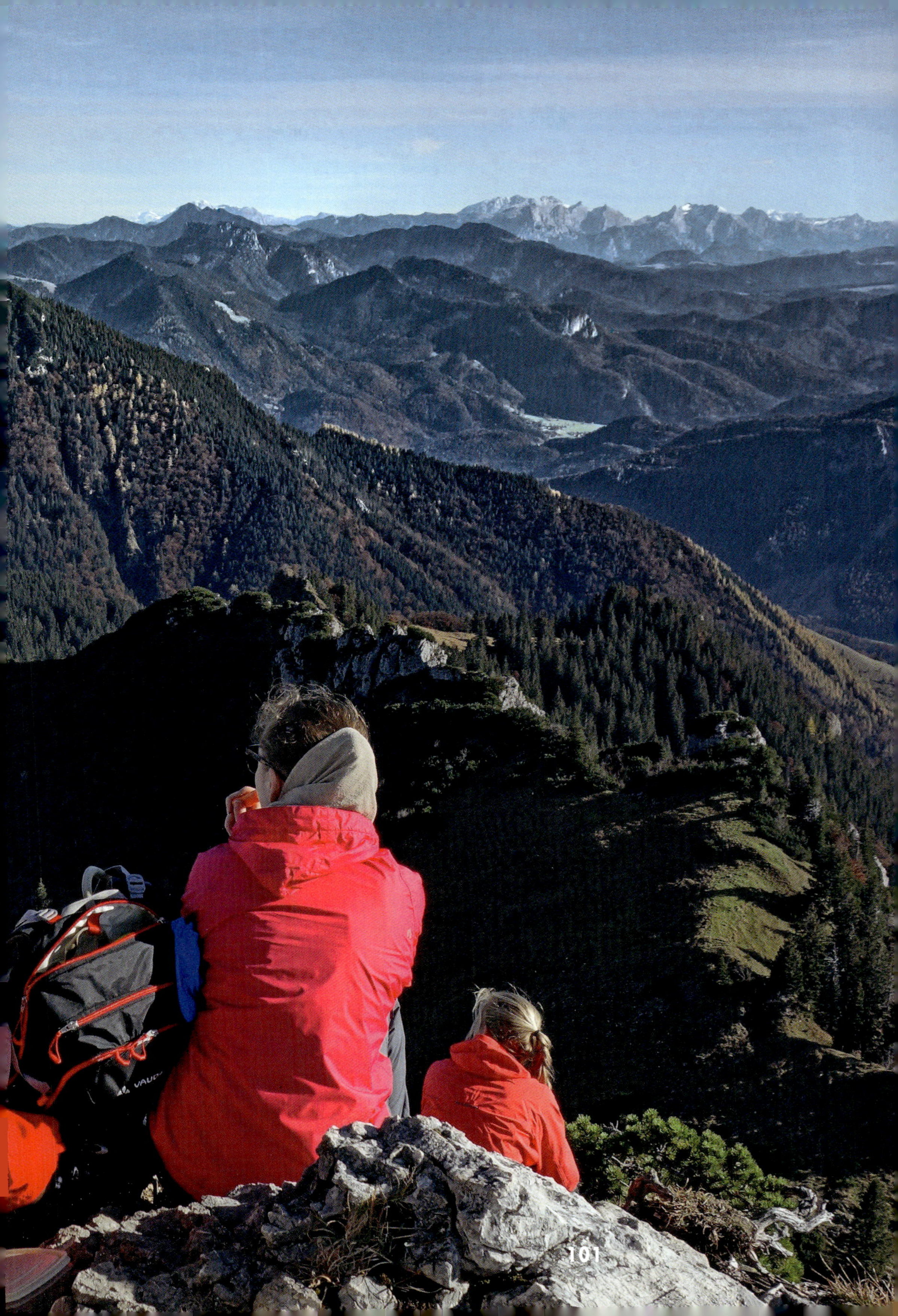

30 Frasdorfer Hütte

ÜBER DIE »FRASI« AUF DEN LAUBENSTEIN

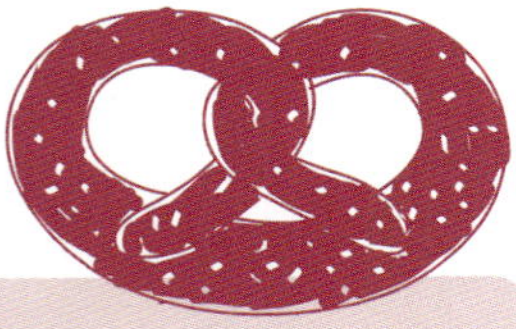

Schwierigkeit Schwer

Fahrzeit 2:45 Std.

Streckenlänge 17 km

Höhenmeter 780 m

Tourencharakter Die Strecke zur Hütte und zurück ist anfängergeeignet, oberhalb wird es steil und rau; die Gipfelbefahrung ist eher anspruchsvoll; beherrscht abfahren, auch unterhalb der Hütte!

E-Bike Geeignet; Motor an Steilstrecken Richtung Gipfel vorteilhaft, wenn auch die Fahrtechnik stimmt

Ausgangs-/Endpunkt Parkplatz südlich von Frasdorf, gegenüber der Abzweigung zum Sportheim des SC Frasdorf (605 m, Navi: Aschauer Straße, 83112 Frasdorf); weitere Parkplätze längs der Straße Richtung Aschau

Anfahrt Über die A8, Ausfahrt Frasdorf, auf der Aschauer Straße bis zum Parkplatz

Bike & Hike Die letzten paar hundert Meter zum Laubenstein kann man auch zu Fuß gehen.

Tourist-Info Frasdorf, Tel. 08052/179625, frasdorf.de

Die »Frasi« ist eine gemütliche Hütte mit Flair und Tradition. In den 50er-Jahren war hier ein Ski-Mekka der Rosenheimer, die in großer Zahl mit Steigfellen an den Skiern Hochries oder Laubenstein bestiegen. Letzteren bezwingen wir bei dieser Tour mit dem Bike.

Wir starten auf dem Fahrweg Richtung Westen. Bald treffen wir auf eine Asphaltstraße, der wir nach links folgen. Durch die Gebäudegruppen von Ebnat, Haslau und **Sagberg** (jetzt »Chiemsee-Chalet«) treten wir hinauf in den Wald. Auf einer Kiesstraße geht es über eine Lichtung, eine zweite wird tangiert, bei der dritten folgen wir der rechts hinabführenden Forststraße. Nach einem Steilstück treffen wir auf eine Kiesstraße, der wir nach links folgen. Sie führt mit einigen Kurven hinauf zur Ebene, auf der die **Frasdorfer Hütte** (945 m) steht.

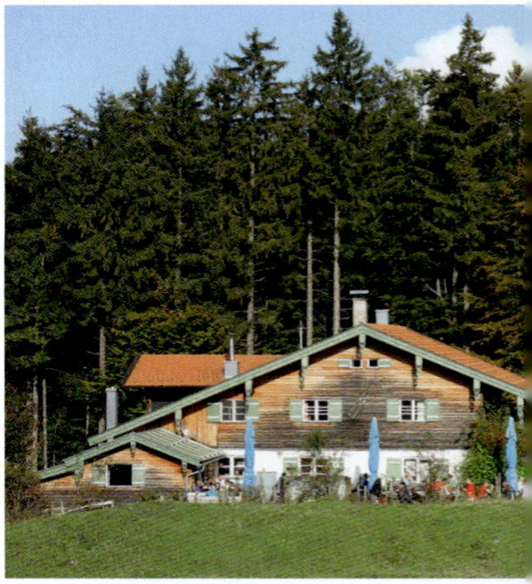

Die Frasdorfer Hütte

Weiter Richtung Süden, verzichten wir auf den kurzen Abstecher zur Hofalm links und fahren bald wieder im Wald. Abzweigende Fuß- und Karrenwege ignorieren wir. Nach einer Rechts- und einer Linkskehre biegen wir auf den links abzweigenden Fahrweg ab. Wenige Meter tiefer halten wir uns rechts. Eine raue und zunehmend steile Kiesstraße schlängelt sich nun zu einem **Sattel** (1273 m) hinauf. Dort zweigen wir links ab und biken oberhalb der Senke des Grubalm-Poljes – ein mikroklimatisch und floristisch außergewöhnlicher »Eiskeller« – vorbei zur Laubensteinalm. Beim oberen Gebäude (1320 m) endet der Fahrweg. Weiter geht es entweder gleich zu Fuß oder

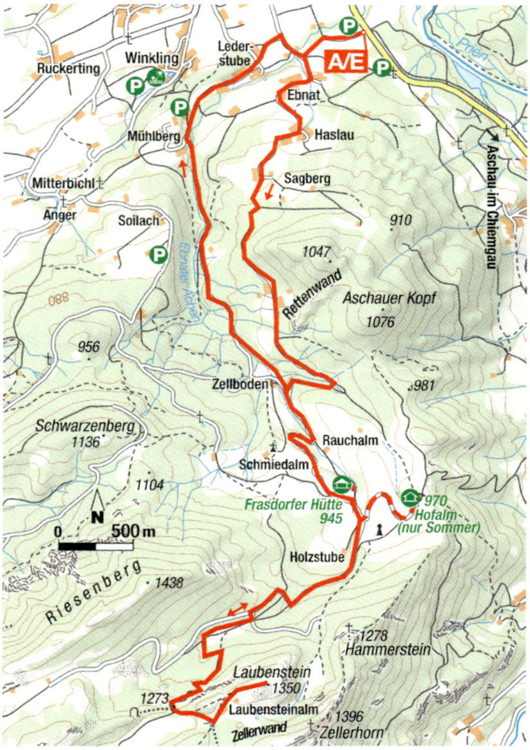

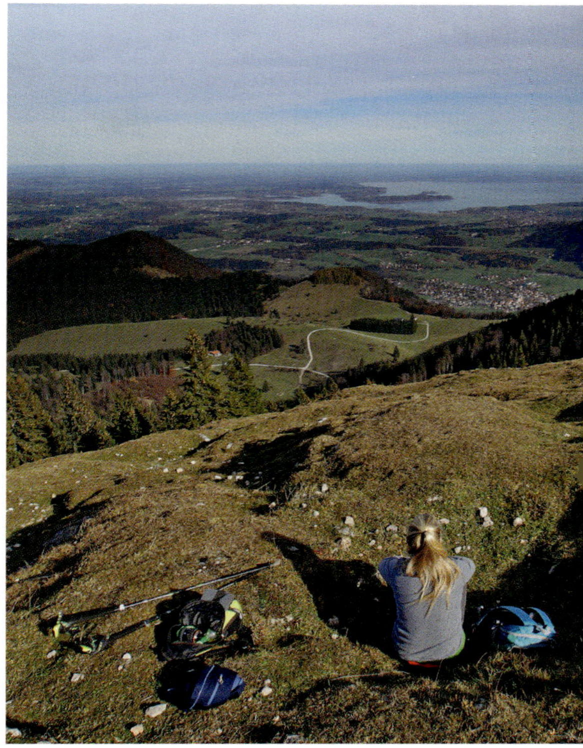

einige Meter schiebend und übers flache Pultdach des **Laubensteins** wieder fahrend zum Gipfelkreuz (1350 m). Hier haben wir eine herrliche Sicht auf den Chiemsee und sein Umland.

Auf gleichem Weg kehren wir zurück zur Einkehr. Entweder biegen wir rechts ab mit ganz kurzem Anstieg zur einfach, aber liebevoll bewirtschafteten **Hofalm**, oder wir fahren gleich zur **Frasdorfer Hütte** (945 m) mit ihrer vielfältigeren Speisekarte.

Zunächst noch auf bekannter Strecke, dann im Tal bleibend, rollen wir geradewegs am Parkplatz Lederstube vorbei. Beim gleichnamigen Weiler geht es halb rechts weiter, an der folgenden rechtwinkligen Kreuzung fahren wir nach rechts und gleich darauf wieder nach links. Die letzten 500 Meter zum Ausgangspunkt legen wir auf bekannter Strecke zurück.

HÜTTENSTECKBRIEF

Höhe 945 m

Hüttenwirtin Kerstin Sämmer

Kontakt Tel. 08052/ 51 40, frasdorfer-hütte.de,

Bewirtschaftet Abends bis 22 Uhr (So 24 Uhr) geöffnet, Mo und Di Ruhetag, Küche mit vielfältigem Angebot aus regionalen Quellen, Übernachtung möglich

Gut geschmeckt haben … die Kaspressknödel

Weitere Einkehrmöglichkeit Hofalm (970 m, kurzer Abstecher)

Oben: Auf dem Laubenstein: Blick zum Chiemsee

31

Steinlingalm

KLASSIKER ÜBER DEM CHIEMSEE

Schwierigkeit Mittel

Fahrzeit 2:45 Std.

Streckenlänge 14 km

Höhenmeter 820 m

Tourencharakter Kurze Stichtour mit ziemlich steilen Streckenabschnitten, die in beiden Richtungen Konzentration und Bike-Beherrschung erfordern

E-Bike Geeignet; keine Schiebe- oder Tragestrecken, Hütte mit Stromtankstelle

Ausgangs-/Endpunkt Parkplatz Kohlstatt (655 m, Navi: Kohlstattweg 17, 83229 Aschau im Chiemgau)

Anfahrt Über A 8, Ausfahrt Frasdorf, nach Aschau, dort gegenüber der Sparkasse nach Osten in die Aufhamer Straße abbiegen und weiter über den Kohlstattweg; Bahnhof Aschau 1,4 km entfernt

Bike & Hike Auf die Kampenwand (Ostgipfel, 1664 m), Trittsicherheit, Felsgewandtheit und etwas Schwindelfreiheit Voraussetzung (Auf- und Abstieg 1 Std.)

Tourist-Info Aschau im Chiemgau, Tel. 08052/90490, aschau.de/touristinformation

Die Steinlingalm am Fuße der Kampenwand bietet eine herrliche Sicht übers Bayerische Meer. Bei besonders klarer Luft kann man am Horizont sogar die Silhouette des Bayerischen Waldes erkennen. Am Weg liegen weitere Almen, auf denen man wunderbar einkehren kann.

Vom Parkplatz folgen wir dem Kohlstattweg in den Lochgraben und gewinnen auf der befestigten und schattigen Strecke zügig an Höhe. Etwas oberhalb der **Maisalm** halten wir uns auf einer großen Kreuzung (937 m) rechts. Abzweigungen werden ignoriert. Um die Maiswand herum geht es abschnittsweise recht steil bergauf, ebenso zwischen der Abzweigung zum Liftstüberl und der **Gorialm**. Kurz darauf passieren wir die **Schlechtenbergalm**. Vom **Sultensattel** (1402 m) könnte man nach links weglos auf

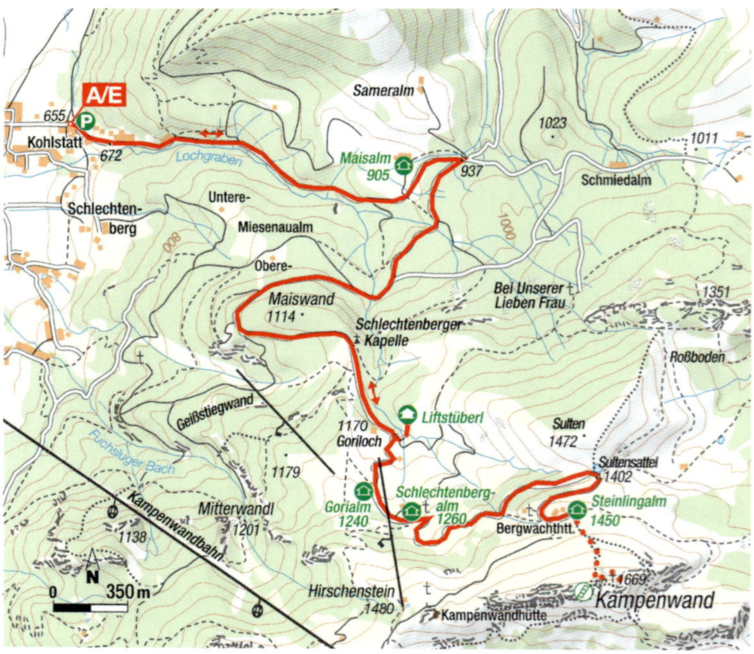

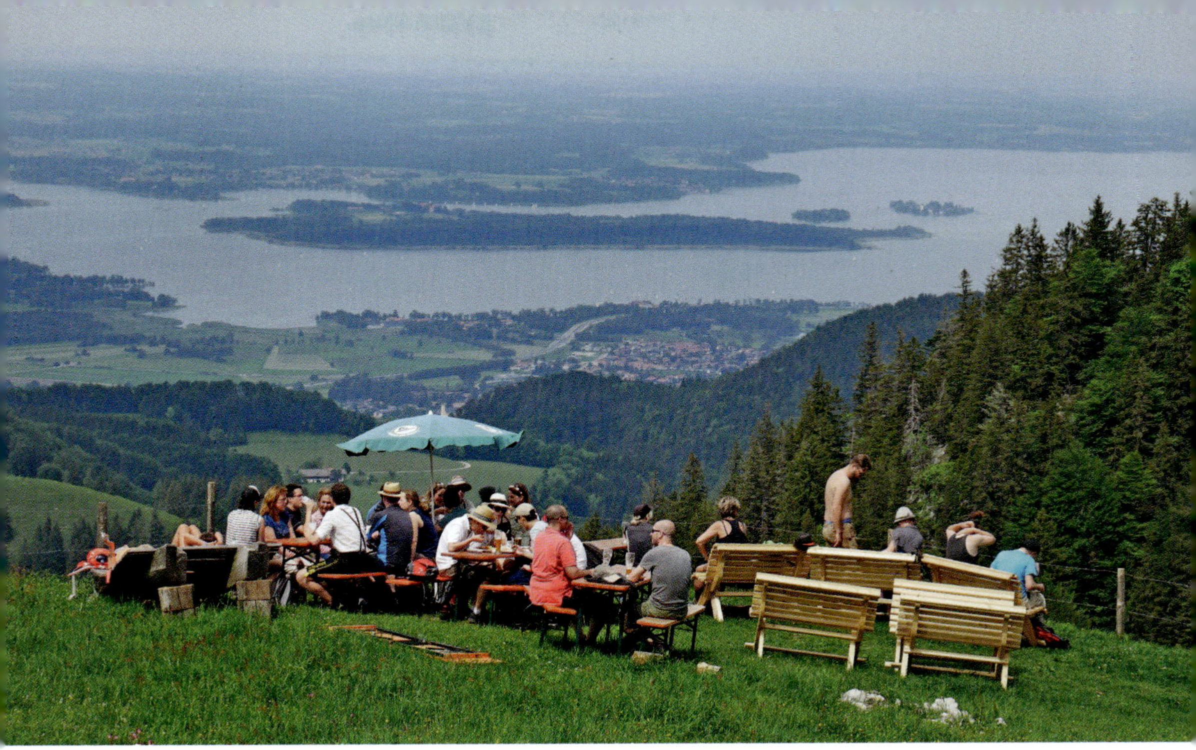

den leichten und aussichtsreichen Sulten (1472 m) spazieren. Ansonsten ist es auf der Straße nicht mehr weit bis zur **Steinlingalm** (1450 m).

Mit grandiosem Chiemsee-Blick: der erweiterte Biergarten der Gorialm

Zu Fuß steigt man durch steiles und schrofiges Gelände nach oben. Über einige Felsstufen gelangt man in die Kaisersäle – ein »Felszimmer«, das von senkrechten Wänden umgeben ist. Darin geht es nun nach links hinauf über einige Blöcke. Bei einer kleinen Verflachung gehen wir ganz kurz bergab, dann gleich nach rechts hinauf in eine Felskerbe. Direkt unter dem Gipfel queren wir nach links zu einem kurzen gesicherten Wegstück unter der Nordseite. Schließlich steigen wir nach rechts über eine Schrofenstufe hinauf und wiederum nach rechts an einem Felsrücken und über eine Brücke zum Chiemgaukreuz am Ostgipfel der **Kampenwand** (1664 m). Genau am Anstiegsweg gehen wir zurück durch die Kaisersäle (nicht schon vorher nach rechts hinabsteigen!) und weiter zur Steinlingalm. Auf der Anfahrtsstrecke bremsen wir hinab zum Ausgangspunkt (Vorsicht: viele Wanderer!).

Tipp

Radlstammtisch jeden Donnerstagabend!

HÜTTENSTECKBRIEF

Höhe 1450 m

Hüttenwirtin Elisabeth Stein

Kontakt Tel. 08052/2962, steinlingalm.de

Bewirtschaftet Küche mit vielfältigem Angebot aus regionalen Quellen, Übernachtung möglich, kein Ruhetag

Gut geschmeckt haben … die Kaspressecken mit Sauerkraut, Parmesan und Röstzwiebeln

Weitere Einkehrmöglichkeiten (Reihenfolge in Abfahrtsrichtung): Schlechtenbergalm (1260 m), Gorialm (1240 m), Liftstüberl, Maisalm (905 m)

32 Priener Hütte

INS NATURSCHUTZGEBIET GEIGELSTEIN

Schwierigkeit Mittel

Fahrzeit 2:45 Std.

Streckenlänge 16 km

Höhenmeter 680 m

Tourencharakter Leichte Tour auf Kiesstraße; überwiegend mäßig, kurz auch sehr steil

E-Bike Geeignet; keine Schiebe- oder Tragestrecken, weite Strecken mit geringer Motorunterstützung möglich

Ausgangs-/Endpunkt Großer Wanderparkplatz im Priental an der St 2093, am nordöstlichen Ortsrand von Sachrang (735 m; Navi: Wanderparkplatz Geigelstein, 83229 Sachrang)

Anfahrt Von Aschau über die St 2093 nach Sachrang

Bike & Hike Bergwanderrunde über den Geigelstein (1808 m), gut 2 Std., Trittsicherheit vorteilhaft

Tourist-Info Sachrang, Tel. 08057/909737, aschau.de/tourist-info-sachrang-2

Auf der Website der Priener Hütte wird unter anderem Hubert von Goisern zitiert: »Kennst di aus, woaßt, wos i moan? A Berg is nix anders wia a mords Trum Stoan. Aba drob'n auf'm Gipfel, des sog i allemoi, is' vui schena wie drunt'n im Toi!« Wie treffend!

Vom **Parkplatz** folgen wir der Beschilderung auf die ansteigende Forststraße. Diese schlängelt sich mit verkraftbarer Steigung durch den Wald in den Laubergraben, der mit einer Linkskehre verlassen wird. Nach der **Talalm** folgt eine Rechtskehre. Anschließend geht es geradewegs und zwischendurch auch mal knackig steil bergan, immer auf den Bergrücken zwischen Geigel- und Breitenstein zu. Dessen Hangfuß weicht die Straße mit

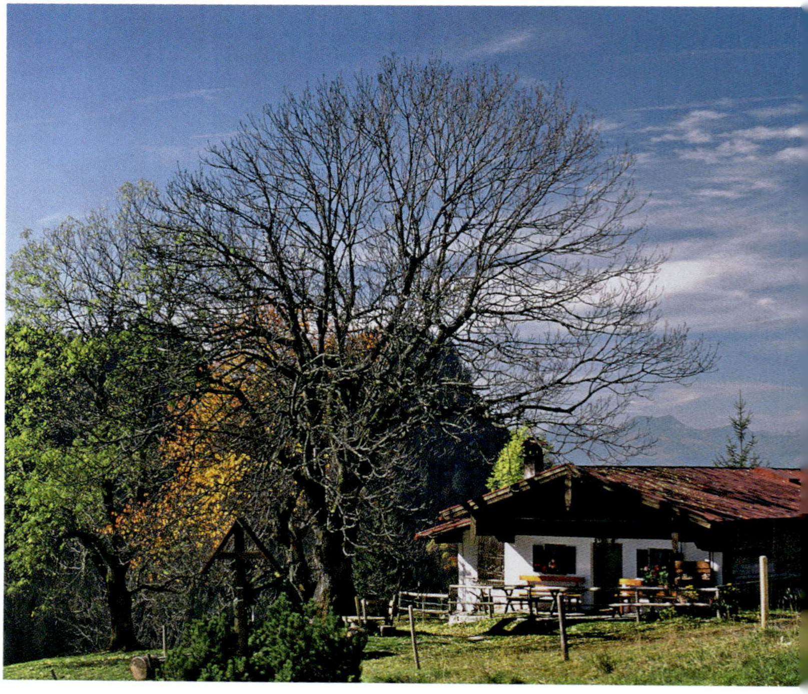

einem Linksbogen aus. Nun ist sie schon sichtbar, die **Priener Hütte** (1410 m), deren Terrasse mit einem herrlichen Blick auf die Hohen Tauern glänzt.
Für ein rundes, abwechslungsreiches Bergerlebnis mit 360-Grad-Aussicht empfehlen wir, im Rahmen einer Wanderrunde noch den **Geigelstein** (1808 m) zu besteigen. Rauf geht es erst Richtung Norden über die Oberkaseralm, dann in einem Rechtsbogen zum Gipfel. Runter gehen wir Richtung Süden (Linksabzweigung zur Wirtsalm ignorieren), bis der beschilderte Weg zur Hütte nach rechts abzweigt.
Bei der Abfahrt von der Hütte auf gleicher Strecke sollte Rücksicht auf die meist zahlreichen Wanderer selbstverständlich sein.

Linke Seite: Eine der schönen Almhütten an der Bike-Strecke

Blick über den Nordrücken unseres Hike-Ziels Geigelstein zu den verschneiten Hohen Tauern

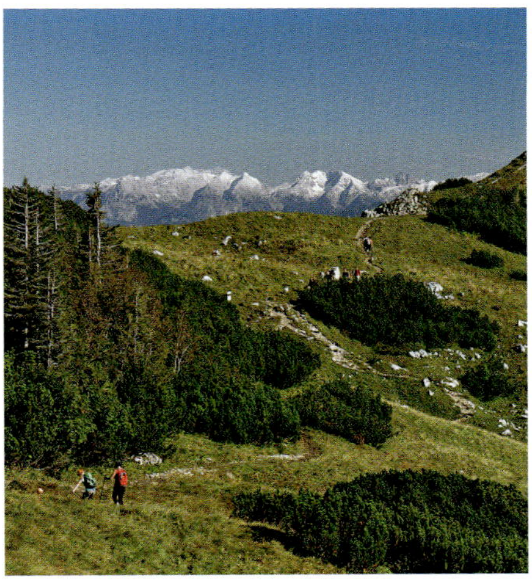

HÜTTENSTECKBRIEF

Höhe 1410 m

Hüttenwirte Rosa und Basti Lohrmann

Kontakt Tel. 08057/428, priener-huette.de

Bewirtschaftet Ganzjährig bis 22 Uhr (bei Schlechtwetter wird ggf. früher zugesperrt), kein Ruhetag, warme Küche und Brotzeiten unter Verwendung regionaler Produkte im Rahmen des DAV-Programms »So schmecken die Berge«

Gut geschmeckt haben … der Kaiserschmarrn und (nur am Wochenende) der ofenfrische Schweinsbraten

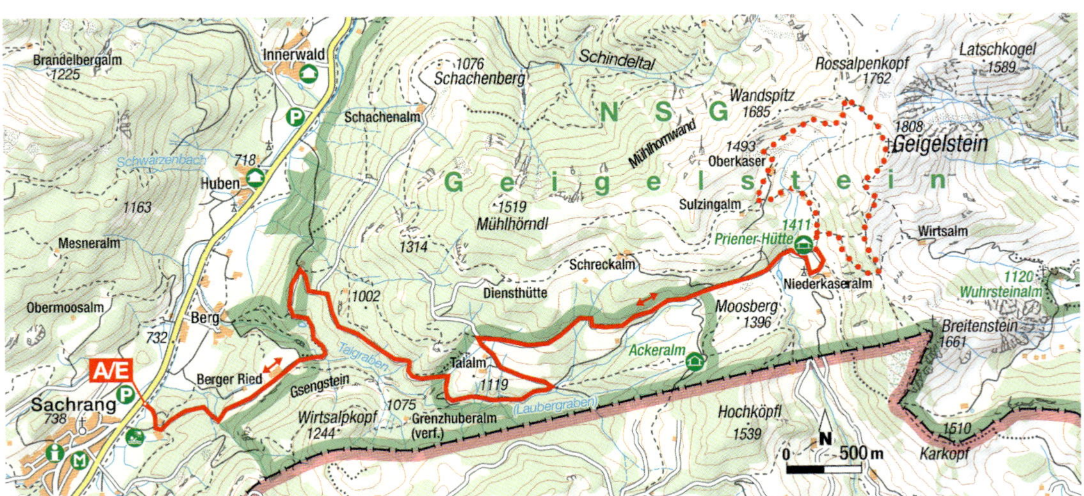

33 Burger Alm

ALMKÄSEREI MIT PANORAMABLICK AM WANDBERG

Schwierigkeit Mittel

Fahrzeit 3:00 Std.

Streckenlänge 18 km

Höhenmeter 700 m

Tourencharakter Talnahe Abschnitte auf Asphalt-, ansonsten auf Kiessträßchen; kurze Schiebestrecke aus Umweltgründen kein Problem

E-Bike Geeignet, weite Strecken mit geringer Motorunterstützung möglich, Hütte mit Stromtankstelle

Ausgangs-/Endpunkt Rettenschöss, Dorfparkplatz (680 m, Navi: Rettenschöss 74, 6347 Rettenschöss)

Anfahrt Von der A93, Ausfahrt Oberaudorf, über Niederndorf Richtung Walchsee, nach dem Ort Sebi links ab

Tourist-Info Frasdorf, Tel. 08052/179625, frasdorf.de

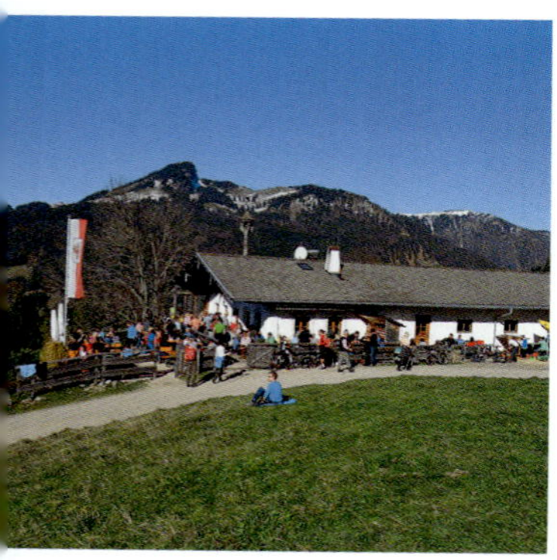

Die Weiden um die Burger Alm werden mit Milchvieh bestoßen, das zweimal täglich gemolken wird. Die Milch wird hier oben ohne Zusatz- oder Konservierungsstoffe zu Butter und verschiedenen Käsesorten verarbeitet.

Vor dem Dorfbrunnen von **Rettenschöss** fahren wir nach links. Noch auf Asphalt rollen wir ohne große Steigungen durch einen Wald. Nach dem Parkplatz Ritzgraben halten wir uns an einer T-Kreuzung rechts. Über einige Kehren geht es dann auf Schotter bergan. Nach der **Wildbichlalm** (1040 m) geht es zunächst in den Wald. Wieder im Freien, beschreibt die Straße eine Rechtskurve. Dort biegen wir nach links ab und schieben auf einem Wanderweg bodenschonend über eine Wiese. Nahe der **Rettenbachalm** bekommen wir wieder Schotter unter die Räder, kurz

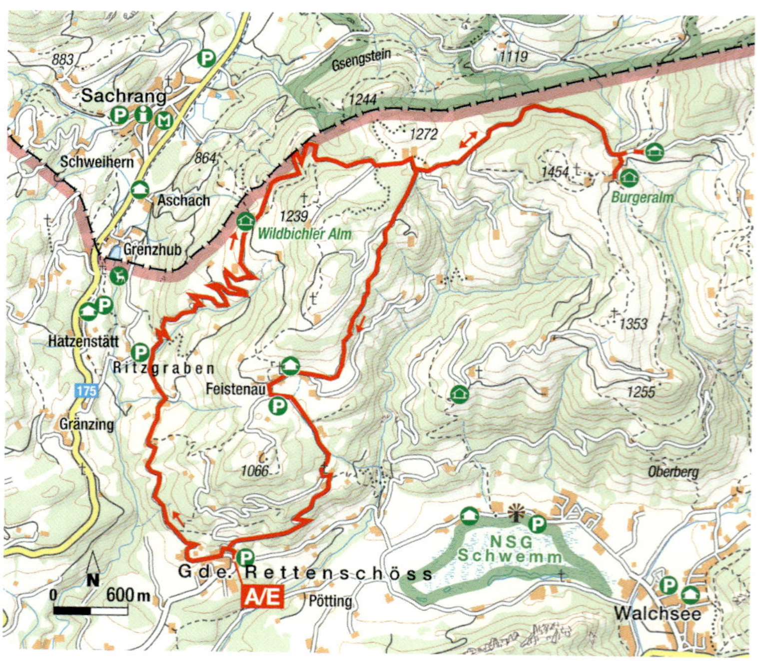

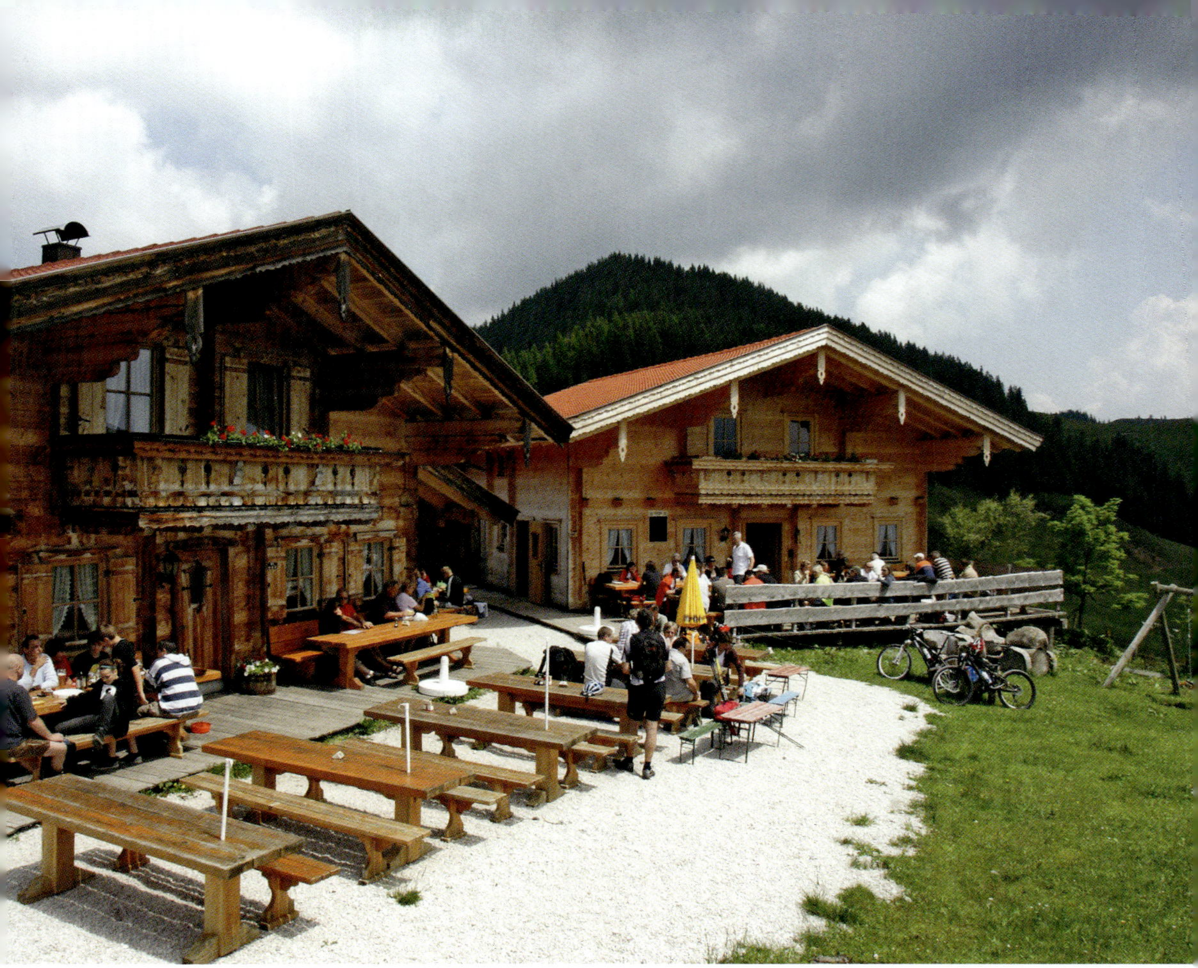

Die Burger Alm, ein Topziel für Käsefreunde

Linke Seite: Die Wildbichlalm mit dem Spitzstein im Hintergrund

darauf folgen wir der Wegweisung zur Wandberghütte nach links. Durch den bewaldeten Nordhang des Wandbergs gelangt man zu einem Sattel. Nach links kann man einen kurzen Abstecher zum Wandberghaus machen. Nach rechts geht es dann zur **Burger Alm** (1330 m).

Für den Rückweg nutzen wir zunächst die Anfahrtsstrecke. Nahe der **Rettenbachalm** bleiben wir aber auf der Haupt-Forststraße und folgen halb links der Wegweisung nach **Feistenau** (1000 m), einem Weiler, in dem ein Gasthaus mit dem treffenden Namen »Schöne Aussicht« zur Einkehr lockt. Auf der für den Autoverkehr freigegebenen Asphaltstraße rollen wir hinab nach **Rettenschöss.**

HÜTTENSTECKBRIEF

Höhe 1330 m

Hüttenwirte Anton und Martha Fahringer

Kontakt Tel. +43/5373/61809 oder +43/699/13130509, burgeralm.at

Bewirtschaftet 1. Mai bis Anfang November, Fr Ruhetag, warme Küche und Brotzeiten, frische Milch und Käse aus eigener Produktion

Gut geschmeckt haben … die Pressknödel sowie der Weichkäse »Tiroler Adler Gold«

Weitere Einkehrmöglichkeiten Wildbichlalm (1040 m), Wandberghaus (1350 m), Schöne Aussicht (1000 m)

34 Chiemhauser Alm

VERSTECKTE IDYLLE AN DER GSCHEURERWAND

Schwierigkeit Leicht

Fahrzeit 2:15 Std.

Streckenlänge 15 km

Höhenmeter 680 m

Tourencharakter Überwiegend leichte Tour auf Kiessträßchen

E-Bike Geeignet; keine Schiebe- oder Tragestrecken, weite Strecken mit geringer Motorunterstützung möglich

Ausgangs-/Endpunkt Parkplatz Hinterwössen (685 m, Navi: Taubenseestraße, 83246 Unterwössen)

Anfahrt Von der A 8, Ausfahrt Bernau, Richtung Reit im Winkl, nach Unterwössen rechts ab und durch Hinterwössen bis zum Waldrand

Bike & Hike Die paar Meter Fußweg auf den Gipfel der Gscheurerwand sind kaum der Rede wert, wegen der Aussicht aufs Achental aber absolut empfehlenswert.

Tourist-Info Unterwössen, Tel. 08641/597910, unterwoessen.de

Die versteckt gelegene Chiemhauser Alm gehörte im Mittelalter zum Kloster Herrenchiemsee. Heute kümmert sich um das Jungvieh Regina Niederhauser, die 2020 schon den 36. Sommer auf der Alm verbracht hat. Nebenbei versorgt sie auch Wanderer wie Radler mit Speis und Trank.

Vom Parkplatz fahren wir auf dem Fahrweg am Schlierbach entlang taleinwärts und gewinnen dabei schnell an Höhe. Mit einer großen **Linkskurve** (930 m) verlassen wir den Talgrund. In der Folge ignorieren wir kleinere Abzweigungen. Auf einer Lichtung folgen wir dann doch einer Abzweigung: nach rechts zur **Chiemhauser Alm** (1020 m). Nach der gemütlichen Einkehr dort, rollen wir kurz zurück zur Abzweigung, wenden uns nach rechts und

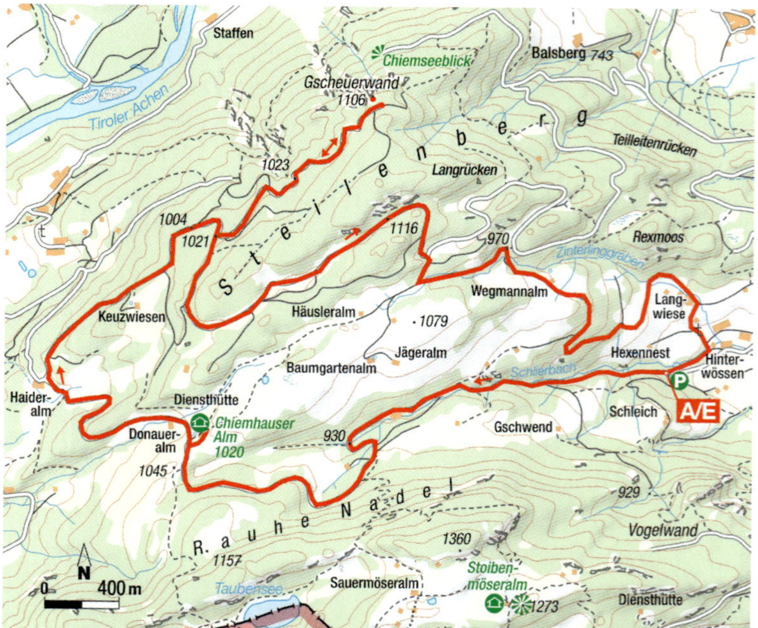

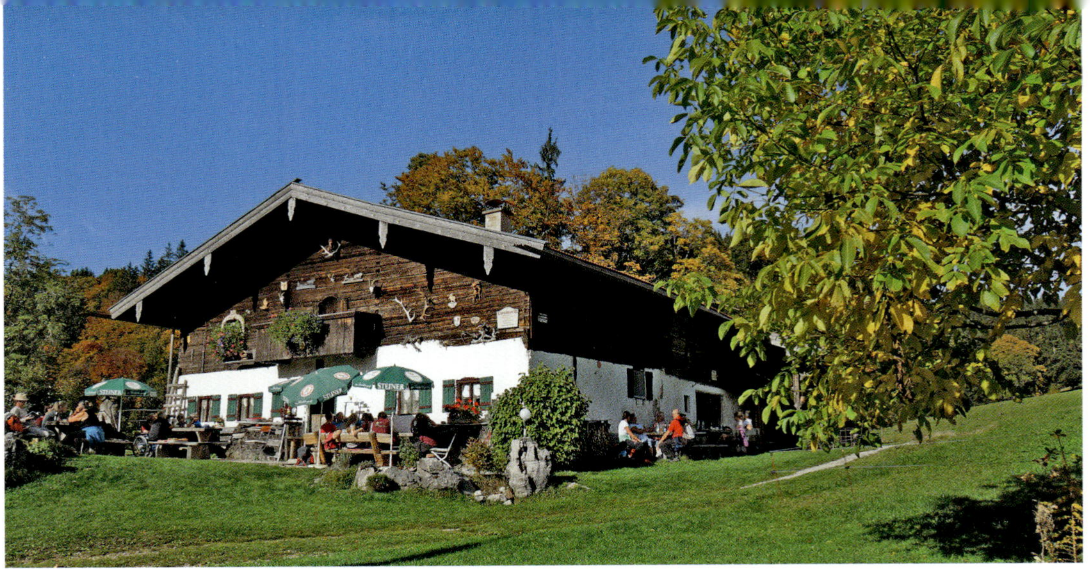

Die Chiemhauser Alm – unverfälschte Almidylle

nehmen die ursprüngliche Fahrtrichtung wieder auf. Auf der relativ breiten Forststraße kommen wir zu einer T-Kreuzung nahe der unbewirtschafteten **Haideralm** – dort geht es nach rechts. Wir bleiben auf der Hauptstraße. Nach einer Rechtskurve biegen wir bei einer **Verzweigung** (1021 m) links ab. Auf einer Forststraße pedalieren wir bergan, bis ein beschilderter Fußpfad die wenigen Meter zum links gelegenen Gipfel der **Gscheurerwand** (1106 m, auch »Gscheuerwand«) überwindet; schon kurz davor zweigt eine unbeschilderte Pfadspur ab, die entlang der labilen Abbruchkante zum Gipfel führt – dieser Weg ist nicht empfehlenswert! Oben wartet eine tolle Aussicht – ein schöner Platz für eine gemütliche Brotzeit. Aber Vorsicht: Direkt davor befindet sich eine ungesicherte Abbruchkante über abschüssigem Schrofengelände.

HÜTTENSTECKBRIEF

Höhe 1020 m

Hüttenwirte Familie Niederhauser

Kontakt Tel. 08649/1354

Bewirtschaftet Mitte Mai bis Anfang Oktober, einfache, gute Almkost, kein Ruhetag

Gut geschmeckt haben … das Speck- sowie das Kasbrot

Auf der Forststraße rollen wir zurück zur **Verzweigung** auf 1021 Metern – dort fahren wir nach links. 2,3 Kilometer weiter halten wir uns an einer Verzweigung rechts, gleich darauf wieder rechts und an der bald folgenden T-Kreuzung links. Auf 970 Meter Höhe zweigen wir scharf nach rechts ab und rollen über die Wiesen der **Wegmannalm**. Im nächsten Wald folgen wir immer der bergab führenden Trasse. Hinter dem Weiler **Langwiese** zweigen wir in einer Linkskurve rechts ab, um den Schlierbach zu überqueren. Nach der Brücke wenden wir uns nach rechts und sind gleich darauf am Ausgangspunkt.

35 Hochgernhaus

LOGENPLATZ VOR GROSSER BERGKULISSE

Schwierigkeit Mittel

Fahrzeit 2:45 Std.

Streckenlänge 15 km

Höhenmeter 850 m

Tourencharakter Kurze Stichtour auf Forstwegen mit knackigen Höhenmetern

E-Bike Geeignet; wegen durchgehender Steigung angenehm

Ausgangs-/Endpunkt Marquartstein, Wanderparkplatz Hochgern (625 m, Navi: Burgstraße, 83250 Marquartstein; 47.754928, 12.472638)

Anfahrt Von der A 8 nach Marquartstein, dort von der Durchgangsstraße gleich nach der Pizzeria Galeria links ab; nach der Achenbrücke rechts, bei der nächsten Verzweigung geradeaus

Bike & Hike Auf den Zwölferspitz (Auf- und Abstieg 45 Min.), Trittsicherheit wichtig

Tourist-Info Chiemgau, Tel. 08619/095900, chiemsee-chiemgau.info

Kurz und knackig ist die Stichtour zum traumhaft gelegenen Hochgernhaus. Die sportliche Anstrengung wird belohnt mit gutem Essen und fantastischem Fernblick über die Chiemgauer Alpen bis hin zu den Dreitausendern der Zentralalpen.

Vom **Parkplatz** folgen wir der Forststraße bergan. Wir bleiben stets am großen, zum Hochgernhaus beschilderten Hauptweg und lassen abgehende Wege erst einmal unberücksichtigt. Nach etwas mehr als drei Kilometer Fahrt biegen wir an einer **Verzweigung** (934 m) links ab und halten uns etwas später rechts Richtung **Agergschwendalm** (1036 m). Oberhalb dieser verlassen wir die Lichtung, halten uns etwas später rechts und treten auf schattigem Weg zur **Bergwachthütte** hinauf. An dieser fah-

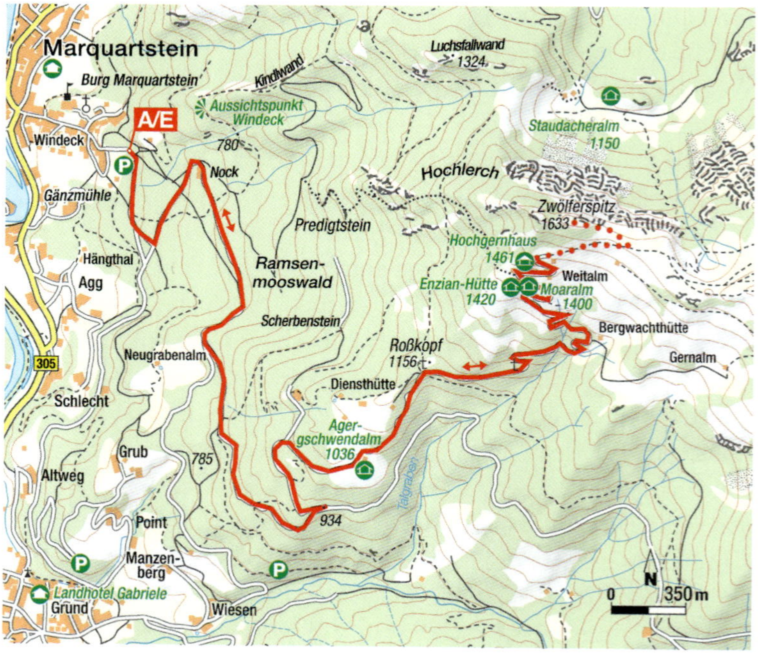

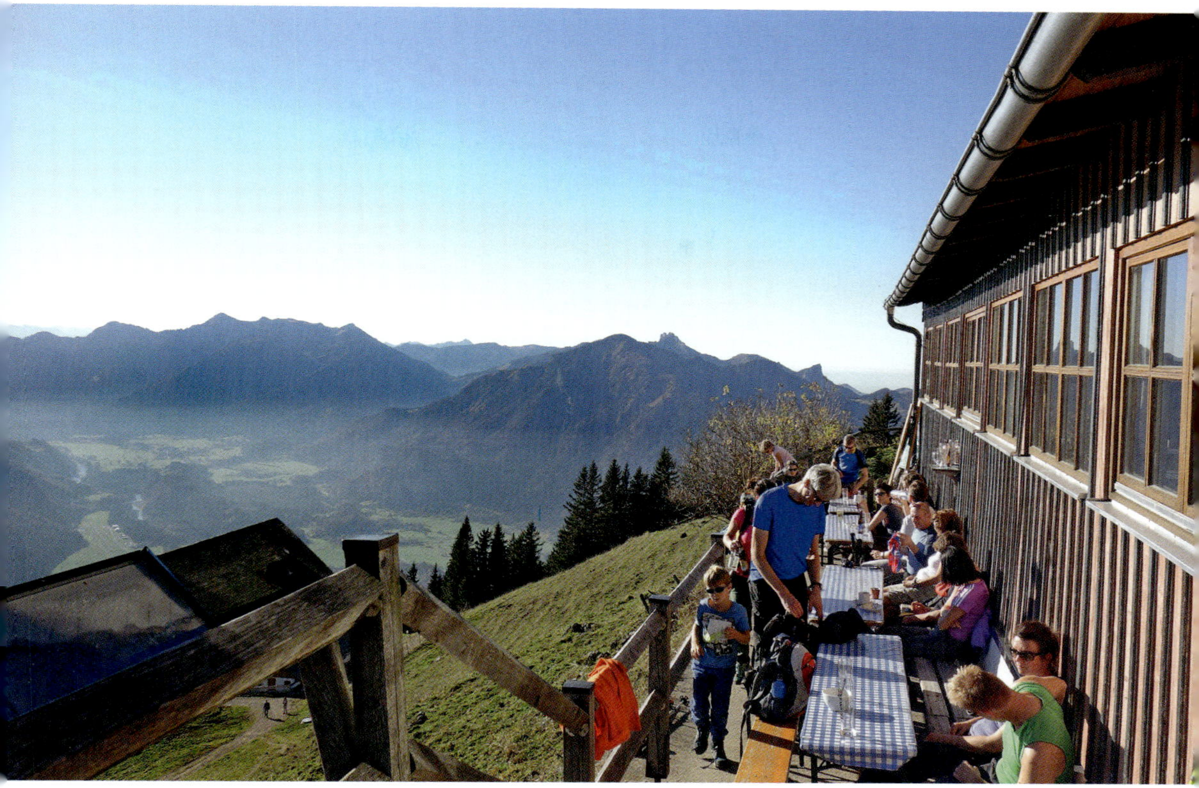

Am Hochgernhaus hoch über dem Achental

ren wir links vorbei und schon haben wir die letzten Serpentinen vor uns. Vorbei an den Jausenstationen **Moaralm** und **Enzianhütte** erreichen wir auf steiler Strecke schließlich unser Ziel, das **Hochgernhaus** (1461 m).

Für einen kurzen Gipfelabstecher bietet sich der **Zwölferspitz** (1633 m) an. Dazu gehen wir ein kurzes Stück Richtung Hochgern, kurz vor dem großen Geländerücken links hinauf, an der Geländekante entlang, dann durch ein Waldstück und schließlich über eine grasig-schrofige Flanke hinauf zum Gipfelkreuz (Vorsicht, senkrechte Abstürze nach Norden!). Auf gleicher Route gehen wir vorsichtig zurück zum Hochgernhaus.

Die Abfahrt erfolgt auf demselben Weg wie die Auffahrt.

HÜTTENSTECKBRIEF

Höhe 1461 m

Hüttenwirte Moritz Lange und Robert Plajer

Kontakt Tel. 08641/692 92 83, hochgernhaus.de

Bewirtschaftet Ganzjährig und ganztägig, hauseigener Grillplatz, Übernachtung möglich

Gut geschmeckt hat … das Grillbuffet (ab Mai jeden Freitag auf der Panoramaterrasse)

Weitere Einkehrmöglichkeiten Agergschwendalm (1036 m), Moaralm (1400 m) und Enzianhütte (1420 m)

36 Staudacher Alm

KLEINE, URIGE ALM UNTERM ZWÖLFERSPITZ

Schwierigkeit Schwer

Fahrzeit 2:15 Std.

Streckenlänge 12,5 km

Höhenmeter 650 m

Tourencharakter Anspruchsvollere Tour auf Kiessträßchen, rauen Karrenwegen und leichten Wanderwegen; trockene Bedingungen vorteilhaft, beherrscht abfahren!

E-Bike Geeignet; Motorunterstützung für die Steilstücke angenehm; nach der Kirche eine Stelle, an der geschoben, ggf. kurz getragen werden muss, hier ist es mit schweren E-Bikes etwas mühsam.

Ausgangs-/Endpunkt Marquartstein, Wanderparkplatz (625 m, Navi: Burgstraße, 83250 Marquartstein; 47.754928, 12.472638)

Anfahrt Von der A8 nach Marquartstein, dort auf der Durchgangsstraße gleich nach der Pizzeria Galeria links ab; nach der Achenbrücke rechts, bei der nächsten Verzweigung geradeaus

Bike & Hike Wanderung auf den Hochgern (1748 m, 3 Std. Auf- und Abstieg, mittelschwer)

Tourist-Info Chiemgau, Tel. 08619/095900, chiemsee-chiemgau.info

Die Staudacher Alm ist ein Kleinod für Naturgenießer und bietet eindrucksvolle Blicke auf die Nordflanken des Hochgern-Zwölferspitz-Kammes. Am Weg liegt die 1637 erbaute Schnappenkirche, von der aus man eine umwerfende Aussicht über den Chiemgau mit seinem Bayerischen Meer genießt.

Vom **Parkplatz** radeln wir anfangs auf der Forststraße Richtung Hochgernhaus. Diese verlassen wir aber bald auf den nach oben abzweigenden, raueren Fahrweg. Die Wegweisung »Schnappen/Staudacher Alm« gibt die Richtung vor. Es folgt eine regelrechte Trail-Trainingsstrecke: Steil und steinig schlängelt sich die kräftig ansteigende Route durch Bergwald hinauf zur **Schnappenkirche** (1100 m). Nach ausgiebigem Genuss der Aussicht rollen wir einige Meter zurück und folgen dem abzweigenden, aufwärtsführenden Wanderweg. Dessen anfängliches Steilstück erfordert Schieben, ganz kurz auch Tragen. Nach einem flachen **Wiesensattel** (1192 m) queren wir auf einem gut fahrbaren Wan-

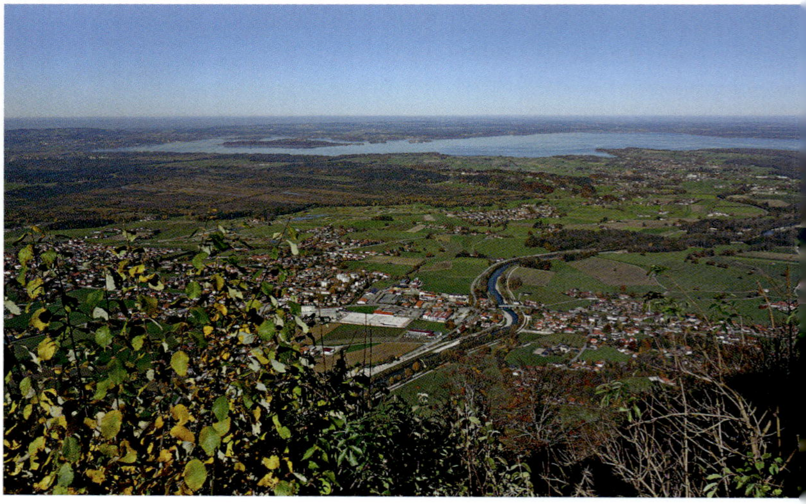

Blick von der Schnappenkirche auf den Chiemsee

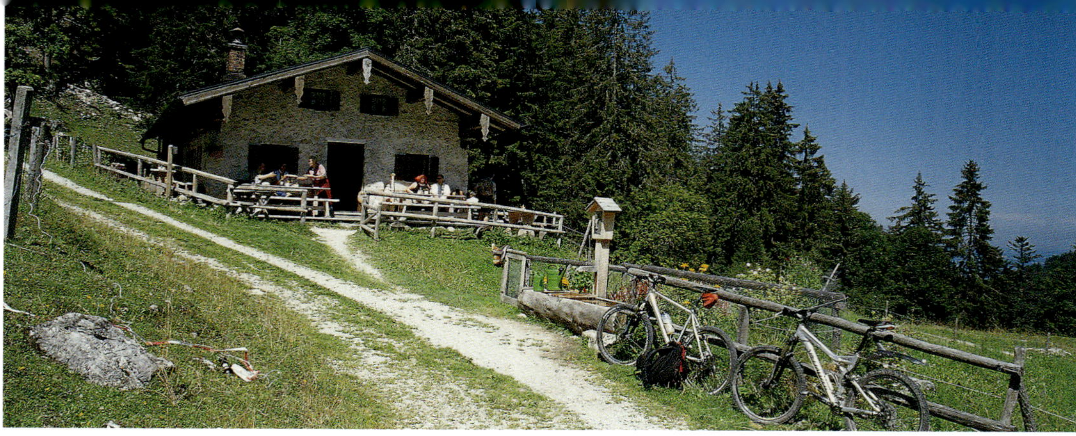

derweg einen bewaldeten Hang und treffen bald auf ein Kiessträßchen, auf dem wir nach rechts zur nahen **Staudacher Alm** (1142 m) gelangen.

Klein und gemütlich: die Staudacher Alm

Auf gleichem Weg fahren wir besonders beherrscht und rücksichtsvoll (viele Wanderer!) hinab nach Marquartstein.

HÜTTENSTECKBRIEF

Höhe 1142 m

Hüttenwirte Familie Schwinghammer

Kontakt Tel. 0171/ 4596595

Bewirtschaftet Mitte Mai bis zum Kirchweihmontag geöffnet, kein Ruhetag, Brotzeiten, Kuchen und Getränke

Gut geschmeckt hat … das Speckbrot

Längere Variante Bei der Rückfahrt von der Staudacher Alm können wir auch der Straßenkehre bergab folgen. Dann strampeln wir rechts an der Vorderalm vorbei auf 1160 Meter Höhe hinauf. An der Baireralm vorbei fahren wir mit Superausblick auf den Chiemgau runter nach Strassberg. Von dort geht es neben der Hauptstraße nach Staudach und am Radweg entlang der Achen zurück nach Marquartstein (gut 28 km, 950 Hm).

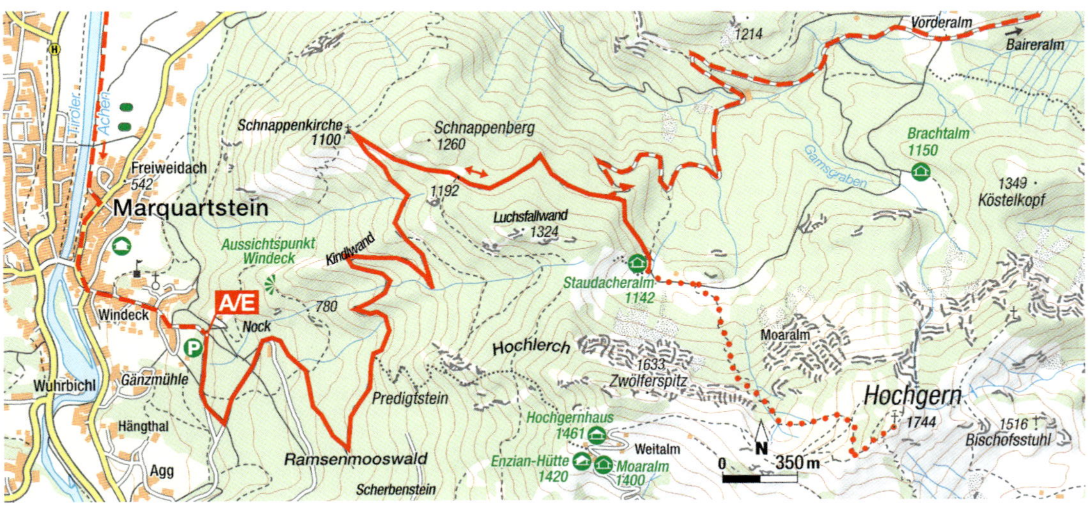

37

Bischofsfellnalm

GRIABIGE ALM AUF DER SONNENSEITE DES HOCHGERN

Schwierigkeit Mittel

Fahrzeit 3:00 Std.

Streckenlänge 24,0 km

Höhenmeter 820 m

Tourencharakter Mittelschwere Tour; im Tal auf Asphalt-, ansonsten auf Kiessträßchen; einige steile Abschnitte – auf diesen bei der Abfahrt langsam und beherrscht fahren!

E-Bike Geeignet; Motorunterstützung für die Steilstücke angenehm, auf weiten Strecken auch verringerte Unterstützung möglich

Ausgangs-/Endpunkt Parkplatz bei der Talstation der Hochfelln-Seilbahn (580 m, Navi: Maria-Eck-Straße 8, 83346 Bergen); alternativ Kohlstatt (720 m) am Ende der Talstraße

Anfahrt Über die A 8, Ausfahrt Bergen, zum Ortszentrum und weiter Richtung Süden bis zur Talstation der Hochfelln-Seilbahn; 3,2 km vom Bhf. Bergen

Bike & Hike Von der Hütte auf Wanderweg gen Westen, dann in vielen Kehren steil gen Norden auf den Hochfelln (1748 m, 1:45 Std. Auf- und Abstieg, mittelschwer)

Tourist-Info Bergen, Tel. 08662/8321, bergen-chiemgau.de

Auf der Bischofsfellnalm verweilt man gerne länger, so gemütlich ist es dort und so schön ist die Aussicht auf die Gipfel im Süden und Osten. Wer auch noch einen umfassenden Blick über den Chiemsee und seine Umgebung genießen will, steigt zu Fuß auf den Hochgern.

Vom **Parkplatz** folgen wir der Hochfellnstraße ins Weißachental; sie wird gleich zur Maxhüttenstraße, benannt nach dem ehemaligen Eisenverhüttungsbetrieb, zwischen dessen Gebäuden man gleich mal gut an Höhe gewinnt. Alle Abzweigungen ignorierend, gelangt man auf schmalem, asphaltiertem Sträßchen in wechselnder Steigung nach **Kohlstatt** (720 m), wo es beim Ende der öffentlich befahrbaren Straße Parkmöglichkeiten gibt, die an Wochenenden aber meist schon früh belegt sind. Kurz darauf ignorieren wir beim Menkenboden die abzweigenden Wege 17 und 12 und rollen mit der Wegnummer 10 weiter taleinwärts. Rechts lockt ein sehenswerter Wasserfall zu einem kurzen Ab-

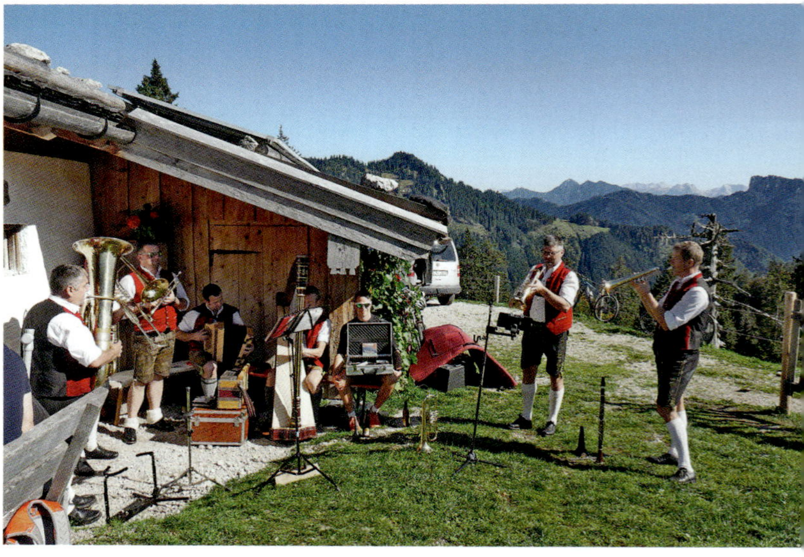

Auf der Bischofsfellnalm lässt man es sich gerne gut gehen, manchmal auch mit Livemusik.

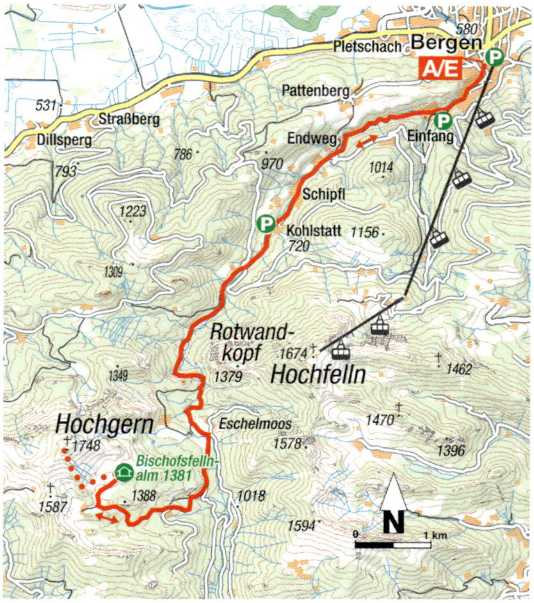

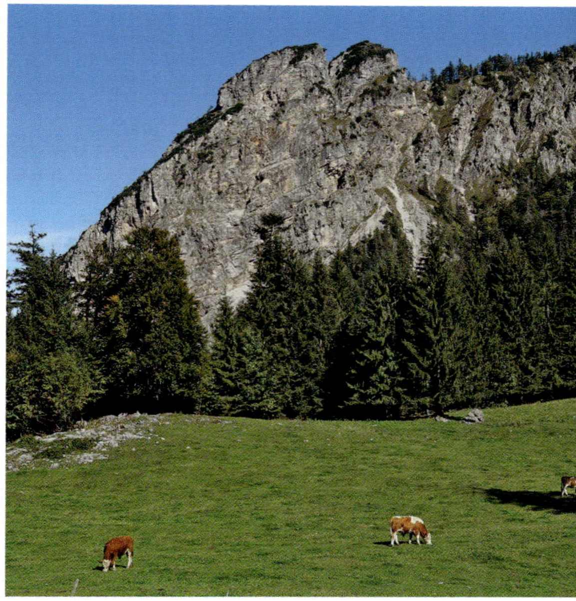

Bei der Eschelmoosalm

stecher zu Fuß. Bald darauf geht es knackig steil über eine teils felsige Talstufe hinauf. Jenseits der Talkerbe grüßt der eindrucksvolle Rötlwandkopf.

Nach einer Waldzone öffnet sich der Blick aufs **Eschelmoos**. Dort lassen wir das Sträßchen zur Hinteralm rechts hinter uns, über das anfangs auch der beschilderte Fußweg zu unserem Ziel verläuft. Wir rollen über die Ebene zu einer größeren Kreuzung und folgen der ersten rechts abzweigenden Kiesstraße. Es folgt ein Anstieg im Wald, bei dem wir uns an den großen Verzweigungen jeweils rechts halten. Über freies Almgelände erreichen wir schließlich die **Bischofsfellnalm** (1381 m) – im Kern ein Steinhaus aus dem 12. Jahrhundert.

Jetzt stellt sich die Frage: Erst auf den noch aussichtsreicheren Hochgern steigen oder sich gleich zu einer gemütlichen Brotzeit niederlassen? Diese darf auch ausgiebiger sein, da man anschließend nur noch auf bekannter Strecke ins Tal rollt. Vorsicht an der Talstufe zwischen Eschelmoos und Wasserfall: Starkes Gefälle, rauer Untergrund und Abgründe neben der Strecke erfordern eine beherrschte Fahrweise.

HÜTTENSTECKBRIEF

Höhe 1381 m

Hüttenwirtinnen Lisa und Anna Bichler

Kontakt Tel. 08665/1223

Bewirtschaftet Einfache, gute Almkost, Brotzeiten und Kuchen, kein Ruhetag

Gut geschmeckt hat … die Brotzeitplatte

38

Langerbauer Alm

HÖRNDLWAND-UMRUNDUNG MIT SCHWIMMEINLAGE

Schwierigkeit Leicht

Fahrzeit 2:45 Std.

Streckenlänge 30 km

Höhenmeter 300 m

Tourencharakter Relativ leichte Rundtour überwiegend auf geschotterten Forststraßen, Abfahrtsabschnitte mäßig anspruchsvoll

E-Bike Geeignet; Motorunterstützung nicht nötig, aber angenehm

Ausgangs-/Endpunkt Parkplatz beim ehemaligen Speedway-Stadion (650 m) nach dem Penny-Markt (Navi: Zellerstraße 26, 83324 Ruhpolding); Bahnhof Ruhpolding 900 m entfernt

Anfahrt Von der A 8, Ausfahrt Traunstein/Siegsdorf, nach Ruhpolding

Tourist-Info Ruhpolding, Tel. 08663/88060, ruhpolding.de

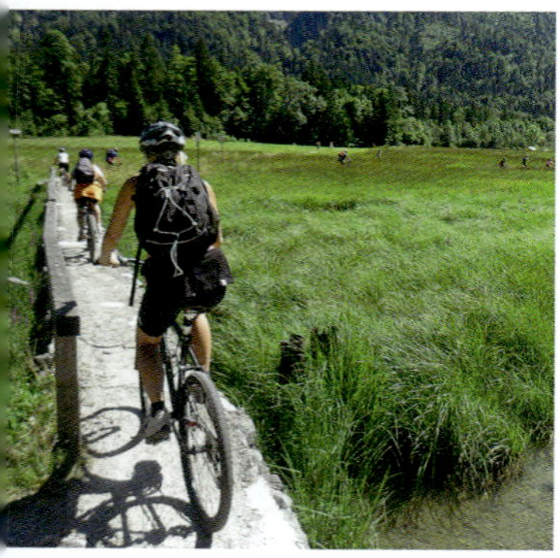

Eine richtig abwechslungsreiche Runde ist das: Von Ruhpolding fahren wir gemütlich ins Urschlautal, genießen die Almlandschaft unter der Hörndlwand, rollen auf reizvollem Weg hinab zur Seenplatte und kehren nach einem erfrischenden Bad zum Ausgangspunkt zurück.

Wir verlassen den Parkplatz auf die Zellerstraße, der wir nach links folgen. Geradeaus über die Ampelkreuzung hinweg rollen wir auf der Hauptstraße durch **Brand** und am Wanderparkplatz Urschlau vorbei. Dabei bleiben wir immer nahe der Urschlauer Ache, auch nach dem Walderlebniszentrum. 700 Meter weiter nehmen wir den linken Fahrweg über die **Brücke** (790 m) und gewinnen nun stärker an Höhe. Oberhalb der Röthelmoosklamm wendet sich die Trasse nach Süden. Auf der weiten Ebene der

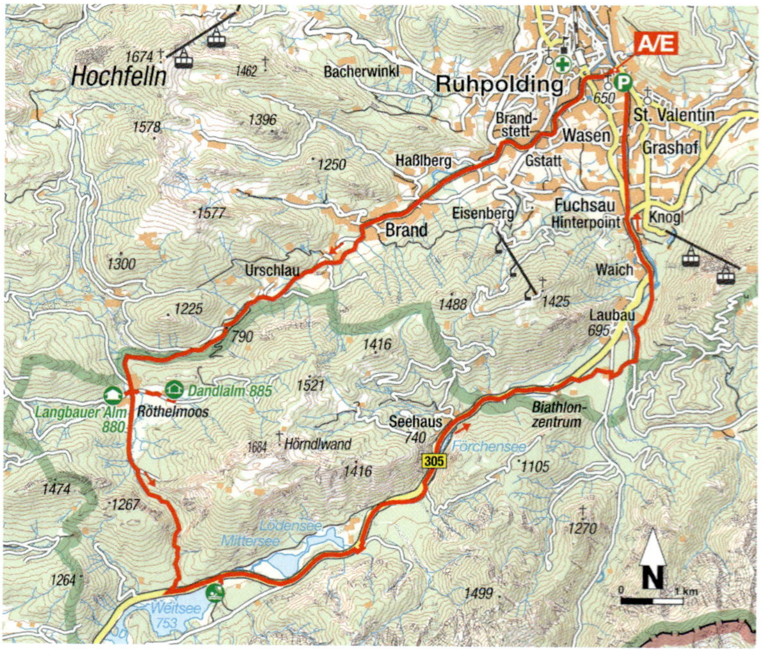

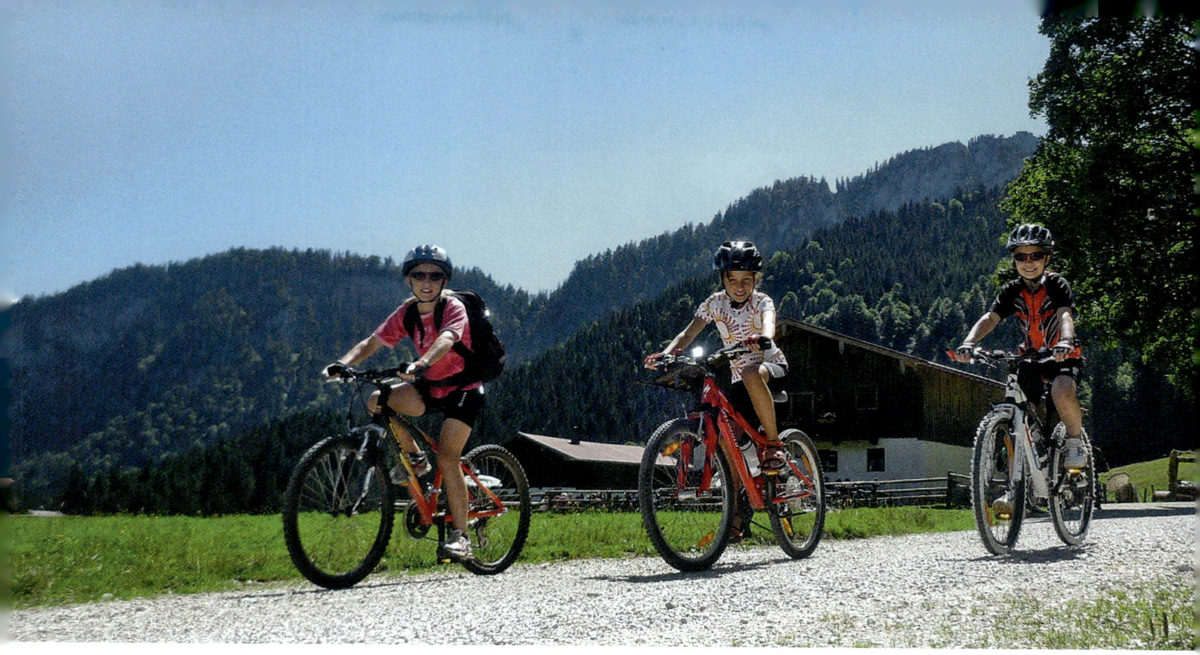

Röthelmoosalm zweigen wir rechts ab zur **Langerbauer Alm** (880 m) oder alternativ links zur **Dandlalm** (885 m).
Zurück an der Kreuzung, nehmen wir wieder den Weg über die Ebene gen Süden auf. Im lichten Wald folgen wir an einer großen Kreuzung dem rechten Weg und rollen neben dem Großen Wappbach vorsichtig hinunter zur B 305.
Der Bundesstraße folgen wir nach links, passieren den **Weitsee** (753 m) und biegen an dessen Ende zur Schwimmeinlage ab.
An der B 305 nehmen wir die vorherige Fahrtrichtung wieder auf. Am **Mittersee** wechseln wir beim gleichnamigen Parkplatz auf den Weg rechts der Straße. Vor dem Parkplatz **Lödensee** geht es kurz nach rechts, knapp 200 Meter weiter wieder nach links! Am klaren **Förchensee** vorbei gelangen wir zum **Seehaus**, wo unser Radweg die Straßenseite wechselt. Nach erneutem Seitenwechsel beim Biathlon-Zentrum **Chiemgau-Arena** löst sich der Weg von der Straße und führt mit beschilderten Schlenkern über die licht bewaldete Fuchswiese. Wo es links zur Laubau geht, überqueren wir geradewegs den Fischbach. Bei der folgenden Verzweigung halten wir uns links und überqueren die Traun, entlang der es schließlich nach **Ruhpolding** zurückgeht.

Jugend biked – bei der Langerbauern Alm

Linke Seite: Abstecher zum Schwimmen am Weitsee

HÜTTENSTECKBRIEF

Höhe 880 m

Wirtin Annemarie Sandbichler

Kontakt Tel. 08663/309458, langerbauer-alm.de

Bewirtschaftung Brotzeiten, Mitte Mai bis Mitte Oktober, Di Ruhetag

Gut geschmeckt hat … die Brotzeitplatte

Weitere Einkehrmöglichkeiten Dandlalm (885 m), Seehaus (740 m)

39 Reiteralm

EIN FEINER PLATZ ZUM GENIESSEN UND WOHLFÜHLEN

Schwierigkeit Mittel

Fahrzeit 2:30 Std.

Streckenlänge 22 km

Höhenmeter 550 m

Tourencharakter Insgesamt mittelschwere Tour; wer die steile Rückweg-Abfahrt durch den Weißgraben (anspruchsvoll, langsam fahren!) meiden will, fährt auf dem Hinweg zurück, dann ist die Tour leicht.

E-Bike Geeignet; Motorunterstützung für steilere Abschnitte angenehm, auf weiten Strecken auch verringerte Unterstützung möglich

Ausgangs-/Endpunkt Laubau, Parkplatz beim Holzknechtmuseum (695 m, Navi: Laubau 12, 83324 Ruhpolding)

Anfahrt Von der A 8, Ausfahrt Traunstein/Siegsdorf, nach Ruhpolding und weiter Richtung Reit im Winkl in die Laubau; vom Bahnhof Ruhpolding entlang der Traun 5 km

Tourist-Info Ruhpolding, Tel. 08663/88060, ruhpolding.de

Zwischen den Paradegipfeln der Ruhpoldinger Bergkulisse, dem Rauschberg und dem Sonntagshorn, erstreckt sich eine mystisch anmutende Waldlandschaft. Auf einer der wenigen Lichtungen dieses Gebiets lockt eine kleine, aber umso »griabigere« Alm zur Einkehr: die Reiteralm.

Am Fischbach entlang rollen wir gen Süden. Bald wechseln wir das Ufer, behalten aber die Grundrichtung bei. Zunächst ohne nennenswerte Steigung führt der gekieste Fahrweg ins Schwarzachental. An der **Schwarzachenalm** (770 m) geht es links vorbei. Abzweigungen ignorieren wir, bis nach links der kurze Abstecher zur legendären **Kaitlalm** (970 m) abzweigt.

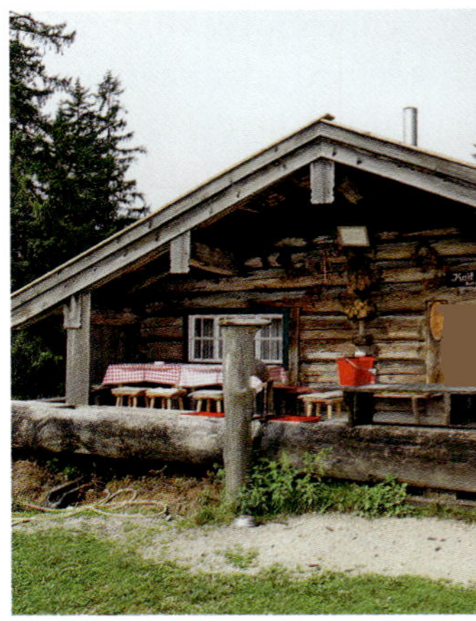

Oben: Die urige Kaitlalm

Rechte Seite: Die Reiteralm in stiller Bergidylle

Wieder zurück am Talweg, nehmen wir die alte Fahrtrichtung wieder auf und fahren über einen kleinen **Sattel** (965 m). Bei der folgenden Verzweigung nehmen wir die rechte Forststraße. In zwei Rechtskurven ignorieren wir jeweils die Linksabzweigungen. Bald kommen wir zu einer **Verzweigung** (930 m), an der es nach rechts zu den Schwarzachenalmen geht. Diese Stelle merken wir uns für den Rückweg; jetzt halten wir uns dort links.

Nach Querung des Hientalbach-Tals treffen wir bald auf eine Kiesstraße, die von Weißbach heraufkommt. Hier fahren wir rechts und folgen einem Bachlauf bergan zu einer Verzweigung; dort geht es nach links. Bei der nächsten Verzweigung verlassen wir die Forststraße und folgen einem schmaleren Weg, der zwischen den Forststraßen ansetzt und zu der Lichtung hinabführt, auf der die **Reiteralm** (975 m) liegt.

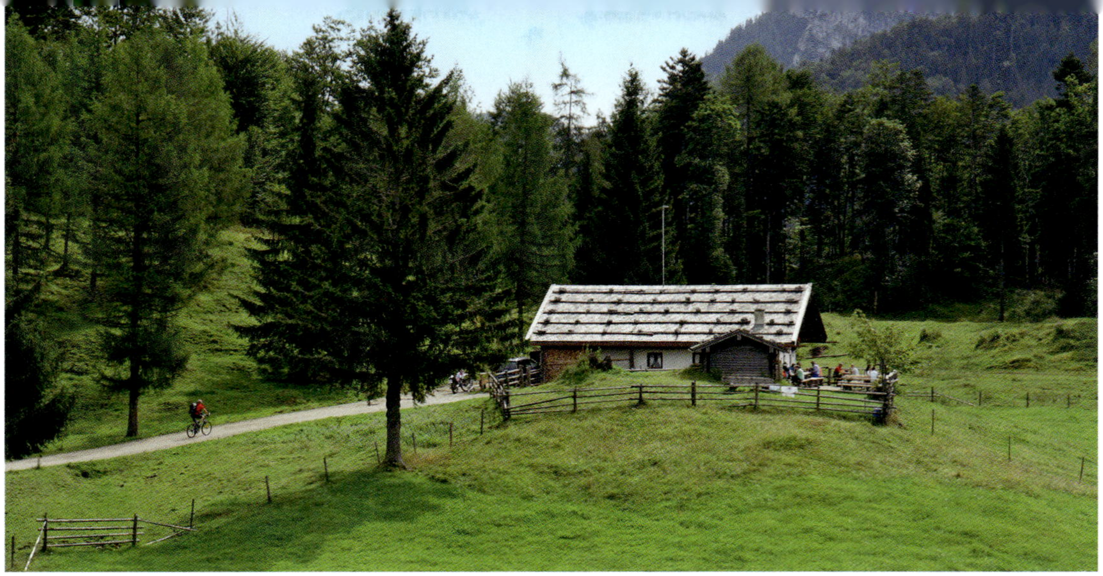

Beim Rückweg halten wir uns zunächst an die bekannte, hoffentlich gut eingeprägte Strecke. Bei der **Verzweigung** auf 930 Meter Höhe halten wir die Grundrichtung bei und lösen uns damit von der Anfahrtsstrecke. Nach einem Anstieg zum **höchsten Punkt** (991 m) der Tour bremsen wir über die steile Abfahrt durch den Weißgraben beherrscht hinab ins Schwarzachental. Dort geht es nach links und an der Schwarzachenalm vorbei zurück in die **Laubau.**

HÜTTENSTECKBRIEF

Höhe 975 m

Hüttenwirte Andrea und Hubert Berger

Kontakt Tel. 08665/2000 oder 0176/34907897

Bewirtschaftet Ende Mai bis 3. Oktober, Mo und Fr Ruhetag, Brotzeiten und einfache warme Gerichte

Gut geschmeckt hat … die Almbrotzeit mit Speck, Käs und Enzian

Weitere Einkehrmöglichkeiten Kaitlalm (970 m), Schwarzachenalm (770 m)

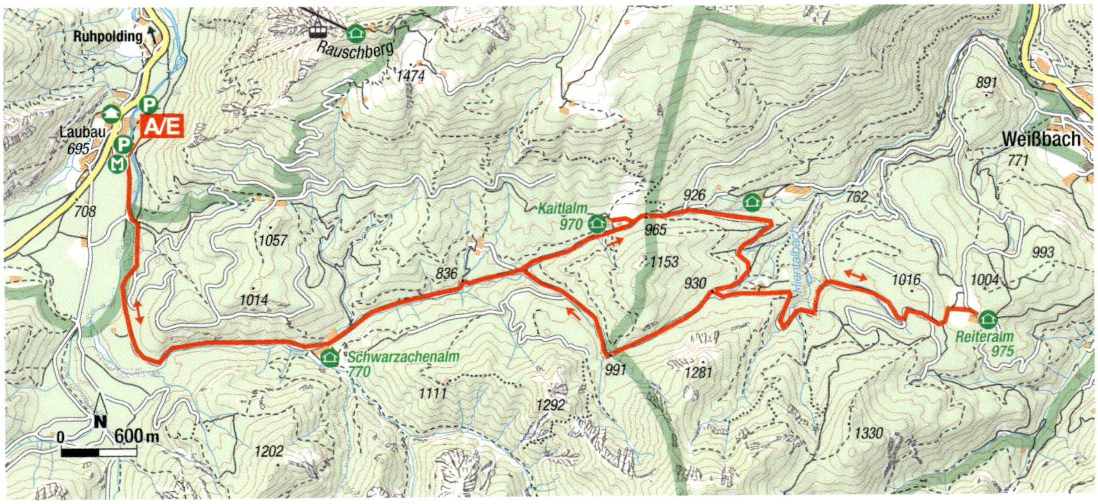

40 Stoißer Alm

HOCH ÜBER DEM SALZBURGER BECKEN

Schwierigkeit Mittel

Fahrzeit 3:45 Std.

Streckenlänge 33 km

Höhenmeter 1150 m

Tourencharakter Längere Runde; im Tal auf Asphalt-, ansonsten auf Kiessträßchen; steile Abschnitte bei der Abfahrt langsam und beherrscht fahren!

E-Bike Geeignet; Motorunterstützung für Steilstücke angenehm, auf weiten Strecken auch verringerte Unterstützung möglich

Ausgangs-/Endpunkt Anger, Parkplätze an der Stoißer Ache (550 m, Navi: Scheiterstraße, 83454 Anger)

Anfahrt Von der A8 über die Behelfs(!)-Ausfahrt nach Anger (klassische Ausfahrt Piding); vom Bahnhof Teisendorf 7 km

Bike & Hike 1. Von der Steineralm auf beschildertem, überwiegend felsigem Steig auf den Hochstaufen (1771 m, Trittsicherheit erforderlich, 2. Std. Aufstieg, 1:30 Std. Abstieg), knapp darunter liegt das Reichenhaller Haus (1750 m). 2. Von der Stoißer Alm auf leichtem Wanderweg nach Nordwesten auf den Gipfel des Teisenbergs (1333 m, knapp 30 Min. Auf- und Abstieg)

Tourist-Info 83454 Anger, Tel. 08656/98 89 22, anger.de/tourist-information

Diese Tour beginnt mit einer Flachetappe zum Warmradeln, durchquert von plätschernden Bächen durchzogene Waldlandschaften unter spektakulärer Hochgebirgskulisse und bietet zwei sehr unterschiedliche Hike-Abstecher an einladenden Almwirtschaften.

In **Anger** fahren wir auf der Scheiterstraße Richtung Südosten, bis der Aufhamer Weg rechts abzweigt. Diesem folgen wir nach **Aufham**, wo wir rechts in die Hauptstraße einbiegen. Wir unterqueren die Autobahn und durchqueren das Dorf. Nach dem Ortsende folgen 1,5 Kilometer flache Landstraße, bis die Zufahrt zum **Parkplatz Pidinger Klettersteig** rechts abzweigt. Dieser folgen wir über den Parkplatz (480 m) hinaus und kurbeln auf einer gut fahrbaren Forststraße an der unbewirtschafteten Mairalm

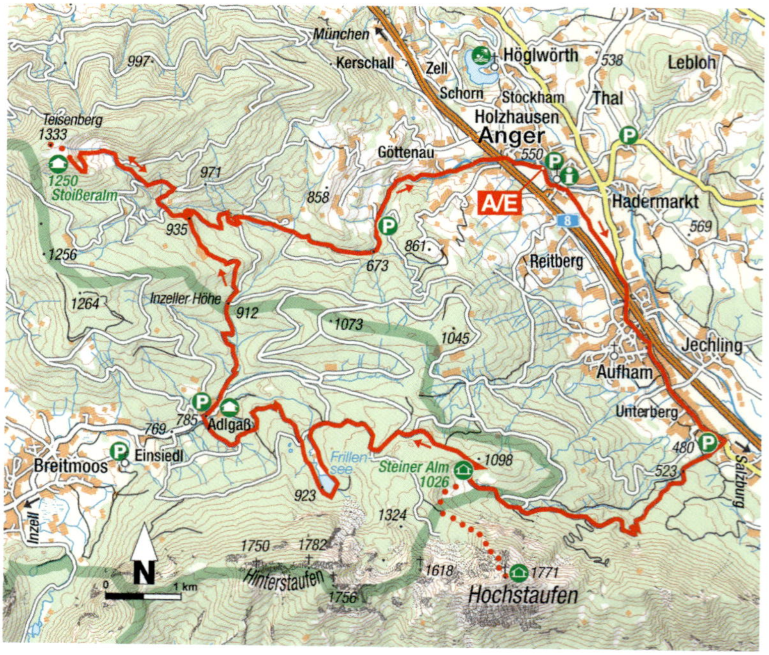

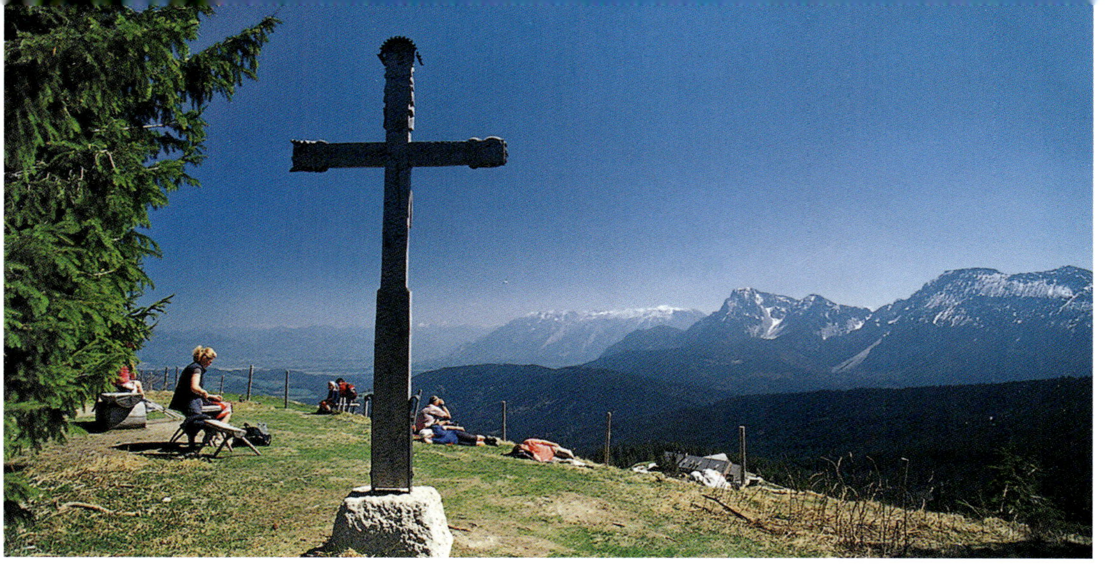

Am Hike-Ziel Teisenberg – Blick über die Stoißer Alm zum anderen Hike-Ziel Hochstaufen

vorbei bergan. Nach Querung des Leitengrabens geht es an einer T-Kreuzung nach links. Auf etwas rauerem Untergrund gelangen wir zur **Steiner Alm** (1026 m).

Hinter dem Almgebäude schieben wir kurz nach Osten, dann links hinauf und oberhalb der Alm halb rechts in den Wald hinein. Dort treffen wir wieder auf eine Forststraße. Abzweigungen ignorierend, folgen wir der Beschilderung zum **Frillensee** (923 m). Diesen umrunden wir im Uhrzeigersinn, fahren an einer großen Forststraßenkreuzung geradeaus und rollen hinab zum Parkplatz Adlgaß (785 m), wo wir uns rechts halten und taleinwärts rollen. Das **Forsthaus Adlgaß** lassen wir rechts zurück, wenn wir nicht einkehren. Bei der spitzwinkligen Verzweigung nach dem hinteren Parkplatz nehmen wir die linke Forststraße und treten zur **Inzeller Höhe** (912 m) hinauf. Dort und gleich danach ignorieren wir Rechtsabzweigungen. Nach einer Querfahrt schraubt sich unser Weg zunächst noch im Wald, dann über Weidegelände hinauf zur **Stoißer Alm** (1250 m).

Den kurzen Wanderweg hinauf zum **Teisenberg** (1333 m) sollte man sich nicht entgehen lassen – die noch bessere Aussicht ist die kleine Mühe wert. Die Talfahrt beginnen wir auf gleicher Strecke und verlassen diese auf 935 Meter Höhe nach links. Wir fahren hinunter zur Stoißer Ache, entlang der es direkt nach **Anger** zurückgeht.

HÜTTENSTECKBRIEF

Höhe 1250 m

Hüttenwirte Almgenossenschaft Freidling e.G.

Kontakt Tel. 00175/6166267, stoisseralm.de

Bewirtschaftet Mo Ruhetag (wenn kein Feiertag), traditionelle bayerische Küche, Übernachtung möglich

Gut geschmeckt hat … der Kaiserschmarrn

Weitere Einkehrmöglichkeiten Steiner Alm (1026 m), Forsthaus Adlgaß (805 m)

Tipp

Bei Badewetter am Ende der Tour zum Abkühlen in den nahen Höglwörther See!

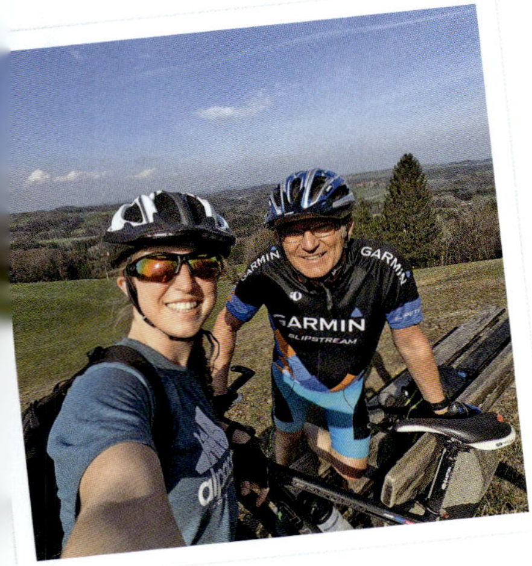

Zugabe

Um eine möglichst hohe Aktualität sicherzustellen, *fuhren wir viele der hier vorgestellten Touren im Sommer 2020 (teils als Neubefahrung) – und erlebten dabei einige Phänomene, die mit dem (ersten) Corona-Jahr besonders zum Thema wurden, aber auch unabhängig von Corona von Bedeutung sind:*

Radfahren und Mountainbiking erleben einen Boom *– womit dieses Jahr zumindest in dieser Hinsicht auch einen erfreulichen Trend brachte. Somit kamen auch viele Neulinge aufs Rad und dank verführerischer E-Motor-Unterstützung auch ins Gebirge. Das ging aber nicht immer mit der gebotenen schrittweisen Annäherung an fahrtechnische Herausforderungen einher. Also bitte bedenken: Für ungeübte Radler aus dem Flachland kann auch eine leichte MTB-Tour schon recht anspruchsvoll sein.*

Die Lust auf Natur nahm enorm zu *und damit auch der Ausflugsdruck auf die Münchner Hausberge. Die Folge: Staus, überfüllte Parkplätze sowie wildes Parken in Wohngebieten und auf landwirtschaftlichen Flächen. Wir können uns sowie unserer Mit- und Umwelt viel Unangenehmes ersparen, indem wir an schönen Wochenenden mit der Bahn oder gleich mit dem Fahrrad anreisen (ggf. verbunden mit einer Übernachtung, auch auf vielen der vorgestellten Hütten möglich). Mountainbiker, die mit dem Auto anreisen, müssen auf vier Rädern nicht bis zum oft vollgepfropften Ausgangspunkt am Fuß des Berges fahren; sie haben das Privileg, dass sie ihre Benzinkutsche schon viele Kilometer vorher abstellen können, vorzugsweise an touristisch weniger beleckten Orten mit genügend legalen Parkmöglichkeiten. Die damit einhergehende Verlängerung der Radstrecke kann bei kluger Routenwahl abseits der Hauptstraßen durchaus ein Gewinn fürs Gesamterlebnis sein.*

Je nach Infektionslage, *den deshalb notwendigen Vorschriften sowie den finanziellen und personellen Möglichkeiten der Wirte war die Bewirtschaftung der Almen und Hütten zeitlich und regional immer wieder unterschiedlich geregelt – von »geschlossen« bis »voll bewirtschaftet« gab es alles. Wir müssen damit rechnen, dass solche Verhältnisse mit Erscheinen des Buches nicht für alle Zeiten beendet sein werden. Somit sind Flexibilität, Gelassenheit und eine kleine Brotzeit im Rucksack noch hilfreicher als ohnehin schon.*

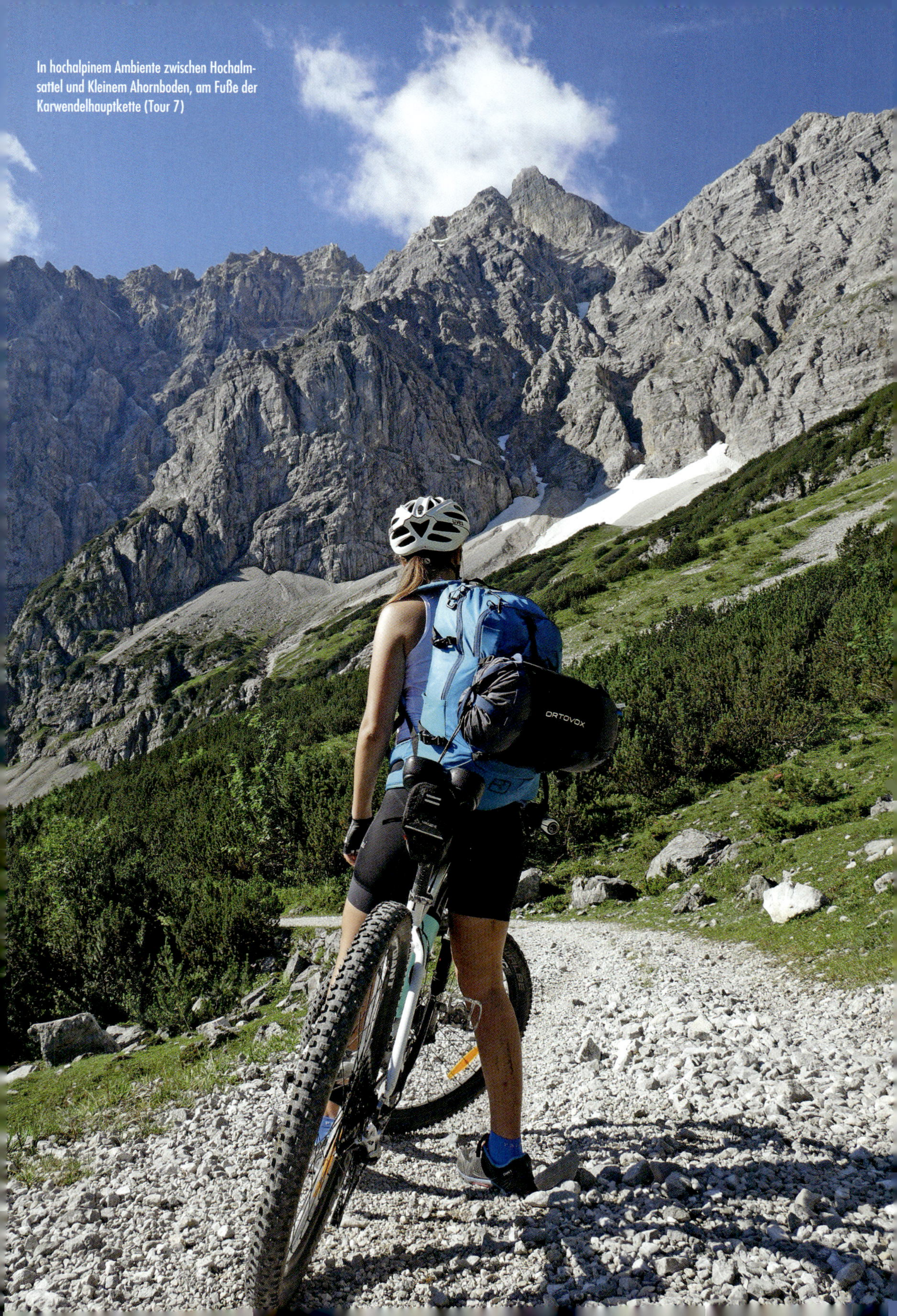

In hochalpinem Ambiente zwischen Hochalmsattel und Kleinem Ahornboden, am Fuße der Karwendelhauptkette (Tour 7)

Orts- und Sachregister

Ebenfalls erhältlich ...

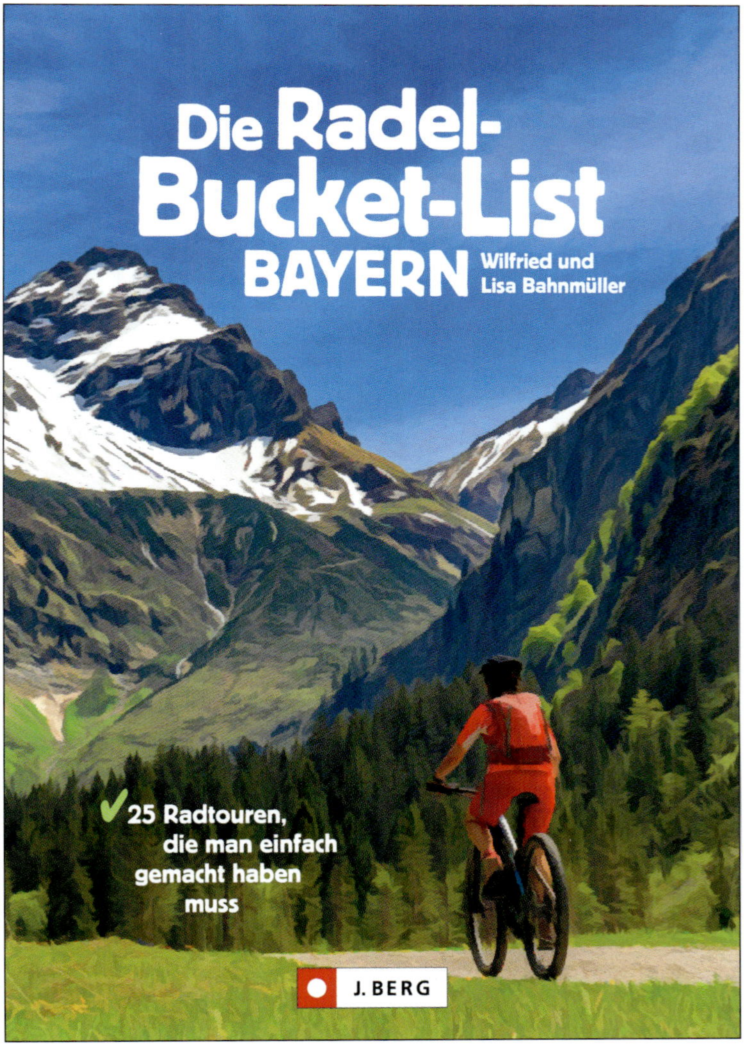

ISBN 978-3-86246-745-7

In diesem Buch sind DIE Touren versammelt, die jeder Rad-Fan im Allgäu, in Franken, Oberbayern, Niederbayern und in der Oberpfalz erlebt haben muss.

J. BERG

www.j-berg-verlag.de

Impressum

Verantwortlich: Miriam Gieler
Lektorat: Christian Schneider
Layout: Eva-Maria Klaffenböck
Repro: LUDWIG:media
Kartografie: Bruckmann Verlag GmbH, Heidi Schmalfuß
Herstellung: Bettina Schippel
Printed in Slovenia by Florjancic

★★★★★

Sind Sie mit diesem Titel zufrieden? Dann würden wir uns über Ihre Weiterempfehlung freuen. Erzählen Sie es im Freundeskreis, berichten Sie Ihrem Buchhändler, oder bewerten Sie bei Onlinekauf. Und wenn Sie Kritik, Korrekturen, Aktualisierungen haben, freuen wir uns über Ihre Nachricht an J. Berg Verlag, Postfach 40 02 09, D-80702 München oder per E-Mail an lektorat@verlagshaus.de.

Unser komplettes Programm finden Sie unter www.j-berg-verlag.de

Alle Angaben dieses Werkes wurden von den Autoren sorgfältig recherchiert und auf den neuesten Stand gebracht sowie vom Verlag geprüft. Für die Richtigkeit der Angaben kann jedoch keine Haftung übernommen werden, weshalb die Nutzung auf eigene Gefahr erfolgt. Insbesondere bei GPS-Daten können Abweichungen nicht ausgeschlossen werden. Sollte dieses Werk Links auf Webseiten Dritter enthalten, so machen wir uns die Inhalte nicht zu eigen und übernehmen für die Inhalte keine Haftung.

In diesem Buch wird aus Gründen der besseren Lesbarkeit das generische Maskulinum verwendet. Weibliche und anderweitige Geschlechteridentitäten sind dabei ausdrücklich mitgemeint, soweit es für die Aussage erforderlich ist.

Empfehlung der Redaktion
Sie sind auf der Suche nach weiterführender Literatur? Dann empfehlen wir Ihnen den Titel »Das Radlbuch Oberbayern« von Armin Scheider.

Bildnachweis
Alle Bilder im Innenteil und auf dem Umschlag stammen von den Autoren Eva-Maria und Gerhard Hirtlreiter.
Umschlagvorderseite: Im Karwendel, zwischen Hochalmsattel und Kleinem Ahornboden (Tour 7, Variante)
Umschlagrückseite: An der Rotwandalm (Tour 13)

Die Deutsche Nationalbibliothek verzeichnet diese Publikation in der Deutschen Nationalbibliografie; detaillierte bibliografische Daten sind im Internet über http://dnb.d-nb.de abrufbar.

Infanteriestr. 11a
80797 München
ISBN 978-3-86246-629-0